李登輝政権の
大陸政策決定過程
（1996〜2000年）

組織的決定と独断の相克

黄　偉修

大学教育出版

李登輝政権の大陸政策決定過程（1996～2000年）
―組織的決定と独断の相克―

目　次

序　章　本研究の視角 …………………………………………………… *1*
　　　1. 1996年～2000年の大陸政策決定過程に注目するのはなぜか　*1*
　　　2. 先行研究の概観と問題点　*4*
　　　　（1）政策過程　*4*
　　　　（2）李登輝個人に注目した研究、回顧録、ノンフィクション　*6*
　　　3. 本研究の目的　*8*
　　　4. 本研究で使用した資料　*9*

第1章　政府を対象とした分析アプローチ—理論的検討と仮説— ………… *16*
　　第1節　対外政策決定論の系譜　*17*
　　　1. 対外政策決定論の展開—アリソンモデルを中心に—　*17*
　　　　（1）組織過程モデル　*18*
　　　　（2）政府内政治モデル　*18*
　　　2. アリソンモデルへの批判とその展開　*19*
　　　　（1）アリソンモデルへの批判　*19*
　　　　（2）修正モデルの展開　*20*
　　　3. 共通の疑問点　*21*
　　第2節　本書の枠組みと仮説　*25*
　　　1. 現代組織論と政策過程　*25*
　　　　（1）サイモンの組織論と意思決定　*25*
　　　　（2）官僚制組織からみたサイモン理論の問題点　*27*
　　　2. 組織と環境の関係　*28*
　　　　（1）組織と戦略の関係　*28*
　　　　（2）リーダーシップ　*29*
　　　3. ネットワーク変化のプロセス　*30*
　　　　（1）個人レベル　*30*
　　　　（2）組織レベル　*31*
　　　4. 政治学への応用—日本の「経済財政諮問会議」を事例として—　*32*
　　　5. 本書の仮説　*34*
　　　　（1）仮説の提出　*34*

（2）事例の選択　*36*

第2章　大陸政策決定過程の関連機関およびその運営モデル ……………… *46*
　第1節　大陸政策決定過程の関連機関　*47*
　　1．総統府　*48*
　　　（1）総統　*48*
　　　（2）国家統一委員会　*49*
　　　（3）国家安全会議とその幹部　*51*
　　　（4）国家安全局　*53*
　　　（5）総統府正副秘書長　*53*
　　　（6）参謀本部　*54*
　　　（7）諮問職　*54*
　　　（8）私的政策スタッフ・グループ　*55*
　　　（9）国是会議と国家発展会議　*56*
　　2．行政院　*56*
　　　（1）行政院長、同副院長、大陸工作策画グループ、行政会　*56*
　　　（2）行政院大陸委員会　*57*
　　　（3）関連省庁　*57*
　　3．与党（国民党）　*58*
　　　（1）与党の意思決定機関：中央常務委員会　*58*
　　　（2）執行部：中央委員会秘書長、大陸工作指導グループ、大陸工作会　*58*
　　4．国会　*59*
　　5．民間機関、学界・シンクタンク、民間人　*61*
　　　（1）財団法人海峡交流基金会　*61*
　　　（2）学界・シンクタンク、民間人　*62*
　　6．官僚、利益団体　*63*
　　　（1）官僚　*63*
　　　（2）利益団体　*64*
　　7．まとめ　*65*

第2節　大陸政策決定過程の運営実態―李登輝総統の政策運営モデル―
　　　　　　　　　　　　　　　　　　　　　　　　　　　　　　　　67
　　1.「国家統一委員会 → 陸委会 → 海基会」モデル　*67*
　　　（1）概要と特徴　*67*
　　　（2）運営実態　*68*
　　　（3）分析　*69*
　　2. 国安会モデル　*70*
　　　（1）インフォーマルなプロセスとその運営　*70*
　　　（2）分析　*72*

第3章 「辜汪会見」―組織的政策決定―………………………… *88*
第1節　方針1―海協会から焦仁和・海基会副理事長兼秘書長への
　　　　　　　シンポジウム招聘―　*92*
　　1. 方針の意義　*92*
　　2. 政策提言　*93*
　　3. 政策決定　*93*
　　4. 分析　*94*
第2節　方針2―98年2月20日行政院長の施政報告―　*95*
　　1. 方針の意義　*95*
　　2. 政策決定　*96*
　　3. 分析　*97*
第3節　方針3―海基会の人事調整―　*98*
　　1. 方針の意義　*98*
　　2. 政策決定　*99*
　　3. 分析　*100*
第4節　方針4―「辜汪会見」における各目標の決定過程―　*101*
　　1. 方針の意義　*101*
　　2. 政策決定　*102*
　　　（1）「民主主義の宣伝」の決定過程　*102*
　　　（2）「ポツダム宣言の提起」の決定過程　*102*

3. 分析　*103*
　　第5節　分析　*106*

第4章　「戒急用忍」―再選後の初の国家戦略レベルの政策決定― ………　*115*
　　第1節　李登輝政権既存大陸政策の基調と「戒急用忍」の政策提言　*120*
　　　　1. 李登輝初代直接民選総統就任初期における大陸政策の基調　*120*
　　　　2. 大陸との経済交流の慎重論　*121*
　　　　3.「戒急用忍」の提言　*122*
　　　　　（1）大陸政策スタッフ・グループによる提言　*122*
　　　　　（2）経済・財政政策スタッフ・グループによる提言　*123*
　　　　　（3）「両岸関係グループ」：政策研究と提言　*124*
　　第2節　李登輝総統の国民大会における演説をめぐる政策転換　*125*
　　　　1. 行政院の「政策転換ではない」という対応方針　*126*
　　　　2. 大陸投資規制をめぐる台湾政府内の混乱　*127*
　　　　3. 大陸と台湾財界の対応　*128*
　　　　　（1）大陸の態度　*128*
　　　　　（2）台湾財界の対応　*129*
　　第3節　政策方針が確認された段階―「戒急用忍」の発表―　*130*
　　　　1. 工総による経済視察団の大陸訪問　*130*
　　　　　（1）工総経済視察団による成果　*130*
　　　　　（2）「以商囲政」戦略で大陸に取り込まれた経済視察団　*131*
　　　　2. 行政院の工総視察団をめぐる「以商囲政」への対応　*132*
　　　　　（1）対大陸投資抑制方針への転換　*133*
　　　　　（2）海基会による工総視察団への反論と行政院の海基会支持　*133*
　　　　　（3）行政院内の対応の混乱―対大陸経済交流は保守か開放か―　*134*
　　　　3. 台湾財界における工総視察団への態度　*134*
　　　　4. 明白になった李登輝総統の対大陸投資に関する態度　*135*
　　　　5.「戒急用忍、行穏致遠」の発表　*136*
　　第4節　法制化の段階
　　　　　　―「戒急用忍」をめぐる関連政策および法制化の整備―　*137*

  1．関連政策の提起　*137*
   （1）経済政策　*137*
   （2）大陸政策　*138*
   （3）行政院における経済政策をめぐる閣僚間の論議　*138*
  2．国家発展会議におけるコンセンサスおよび「戒急用忍」の法制化　*139*
 第5節　分析　*141*
  1．国安会モデルおよび既存の調整メカニズムにおける問題点　*141*
  2．「戒急用忍」の決定過程に関与したアクター　*142*

第5章　「特殊な国と国の関係」発言とその善後策 …………………… *156*
 第1節　「特殊な国と国の関係」の政策提言とその公表　*160*
  1．政策研究グループの成立　*160*
  2．研究成果の提出と討議　*161*
  3．「特殊な国と国の関係」の発表　*163*
 第2節　「特殊な国と国の関係」をめぐる台湾政府の初動対処　*164*
  1．政府の初動対応　*164*
  2．大陸の反応　*166*
  3．米国の態度　*167*
 第3節　「特殊な国と国の関係」の善後策をめぐる対立　*169*
  1．政策過程における対立　*169*
  2．台湾政府におけるコンセンサスの形成　*170*
  3．マスコミ・経済・軍事・情報面での対応　*172*
  4．抑えられない政府内部の対立　*174*
 第4節　分析　*176*
  1．グループ会議による研究と発表　*176*
  2．高層会議の対応　*177*

終　章　結論と展望 ………………………………………………… *190*
　　1．仮説の妥当性　*191*
　　2．李登輝の大陸政策決定過程の運営　*193*
　　　（1）政策過程における命令一元化　*193*
　　　（2）外部の政策提言を政策過程に取り込んで実行したプロセス　*194*
　　　（3）政策過程における調整と協議　*195*
　　　（4）大陸政策決定過程の不安定さ　*196*
　　3．李登輝のリーダーシップ　*197*
　　　（1）「辜汪会見」の事例からみた李登輝のリーダーシップ　*197*
　　　（2）「戒急用忍」と「特殊な国と国の関係」からみた李登輝のリーダーシップ　*198*
　　　（3）リーダーとフォロワーの関係　*199*
　　　（4）李登輝のリーダーシップ：組織を重視したか、独断か　*199*
　　4．大陸政策決定過程研究への展望　*200*
　　　（1）理論的議論に関して　*200*
　　　（2）事例研究に関して　*201*

あとがき ……………………………………………………………… *203*

参考文献 ……………………………………………………………… *210*

索　引 ………………………………………………………………… *245*

序　章

本研究の視角

1. 1996年～2000年の大陸政策決定過程に注目するのはなぜか

　本研究は、1996年から2000までの李登輝初代直接民選総統時代における台湾の大陸政策決定過程を明らかにすることを目的としている[1]。

　1949年、中華民国政府は国共内戦での敗北が決まり、台湾に退却した。台湾海峡両岸では政治的、軍事的の対立が続いているが、改革開放以来、経済相互依存関係が強まってきた。むろん、台湾と中国大陸はすでに歴史、社会、文化など関係が深い[2]。要するに、台湾にとっての大陸政策は単なる国家安全保障政策でなく、対外および国内の政治、経済、歴史、社会、文化の多くの分野に同時に関連し、互いに影響を与えるものである。台湾独立派の陳水扁総統（任期2000年5月～2008年5月）でさえ、両岸における歴史、文化、血縁の深い繋がりをたびたび明言した[3]。2008年に着任した馬英九総統もかつて、「…現在中国大陸の政治と経済の影響力が同時に強まってきたため、好悪に関わらず、台湾は正面に大陸と付き合うべきである（当中国大陸的政治及経済影響力同時愈来愈大的時候、無論我們喜歡與否、都必須正面與其互動）…」と述べた[4]。これらの発言はまさに、台湾は多くの分野で中国大陸との関係を持たなくてはならないということを意味したものである。

　さらに、冷戦が終わってから、台湾と中国大陸の関係は東アジア地域における重要な安全保障問題の一つとして再浮上した。その原因の一つとして、李登輝総統が推進した大陸政策が挙げられる。総統としての12年間、大陸との交流を

推進したものの、「共産中国」による統一および台湾の国際的孤立を回避するため、李登輝は台湾が存在していることを確保し、「存在」を主張する「実用主義外交（務実外交）」と呼ばれる外交政策を推進した[5]。実用主義外交の頂点と言えば1995年に行われた李登輝の米国訪問であろう。しかし、李登輝の米国訪問によって大陸は台湾が「二つの中国」を推進しようとしていると主張し、一方的に両岸の交渉を中断した。しかも、大陸は台湾近海に向けてミサイルの試射と大規模な軍事演習を実施し、いわゆる1995、96年の第3次台湾海峡危機を引き起こした。第3次台湾海峡危機により、両岸関係の緊張が日米まで巻き込む恐れが高まったと指摘される[6]。要するに、台湾の大陸政策を中心とした対外・安全保障政策は、大陸の対外政策およびそれをめぐる大国関係に影響を与える可能性がある。

　したがって、大陸政策は確かに台湾の対中国大陸における政策であるが、ただ両岸関係レベルにおける対中国大陸の政策だけでなく、国際と国内でおよび多くの分野における発展に関わる国家戦略レベルの政策であると言える。ここで、筆者は、李登輝初代直接民選総統時代は台湾の大陸政策研究において重要な位置を占めていると考えたため、1996年から2000までの李登輝初代直接民選総統時代における台湾の大陸政策決定過程を明らかにすることを本研究の目的としている。1988年1月13日から2000年5月20日までという約12年間の李登輝政権期の中から、初代直接民選総統時代の4年間を選んだ理由は二つある。

　第一は、李登輝が初代直接民選総統の時期に打ち出した政策は長く両岸関係に影響を及ぼしたのである。「戒急用忍（急がず忍耐強く、以下、戒急用忍）」および「特殊な国と国の関係[7]」発言はその代表的な事例として挙げられる。李登輝は初代直接民選総統に就任した時、経済安全保障の視点に基づいて台湾における大企業の大陸への投資を規制した「戒急用忍」を打ち出した。2000年までの李登輝政権だけではなく、2000年から2008年までの民主進歩党（以下、民進党）の陳水扁政権も、経済安全保障の視点から「戒急用忍」に類似した対大陸経済交流の政策を推進していた[8]。さらに、両岸の経済交流に反対もしくは徐々に推進すべきだと主張する政界、財界、学界の人物もほとんど「戒急用忍」の論点から議論を展開してきた。2008年の総統選挙において、中国国民党（以下、国民党）の立候補である馬英九・元台北市長側が大陸との経済交流を推進すべきだと

主張したのに対し、民進党の立候補である謝長廷・元行政院長（首相に相当）側は「戒急用忍」に類似した経済安保の視点から反対していた[9]。このような議論は馬英九が当選した後も続いた。

「特殊な国と国の関係」発言の事例では、李登輝は両岸の位置づけを明確にするため、ドイツ対外公共放送「ドイチェ・ウェレ」の取材において、「特殊な国と国の関係」を発表したのである。中国大陸側は「特殊な国と国の関係」発言に反発し、「両国論」を撤回しないと10月に控えていた汪道涵・海峡両岸関係協会会長の台湾訪問を無期限に延期すると主張した。汪道涵のスタッフであった章念馳・上海東亜研究所所長は、「両国論は両岸関係を質的に変化させた」と批判し、両岸関係を本来の状態に回復させることができないと示唆した[10]。さらに、2008年5月29日大陸側が交渉再開を認める前に、台湾と大陸の政府から委任された民間機関による交渉と交流は「特殊な国と国の関係」発言により中断していた[11]。しかも、「特殊な国と国の関係」発言によって、米国は台湾の憲法改正への干渉を始めたとされている[12]。のちに、陳水扁政権が水面下において「両国論」を推進しようとしていることも指摘されていた[13]。しかも、「特殊な国と国の関係」は、中国大陸が主張する「一つの中国」に反対する論点としてよく挙げられているものである[14]。

第二の理由は、李登輝初代直接民選総統の大陸政策における一つの重要な特徴として、国外と国内からの圧力を受けたにもかかわらず、李登輝が独自の戦略によって大陸政策を推進しようとしていたのである。1998年10月、台湾と大陸における交流と交渉の窓口である台湾側の海峡交流基金会（以下、海基会）と大陸側の海峡両岸関係協会（以下、海協会）のそれぞれのトップ、辜振甫・海基会理事長および汪道涵・海協会長による会見（辜汪会見）が行われた[15]。しかしながら、「辜汪会見」は1995、96年の台湾海峡危機以来、米国が両岸関係において大陸に傾いており、台湾へ大陸との交渉を行うよう圧力をかけたことによって実現されたと思われる[16]。ところが、このような米国と大陸からの圧力によって大陸の主張に圧倒されると思われたにもかかわらず、台湾は「辜汪会見」を実現させ、中華民国の存在および台湾における民主化をアピールするという成果を獲得した。「特殊な国と国の関係」発言は、前述した米国の両岸関係における大陸に傾いた立場に対する不満の表明であるとも指摘された[17]。

言い換えるならば、1996年から2000年までの李登輝初代直接民選総統時代の大陸政策は、李登輝政権およびその後の大陸政策の行方に大きい影響を与えただけでなく、米中関係という大国関係の行方に完全に従属せずに、能動的に国益を求めようとしたものであるという研究の意義は存在していると考えられる。

2. 先行研究の概観と問題点

ところが、「戒急用忍」および「特殊な国と国の関係」発言は組織的政策過程を経ておらず、李登輝の独断によるものであると指摘されている[18]。つまり、李登輝初代直接民選総統時代における一部の大陸政策は、政府組織が直面した環境要因に応じて決定したのではなく、リーダーの一存による決定であったと考えられている。これまで台湾の大陸政策に関する先行研究では、大国関係と両岸関係などから考察したものが多いが、政策過程から台湾の大陸政策を分析したものが少ない。ここで、政策過程の視点から分析を行った先行研究を概観した上で、その問題点を指摘したい。

(1) 政策過程

台湾だけでなく、大陸、日本、米国でも、大陸政策の決定過程を取り上げた研究がないとは言えないが、数と内容が限定的であると言える。

台湾側の研究で、呉新興・元海基会副秘書長は台湾の大陸政策および大陸の台湾政策決定機関を検討したが、組織図の説明に留まっており、実証を行っていない[19]。田麗虹は国会議員のスタッフとして、行政院（内閣）と立法院（国会）の大陸政策における関係を検討した[20]。確かに、法律案もしくは予算案であれば、国会の役割が重要である。しかし、従来の李登輝政権期における大陸政策決定過程の研究および回顧録、ノンフィクションにおいては、法律案以外の決定過程で国会の影響力を議論した内容がほとんど見当たらない。そのため、田麗虹の研究は行政府と立法府の国会におけるやり取りを明らかにしたと言っても、大陸政策決定過程の実態を把握したとは言えない。

井尻秀憲・筑波大学助教授（当時、現東京外国語大学教授）と清水麗・同大学博士課程後期（当時、現桐蔭横浜大学教授）は、大陸政策決定過程における機構とその組織間の関係を検討し、国家安全会議を政策過程における調整、協議の場

として注目したが、96年頃まで検討したものであったため、李登輝初代直接民選総統時代の実態を検討していない[21]。

　台湾政府との関係が良好な財団法人両岸交流遠景基金会が編集した論文集において、鄒景雯・自由時報副編集長は各政党の大陸政策、張五岳・淡江大学教授は台湾の大陸政策決定メカニズムおよび大陸の台湾政策決定メカニズムを検討した。しかしながら、鄒景雯は李登輝政権期を検討した時、党機関、および党の政策過程における役割などの政策過程の組織についての議論をしておらず、李登輝個人の考え方を重視した傾向が見える。張五岳は大陸政策の専門機関に焦点を当たるため、両岸政策をめぐる国防と外交などの政策決定、および総統府と国家安全会議をはじめ、さらにハイレベルの政策決定に関与した機関について検討しようとしていないが、大陸政策は国家戦略に関わる政策であるということであるにもかかわらず、全般的な政策過程でなく専門機関にのみ焦点を当たるアプローチは、大陸政策決定過程を明らかにすることができると考えられない[22]。

　中国側の研究では、陳孔立・アモイ大学教授は国民党を中心に台湾の政策過程を分析し、李登輝が大陸政策決定過程から党を差し置いたことを批判した。しかしながら、台湾の政府組織を完全に差し置き、与党の組織を政策決定の正式なメカニズムとして分析したというのは、適切な手法とは言えない[23]。王茹・アモイ大学助研究員は、李登輝が国家安全会議を運営し、大陸政策を決定した方式は憲法が規定した政策過程のプロセスを無視したとして批判した[24]。しかしながら、国家安全会議の運営をめぐる問題については台湾の政界と学界ですでに議論されており、いまだ定説がない[25]。そのため、王茹による分析結果は決して新しい発見とは言えない。劉国深・アモイ大学教授は、政治文化と政治メカニズム、政治行動の視点から台湾における政治発展を分析した時、大陸政策決定過程を一つの焦点とした[26]。しかし、劉国深は陳孔立と同じように、政府組織より党を重視した。また、憲法から台湾政府の政策過程を論じたが、法律で各組織を羅列しただけであり、その実態を検討していない。楊丹偉・南京大学准教授は大陸政策の歴史、国際、中国、台湾内部、政策過程などの要因から全般的に台湾の大陸政策を捉えようとしたが、各要因の相互関係、および政策過程の運営実態について検討しておらず、単なる羅列に過ぎない[27]。上海国際問題研究所、上海台湾研究所、上海東亜研究所を中心とした研究グループは、大国関係、軍事、国

際法、経済、分裂国家関係などの包括的視点から台湾について分析した時、李登輝体制を一つの要因とした[28]。しかし、その分析は李登輝個人に集中しただけで、政策過程の全般的な運営を論じていない。

　ここで、スウェイン（Michael Swaine）・ランド研究所研究員（当時、現カーネギー国際平和財団上席研究員）、スウェインとマルベノン（James C. Mulvenon）・同研究所研究員、松田康博・東京大学教授、筆者の研究に注目する。スウェインの研究、スウェインとマルベノンとの共著では、台湾の対外政策、国防政策におけるコミュニケーションのルートが分散化したと指摘し、政策がリーダーの好みおよび少数の関係者によって決定されたと批判した[29]。米国政府が台湾との実務関係を対応するため設置された非公式機関である米国在台協会（American Institute in Taiwan）の理事長（Chairman of the Board and Managing Director of the American Institute in Taiwan）を勤めていたR. ブッシュ（Richard C. Bush）・ブルッキングス研究所上席研究員は両岸関係における歴史、主権、安全保障関係、内政問題、政策過程、政治関係、米国ファクターなどを全般的に取り上げて分析を行った際にも、スウェインとマルベノンの論点に基づき、大陸政策決定過程についての分析を行った[30]。これに対し、松田康博、筆者は、李登輝が国家安全会議を運営し、大陸政策における政府内部の調整、協議をうまく行っていたと指摘した[31]。このように、同じ時期の政策過程を分析したにもかかわらず、分かれた評価があったというのは、李登輝初代直接民選総統時代だけでなく、台湾の大陸政策決定過程における組織レベルの全体像を明らかにしていない証であるのではないだろうか。

　ここで、大陸政策は国家戦略レベルの政策であるが、多くの分野に関わるにもかかわらず、その政策過程に対する全般的な分析が不足していると考えられる。そのため、組織論の視点から分析を行った従来の先行研究は、大陸政策決定過程の組織を明らかにしていないと言ってもよい。

（2）李登輝個人に注目した研究、回顧録、ノンフィクション
　大陸政策決定過程の組織レベルの研究に対し、台湾政治における李登輝というトップリーダーの個人的要因に注目する先行研究は少なくない。無論、大陸政策についても取り上げられた[32]。

また、李登輝をはじめとする政治家による回顧録、ジャーナリストが自らの取材経験によってまとめたノンフィクションも多数ある。戴国煇・元立教大学教授、元国家安全会議諮詢委員（1996～1999年）と王作栄・元監察院長は、李登輝の親友であったが、その作品は李登輝との個人関係が悪化したと見られる時点で出版されたのである[33]。ノンフィクションを発表したベテランジャーナリストの中で、張慧英は中国時報、鄒景雯は自由時報で、李登輝時代に総統府の取材を担当した。王銘義は中国時報で中国ニュースを担当した。鄒景雯による『李登輝執政告白実録』および日本人作家上坂冬子による『虎口の総統』は、李登輝へのインタビューに基づいた事実上の李登輝の回想録である。陸鏗と馬西屏は、『李登輝執政告白実録』において批判された政治家たちにインタビューを行い、李登輝への反論を裏付けた[34]。

さらに、李登輝がこれまで発表した著作もしくは回想録でも、大陸政策への考え方および政策過程についてたびたび触れた[35]。実際に李登輝の政策決定過程に参与していた蘇起、丁渝洲、章孝厳、蘇志誠、鄭淑敏、曾永賢本人による回顧録もしくはジャーナリストが書いた伝記でも、大陸政策決定過程における李登輝について論じた。

蘇起は李登輝政権期で行政院大陸委員会副主任委員、行政院新聞局長（政府広報の担当閣僚）、総統府副秘書長、行政院大陸委員会主任委員（大陸政策の担当閣僚）などの要職を歴任した[36]。丁渝洲は李登輝初代直接民選総統時代に台湾の最高情報機関である国家安全局長を務め、2000年5月に就任した陳水扁政権第一期には国家安全会議秘書長を担当した[37]。章孝厳は李登輝政権期における国民党秘書長（党幹事長に相当）の中で唯一外交部常務次長（事務次官に相当）、政務次長（副大臣に相当）、部長（大臣）の経験者である[38]。蘇志誠は李登輝政権期で総統府弁公室主任（秘書官に相当であるが、法的に定められた職務ではない）を担当し、江沢民・中国共産党中央委員会総書記の側近である曽慶紅・中国共産党中央委員会弁公室主任（当時）との秘密対話チャネルの台湾側の担当者（密使）とされている。鄭淑敏は行政院文化建設委員会主任委員（文化庁と文部科学省の一部の業務を所管する閣僚）を歴任したが、蘇志誠と一緒に密使として行動していた。李登輝と江沢民の間に密使が存在していたことは、香港のベテランジャーナリストである魏承思によって証明された[39]。早稲田大学で留学して

いた曾永賢はベテランの中国問題専門家であり、李登輝政権期において国策顧問として、スタッフ・グループのコーディネーターを務めただけでなく、大陸政策と日本政策などの諮問と実務にも携わっていた[40]。

ここで、李登輝個人を注目した研究もしくは回顧録とノンフィクションなどの記述の共通点として、李登輝の考え方と性格などのリーダーの資質に関連した要因から議論を展開していったことが挙げられる。確かに、リーダーの資質は政策過程における一つの要因であると言える。しかしながら、資質という概念のあいまいさ、および測定が十分ではないことなどの方法論の問題点、および資質論から論じれば政策目標の達成が天賦の才能に頼らざるを得ないという結論になってしまう問題点が指摘されている[41]。しかも、リーダーの資質とリーダーがどのように組織をまとめて政策目標を達成したかとの間には、それほど強い関係が存在しないことも明らかになっている[42]。そして、政府の政策過程では、リーダーだけでなく、閣僚とスタッフなどの政策に影響を与えることができるアクターが存在するので、李登輝というトップリーダーは政権を代表したものの、必ずしも政府、政策過程そのものであるとは限らない。新聞記事も、ノンフィクションも、回顧録も、新聞社で、ジャーナリスト・政治家による記憶違い、自己弁護、誇張、政治的思惑などが含まれている場合があり、重要な文献であるものの、必ずしも信頼性が高くないということも言うまでもない。そのため、李登輝に注目した研究と記述では、客観的に当時の政策過程を評価したと言いがたい。むろん、政策過程について提起したことのある回顧録、伝記、ノンフィクションというものは物事を記述することを目的としたため、体系的な分析を行う研究成果であるとは言えない。

3. 本研究の目的

以上の概観から、従来の先行研究では、李登輝初代直接民選総統時代の大陸政策決定過程を体系的に分析するものが存在していないと言える。しかも、政策過程における李登輝というトップリーダーに注目した研究、記述は多いが、分析手法に問題があり、いずれも客観的な分析であるとは言いがたい。記述は体系的な分析ではないというのも言うまでもない。そのため、従来の先行研究では、李登輝政権がどのように李登輝を中心に政策を決定したのかについていまだ空白であ

り、その政策過程をめぐる問題点を解明することができないと言える。

　そこで、本研究の主たる目的は、トップリーダーである李登輝がどのように政策過程を運営して大陸政策を決定したかということを明らかにすることである。本研究は次のような構成を取り、分析を進める。体系的に初代直接民選総統時代において李登輝がどのように政策過程を運営し、大陸政策を決定したかということを明らかにするため、第1章で、従来の政府を分析対象とした政策過程アプローチを検討した上で、本研究の仮説を提示する。次に、第2章では、第1章に基づき、台湾における大陸政策決定過程の各組織と政策過程の運営について検討し、その運営方式のモデルを構築してみる。そして、第3章、第4章、第5章では、李登輝初代直接民選総統時代における三つの事例によって実証研究を行い、本研究が指摘した運営モデルを検証する。最後は結論で、事例研究の結論を比較した上で、李登輝を中心とした大陸政策決定過程の運営モデルについて振り返り、結論をまとめる。なお、前記の先行研究以外にも、各章における問題の所在で各章に関連した特定の先行研究の動向と問題点を指摘しつつ考察を進めることにする。

4. 本研究で使用した資料

　李登輝政権期における公文書のほとんどはいまだ公開されていないため、本研究の執筆およびそれに必要な資料が限られている。しかしながら、台湾における報道の自由により、政府関係者がマスコミの取材に応じるようになったため、新聞記事は重要な参考資料である。本研究は主に『中国時報』、『聯合報』、『自由時報』、国民党による党営の『中央日報』の記事を扱う。また、「戒急用忍」という経済分野の事例を扱うため、経済紙である聯合報グループの『経済日報』、中国時報グループの『工商時報』の記事も引用する。さらに、『新新聞周刊』と『財訊』などの重要な政論誌の記事も引用する。そして、前述したジャーナリストの自らの取材によって発表したノンフィクション、および政治家の回顧録も重要な参考資料であることも言うまでもない。

　ただし、前述したように、ノンフィクションと回顧録などは必ずしも信頼性が高くない。そのため、筆者は自ら関係者へのインタビューを行ったうえで、新聞記事、ノンフィクション、回顧録、オリジナルな証言を用いた研究者の研究を

多角的に照合させ、その信頼性を高める工夫を施した。本研究で使用したインタビューは原則として被訪問者の許可を得た上で録音を行い、実名を引用する許可を得た場合は原則として注記しており、匿名を要求した被訪問者は匿名にしている。ただし、実名の被訪問者と匿名を要求した被訪問者が並列するなど、発言者の実名が容易に特定できるような箇所では、実名許可をもらった被訪問者を含めてすべての被訪問者名を匿名にするなどの処理を加えている。

また、本研究が引用した台湾政府によるプレスリリースの日本語訳は、すべて台湾政府による公式の日本語発行物である『中華週報』もしくは『台湾週報』によるものである。ただし、『中華週報』もしくは『台湾週報』で使われている日本語の中で明らかにおかしな表現は適当なものに修正してある。

そして、本研究ではいくつかの重要なインターネット情報を引用したが、本文で略記とするためここで詳しく説明する。第一に、本研究が引用した法律条文はすべて立法院のオフィシャルサイト立法院全球資訊網の『立法院法律系統』〈http://lis.ly.gov.tw/lgcgi/lglaw〉（アクセス日：2011年5月30日）により検索したものである。ただし、分析の時代の条文を引用する。第二に、本研究が引用した『総統府新聞稿』はすべて中華民国総統府のオフィシャルサイト〈http://www.president.gov.tw/〉（アクセス日：2011年5月30日）により検索したものである。

（なお、肩書は全て当時のものである。）

注
1) 日本では、対中政策、中台関係という用語がよく使われているが、李登輝政権において、中華民国政府は公式に中華人民共和国を「大陸」もしくは「中共」（中国共産党の略）、対中政策を「大陸政策」、中台関係を「両岸関係」として説明していた。したがって、本研究においては、用語の混乱を避けるため、中華民国を台湾とし、対中政策を大陸政策、中国側による公式発言および公式文書以外、中華人民共和国を大陸、中台関係を両岸関係とする。ただし、ほかの研究者の研究成果を引用した時、原作者の意向を尊重するため、原文のままで引用する。
2) これについて、若林正丈の研究が詳しい。若林正丈『台湾──変容し躊躇するアイデンティティ』（筑摩書房、2001年）。若林正丈『台湾の政治──中華民国台湾化の戦後史』（東京大学出版会、2008年）。

3) 元旦祝辞、国慶節祝辞をはじめ、陳水扁総統が多くの談話で両岸関係を論じた際に、このような内容が含まれていた。いずれの談話は中華民国総統府のオフィシャルサイドにおける『総統府新聞稿』で検索できる。

4) 馬英九『序二——「仁」と「智」』蘇起『危険辺縁——従両国論到一辺一国』（台北、天下遠見、2003年）、10頁。

5) 李登輝『台湾の主張』（PHP研究所、1999年）、92-95頁。李登輝による解釈では、「務実外交」というのは、正式な外交関係が一番よいが、それが不可能な場合には、経済関係もしくは文化交流を中心とした外交政策である。台湾政府による公式の日本語発行物『中華週報』では、「実務外交」として訳した。しかしながら、「務実外交」の英訳である"pragmatic diplomacy"から直訳した「実用主義外交」は「実務外交」より、中国語の意味に近い。そのため、本研究では、「務実外交」の邦訳を「実用主義外交」とする。ただし、ほかの研究者の研究成果を引用した時、原作者の意向を尊重するため、原文のままで引用する。

6) 例えば、田中明彦「冷戦後東アジアの国際政治」田中恭子編『現代中国の構造変動8　国際関係——アジア太平洋の地域秩序』（東京大学出版会、2001年）、47-52頁。若林正丈前掲『台湾——変容し躊躇するアイデンティティ』、208-211頁。James Mann, *About Face: a History of America's Curious Relationship with China from Nixon to Clinton*（New York: Vintage Books, 2000). 天児慧『等身大の中国』（勁草書房、2003年）、156-163頁。Kenneth Lieberthal, "Preventing a War Over Taiwan," *Foreign Affairs*, Vol. 84, No. 2（March/April, 2005), pp. 53-63.

7) ただし「二国論」もしくは「両国論」のみ使う人とマスコミが多いため、このような発言を扱った時、発言者の話をそのままで引用する。

8) 確かに、2001年陳水扁政権は、総統府が召集し、与野党が参加した「経済発展会議」で討議した結論に従い、大陸投資の規制を緩和しようとする「積極開放、有効管理」を推進した。しかしながら、当時大陸と経済政策の主管閣僚らは「戒急用忍」に比べてさらに合理的に、慎重な審査を行おうと考えていた。陳博志・行政院経済建設委員会主任委員（経済財政大臣に相当）の更迭で、規制の方針が徹底的に進まなかったが、蔡英文・行政院大陸委員会主任委員（大陸政策の担当閣僚）は最後の一線を譲らなかったという。筆者の陳博志へのインタビュー（2009年3月、於台北）。むろん、2006年陳政権が推進した「積極管理、有効開放」は、「積極開放、有効管理」より規制が強まったものだと思われる。

9) これについては以下の記事を参照。「連戦：和平繁栄　両岸期盼」『中央日報』2006年4月15日、「両岸経貿政策　李登輝反対開放」『自由時報』2006年7月18日。「戒急用忍大将VS.資深技術官僚」『中国時報』2007年12月10日、「藍緑戦士　財経議題未対焦」『経済日報』2007年12月10日、「謝、馬財経幕僚激弁」『自由時報』2007年12月10日、「馬謝相対論」『工商時報』2008年1月23日。「批馬不設防　緑促修法」『聯合報』2008年12月20日、「李登輝：共同市場　台湾会輸光光」『自由時報』2009年3月13日。

10) 李登輝受訪、鄒景雯採訪記録『李登輝執政告白実録』（台北、印刻出版、2001年）、227-

228頁。以下「鄒景雯『李登輝執政告白実録』」と表記。章念馳による発言の実文を見つけることができなかったが、章念馳はほかの文章でも、李登輝が行った政策によって両岸関係もしくは平和統一の土台が壊れたとたびたび指摘した。それについて以下を参照。章念馳「《白皮書》與両岸関係」章念馳『統一探究――両岸関係與中国前途』（台北、海峡学術出版社、2002年）、344-349頁。章念馳「混沌與矛盾的『五・二〇』講話」章念馳、前掲書、388-395頁。

11) 2008年5月29日、海協会は海基会に公文書を送り、交流・交渉の再開の意思を示した。財団法人海峡交流基金会、「大陸海協会就恢復両会商談及邀請海基会負責人訪問北京事致函海基会」〈http://www.sef.org.tw/ct.asp?xItem=16311&ctNode=3696&mp=11〉（アクセス日：2011年5月30日）。

12) 若林正丈前掲『台湾の政治――中華民国台湾化の戦後史』、225-231頁。

13) 蘇起「做而不説的両国論」『国家政策論壇』第1巻第5号（2001年7月）、79-87頁。余克礼「"両国論"是台湾当局現行両岸政策的核心」『台湾研究』2002年第1号（2002年3月）、1-4頁。蘇起、前掲書、134-136頁。

14) これについては、第五章で提起した先行研究のうち、両岸の一つの中国をめぐる論争で挙げた研究を参照。

15) 大陸では汪辜会晤という。『中華週報』が「会見」を使っていたため、本書においては、中国語の会晤を「会見」とする。ただし、研究者だけではなく、筆者のインタビューに応じた当時の政府関係者のほとんどもこれを二回目の「辜汪会談」と見なした。若林正丈前掲『台湾の政治――中華民国台湾化の戦後史』、392頁。Denny Roy, *Taiwan: A Political History* (Ithaca: Cornell University Press, 2003), p. 220. Alan M. Wachman, *Why Taiwan?: Geostrategic Rationales for China's Tterritorial Iintegrity* (Stanford, Calif.: Stanford University Press, 2007), p. 13.

16) 例えば、若林正丈前掲『台湾――変容し躊躇するアイデンティティ』、232頁。若林正丈前掲『台湾の政治――中華民国台湾化の戦後史』、227-228頁。張慧英『李登輝――執政十二年』（台北、天下遠見、2000年）、136-140頁。王銘義『対話與対抗――台湾與中国的政治較量』（台北、天下遠見、2005年）、199-200頁。David M. Lampton, *Same Bed, Different Dreams: Managing U. S.-China Relations, 1989-2000* (Berkeley: University of California Press, 2001). pp. 102-103. 台湾が受けた大陸からのプレッシャーは、1997年9月12日の十五回共産党大会において、江沢民・中国国家主席が「一つの中国」原則および江沢民八項目提案を提起し、一つの中国の原則のもとで両岸の敵対状態を正式に終わらせることについて交渉し、合意に達し、共同で中国の主権と領土保全を守るとともに、今後の両岸関係の発展についてプランを作ろうという政治交渉について明言したことである。「堅持『一国両制』方針、推進祖国平和統一」『人民日報』1997年9月14日。それによって台湾が受けた米国からのプレッシャーは二つある。一つは、クリントン（William. J. Clinton）政権と関係を持つ研究者、及びクリントン政権の国務省高官が、数十年間の拘束期間とし、現状の維持を図る

ため両岸は「枠組み合意」もしくは「暫定協定」（interim agreement（s））を締結したほうがよいと提案したことである。もう一つは、クリントン大陸訪問の時、米国の「一つの中国と一つの台湾」と「二つの中国」を支持しない、「台湾独立」を支持しない、主権を要件とする国際機関への台湾加盟を支持しないという「三つのノー」を明言したことである。

17) 例えば、濱本良一「形骸化した『米中戦略パートナーシップ』」『東亜』第390号（1999年12月）、16-25頁。若林正丈「台湾における国家・国民再編と中台関係」『国際問題』第488号（2000年11月）、2-15頁。高木誠一郎「米国と中国・台湾問題──『一つの中国』原則を中心として」『国際問題』第488号（2000年11月）、30-43頁。若林正丈前掲『台湾──変容し躊躇するアイデンティティ』（筑摩書房、2001年）、232頁。松田康博「米中関係における台湾問題」高木誠一郎編『米中関係──冷戦後の構造と展開』（財団法人日本国際問題研究所、2007年）、93-120頁。若林正丈前掲『台湾の政治──中華民国台湾化の戦後史』、227-228頁。羅致政、宋允文編『解構「一個中国」──国際脈絡下的政策解析』（台北、財団法人台湾智庫、2007年）。Andrew J. Nathan, "What's Wrong with American Taiwan Policy," *The Washington Quarterly*, Vol. 23, No. 2 (Spring, 2000), p. 97. Lampton, op. cit., pp. 102-103. Roy, *op. cit.*, pp. 221-222.
18) 本書の第4章、第5章でこれについてさらに詳しく論じたい。
19) 呉新興『整合理論與両岸関係之研究』（台北、五南、1995年）、152頁。
20) 田麗虹『両岸関係的決策分析』（台北、新文京、2003年）。
21) 井尻秀憲、清水麗「台湾の対中国政策基調と政策決定過程」井尻秀憲編着『中台危機の構造──台湾海峡クライシスの意味するもの』（勁草書房、1997年）、103-134頁。
22) 鄒景雯「台湾各政党大陸政策演変與影響」呉介民、林碧炤、林正義、周美里等『両岸開放二十年回顧與展望』（台北、財団法人両岸交流遠景基金会、2007年）、7-34頁。張五岳「処理両岸事務専責機構的演変」呉介民他、前掲書、35-62頁。
23) 陳孔立「台湾当局的決策系統与決策過程」『台湾研究集刊』1997年第3号（1997年9月）、1-10頁。
24) 王茹「台湾"憲政"変遷中的"国安会"与"総統"権力」『台湾研究集刊』2003年第2号（2003年6月）、52-59頁。
25) これについて第2章で議論したい。
26) 劉国深『当代台湾政治分析』（台北、博揚、2002年）。劉国深『台湾政治概論』（北京、九州出版社、2006年）。
27) 楊丹偉『解析台湾的大陸政策』（北京、群言、2007年）。
28) 楊潔勉等『世界格局中的台湾問題──変化和挑戦』（上海、上海人民出版社、2002年）、78-82頁。何海兵編『台湾六十年』（上海、上海人民出版社、2009年）。
29) Michael D. Swine, Taiwan's National Security, Defense Policy, and Weapons Procurement Processes, (Santa Monica, CA: Rand Corp, 1999). Michael D. Swine and James C. Mulvenon, *Taiwan's Foreign and Defense Policies* (Santa Monica, CA: Rand

Corp, 2001).
30) Richard C. Bush, *Untying the Knot: making peace in the Taiwan Strait* (Washington, D. C.: Brookings Institution Press. 2005), pp. 217-220.
31) 松田康博「台湾——国家安全会議」松田康博編著『NSC 国家安全保障会議——危機管理・安保政策統合メカニズムの比較研究』(彩流社、2009 年)、97-133 頁。拙稿「李登輝総統の大陸政策決定モデルに関する一考察——1998 年辜汪会見を事例として」『日本台湾学会報』第 11 号 (2009 年 5 月)、105-127 頁。
32) 若林正丈『蔣経国と李登輝——「大陸国家」からの離陸?』(岩波書店、1997 年)。若林正丈「戦後台湾政治における『伝統』と『革新』——李登輝のリーダーシップと『20 世紀中国政治の歴史的連続性』の衰弱」『アジア研究』第 48 巻第 1 号 (2002 年 1 月)、25-36 頁。劉進慶「李登輝——価値観と政治的功罪」許介鱗、村田忠禧編『現代中国治国論——蔣介石から胡錦濤まで』(勉誠出版、2004 年)、102-132 頁。石之瑜『両岸関係概論』(台北、揚智、1998 年)、133-210 頁。石之瑜「芝麻!開門——心理分析引領両岸政策研究進入新境界」包宗和、呉玉山編『爭辯中的両岸關係理論』(台北、五南、1999 年)、265-336 頁。王茹「李登輝的權威人格與台湾的新強人政治」『台湾研究集刊』1999 年第 4 号 (1999 年 12 月)、6-12 頁。楊中美『李登輝 VS. 江沢民』(台北、時報文化、2000 年)。石之瑜「両岸関係與政治人格——従李登輝到陳水扁」『政治科学論叢』第 14 号 (2001 年 6 月)、107-126 頁。石之瑜「両岸関係的政治心理学——認同與形象的政治情感分析」包宗和、呉玉山主編『重新検視爭辯中的両岸關係理論』(台北、五南、2009 年)、195-215 頁。Richard C. Bush, "Lee Teng-hui and "separatism"," in Nancy Bernkopf Tucker eds., *Dangerous Strait: the U.S.-Taiwan-China Crisis* (New York: Columbia University Press, 2005), pp. 70-92. Shih-shan Henry Tsai, *Lee Teng-hui and Taiwan's Quest for Identity* (New York: Palgrave Macmillan, 2005). Richard C. Kagan, *Taiwan's Statesman: Lee Teng Hui and Democracy in Asia* (Annapolis, MD: Naval Institute Press, 2007).
33) 戴国煇、王作栄口述、夏珍記録整理『愛憎李登輝——戴国煇與王作栄対話録』(台北、天下遠見、2001 年)。
34) 上坂冬子『虎口の総統』(講談社、2001 年)。張慧英、前掲書。鄒景雯前掲『李登輝執政告白実録』。陸鏗、馬西屏『別鬧了、登輝先生』(台北、天下遠見、2001 年)。王銘義前掲『対話與対抗——台湾與中国的政治較量』。鄒景雯『李登輝給年輕人的十堂課』(台北、四方書城、2006 年)。
35) 李登輝『台湾の主張』(PHP 研究所、1999 年)。李登輝、中嶋嶺雄『アジアの知略——日本は歴史と未来に自信を持て』(光文社、2000 年)。李登輝、小林よしのり『李登輝学校の教え』(小学館、2001 年)。井尻秀憲『李登輝の実践哲学——五十時間の対話』(ミネルヴァ書房、2008 年)。李登輝『最高指導者の条件』(PHP 研究所、2008 年)。張炎憲主編『李登輝総統訪談録 1 ~ 4』(台北、国史館、2008 年)。
36) 蘇起、前掲書。

37) 丁渝洲『丁渝洲回憶録』（台北、天下遠見、2004年）。
38) 蔣孝嚴『蔣家門外的孩子——蔣孝嚴逆流而上』（台北、天下遠見、2006年）。章孝嚴は蔣経国元総統の庶子であり、2005年父の苗字「蔣」に改名した。本研究の本文では李登輝政権期について述べる場合、章孝嚴とする。
39) 黃越宏『態度——鄭淑敏的人生筆記』（台北、平安文化、2001年）。鄒景雯『伝略蘇志誠——九十年来最具争議的権力人物』（台北、四方書城、2002年）。魏承思『両岸密使50年』（香港、陽光環球、2005年）。王銘義前掲『対話與対抗——台湾與中国的政治較量』、59-86頁。また、魏承思は禅学研究者の南懷謹の弟子でもある。南懷謹の紹介により、蘇志誠は李登輝の代理として、大陸側の代表である楊斯德・国務院台湾事務弁公室主任、汪道涵・元上海市長と密会した。のちに、両岸の当局者は南懷謹によるパイプをリスクがあると考え、南懷謹によるパイプを使わず、直接接触することにした。これについてはすでに1995年頃台湾の野党である新党の立法委員（国会議員）に暴かれたが、当時の関係者は認めなかった。ただし、魏承思はのちに南懷謹の許可を得、当時の資料を発表した。新党の立法委員が密使について暴いた記事は以下を参照。「郁慕明質詢　指蘇志誠鄭淑敏為両岸『密使』」『中国時報』1995年4月19日。「両岸有密使？郁慕明引爆敏感話題」『聯合報』1995年4月19日。「密使新戯　郁慕明：許鳴真去年曾来台」『聯合報』1995年4月22日。ところが、李登輝元総統は自らの名義で密使を遣ったわけでなく、蘇志誠と鄭が勝手に行ったと述べ、密使の派遣を指示したことについて否認した。井尻秀憲前掲『李登輝の実践哲学——五十時間の対話』、106-108頁。
40) 曾永賢『従左到右六十年——曾永賢先生訪談録』（台北、国史館、2009年）。
41) 坂下昭宣「リーダーシップとモティベーション」西田耕三、若林満、岡田和秀編『組織の行動科学——モティベーションと意思決定』（有斐閣、1981年）、95頁。高橋正泰、山口善昭、磯山優、文智彦『経営組織の基礎』（中央経済社、1998年）、119頁。金井壽宏『経営組織』（日本経済新聞社、1999年）97-98頁。伊藤光利、田中愛治、真渕勝『政策過程論』（有斐閣、2000年）、300-301頁。榊原清則『経営学入門　上』（日本経済新聞社、2002年）、75-76頁。石井貫太郎『リーダーシップの政治学』（東信堂、2004年）、19頁。
42) 坂下昭宣『組織行動研究——モティベーションと意思決定』（白桃書房、1985年）、242頁。宮川公男監修、上田泰『組織の人間行動』（中央経済社、1995年）、161-162頁。Stephen P. Robbins, *Organizational behavior*. 9th ed. (N. J.: Prentice Hall, 2001), pp. 314-315.

第1章

政府を対象とした分析アプローチ
―理論的検討と仮説―

問題の所在

　本書の目的は、初代直接民選総統時代において李登輝がどのように政策過程を運営し、大陸政策を決定したかということを体系的に明らかにすることである。そのため、本書の理論的立場は、政府を分析対象として、政府内部における外交・安全保障政策決定過程を取り組む対外政策決定論の視点に近い。

　これまで対外政策決定論は、主としてアリソン（Graham T. Allison）がキューバ危機を分析するため提起した「合理モデル」、「組織過程モデル」、「政府内政治モデル」の三つのモデルを中心に展開してきた。いずれもモデルという言葉を使われたが、社会科学では、理論モデルは自然科学のように、厳密な意味のモデルではなく、物事を分析する際の枠組み、分類の方法、描いたイメージ、仮説ということに近い[1]。そのため、アリソンが提起した「組織過程モデル」と「政府内政治モデル」（以下アリソンモデル）は、行政府内部が対外政策を決定したプロセスをイメージしたものであると言ってもよい。しかも、アリソンモデルを対外政策だけでなく、政府内の政策決定モデルとして扱う研究者も少なくない[2]。

　ところが、米国以外の事例を検証した際に、アリソンモデルを用いることなく、アリソンモデルから派生したモデルの修正バージョン、もしくは分析対象国の特徴に基づき、分析枠組みを再構築する例が多く見られる。つまり、政府を対象に政策過程を分析した際に、そのままアリソンモデルおよびその派生したモデルに取り組むのは困難であると考えられる。したがって、どのようにリーダーが政府を運営し政策を決定するプロセスをイメージし、本書の仮説を提示するかと

いうことは、本章における最大の課題である。この課題に取り組むため、まず第1節で、従来の分析モデルを整理し、その問題点を分析する。次に第2節で、第1節で検討した結果に基づき、本研究の分析枠組みと仮説を提示する。さらに、本書が扱う予定の事例を選んだ理由も説明する。

第1節　対外政策決定論の系譜

1. 対外政策決定論の展開―アリソンモデルを中心に―

　かつて国際関係学の系譜では、国家を合理的行為者と見なすことが前提であった。カー（E. H. Carr）、モーゲンソー（Hans J. Morgenthau）、K. J. ホルスティ（K. J. Holsti）などによるリアリズムはその代表であった[3]。ところが、行動科学の影響を受けたため、国際関係論では、政府内部の行動への注目を始めた。R. スナイダー（Richard C. Snyder）とその同僚は、政府の重要構成員などを公式政策決定者とし、国家の内的要因、外的要因、社会的構造と行為を、国家をめぐる状況の要因にした[4]。R. スナイダーが構築したモデルは、スナイダーモデルと呼ばれ、外交政策決定研究領域で大きく刺激を与えたと評価された。

　ただし、スナイダーモデルにおいて、多くの変数が挙げられたものの、その相互関係はあまり明確に定義づけられていない。さらに、多くの変数に対し、決定者はその変数の重要性を合理的に判断できるかという疑問もある。そして、すべての変数を挙げた上で検証することは難しいので、実用性にとぼしいとされる[5]。

　ここで、アリソンは政府を分析対象として、伝統的な合理的行為者、組織過程モデル、政府内政治モデルを用いてキューバ危機を分析した。アリソンは、合理的行為者モデルでは、政府が戦略的な目標や目的を最大限実現するような行動を選ぶとするが、米国とソ連がとった行動は必ずしも合理的であったとは言えないと指摘した。そのため、アリソンは、政府内部を注目し、組織過程モデルと政府内政治モデルを提示した。その要約は以下の通りである[6]。

（1） 組織過程モデル

　アリソンは、政策というのは組織内の標準手続き（standard operating procedure, SOP）に基づいた機械的もしくは準機械的プロセスの産物であるとしている。政府内の組織は特定の問題と業務に責任を持つように区分されている。そのため、その管轄の範囲内においては半ば独立しているが、SOPを元に行動している。換言すると、特定の問題の対処方針もSOPによって決定される。

　このように、組織の既存の諸ルーティンは、問題に直面した政府指導者に与えられる有効な諸選択肢を構成する。トップの政策決定者は存在しているが、受け取る情報も組織からもたらされたものであるし、政策のオプションについても組織による分析の結果からもたらされたものである。したがって、トップの決定者は調整者として各組織からのフィードバックに応じる形で政策を推進することになる。

　しかし、各部門は自らの利益を守るため、政策内容もしくは権限をめぐる対立を生じさせうる。また、下部の組織はSOPなどの手続きを重視することによって、形式主義に陥る傾向がある。例えば、キューバ危機の際に、ソ連がキューバでミサイル基地を建設しているという情報は、キューバ内のスパイからワシントンまであがるには10日間かかった。また、偵察機U2は9月初旬から10月14日にミサイル基地を発見されるまで計7回飛行しているが、ミサイル基地を建設している西部上空は発見された日までルート外であった。

（2） 政府内政治モデル

　組織過程モデルが説明できない部分を補完するため、アリソンは政府内政治モデルを提起した。この視点において、アリソンは政策を、政策決定に関わるそれぞれのプレイヤー間の駆け引き（pulling and hauling）を含む相互作用の産物であるとしている。

　政府内政治モデルは官僚政治モデルとも呼ばれるが、実際にアリソンが議論したアクターは、官僚だけではなく、政治的に任命された官僚組織のトップ、すなわち閣僚なども対象としている。しかし、問題に直面した際に、プレイヤーは立場によって特定の問題に対する優先順位も、認識も違うかもしれない。アリソンはその立場を決める原因として、国家安全保障上の利益、国内的利益、組織的利

益、個人的利益を挙げている。

したがって、プレイヤー間が利害関係を調整するプロセスにおいて、プレイヤーの組織における権限（bargaining advantage）、その権限を効果的に使う能力（bargaining skills）が、政策という相互作用の過程のアウトプットとして出てくる。例えば、ケネディ（John F. Kennedy）大統領はキューバ危機に対応するため、国家安全保障会議執行委員会（Executive Committee of the National Security Council、以下エクスコム）を設置した。エクスコムでは、ラスク（David D. Rusk）・国務長官、アチソン（Dean G. Acheson）・元国務長官、ディロン（Clarence D. Dillon）・財務長官、マコーン（John A. McCone）・アメリカ中央情報局長官、統合参謀本部は強硬派であった。これに対し、マクナマラ（Robert S. McNamara）・国防長官は何もしないと主張した。ソレンセン（Theodore C. Sorensen）・大統領補佐官、R. ケネディ（Robert F. Kennedy）・司法長官は慎重派であった。ここで、ケネディは以上の関係者が提示した選択肢から海上封鎖（国際法の細かい解釈をくぐり抜けるために検疫停船と婉曲呼ばれた）を決定した上で、ソ連との交渉も始めた。

2. アリソンモデルへの批判とその展開

（1）アリソンモデルへの批判

確かにアリソンモデルは国際関係論における対外政策決定過程の研究に大きな影響を与えた。ただし、アリソンモデルの問題点を批判している研究者も多い。特に政府内政治モデルが招いた批判は多かった。その批判はいくつかに集約することができる。第1は、R. ケネディをはじめの慎重派は強硬派を圧倒したようであるが、最後に海上封鎖を決めたのはケネディ大統領であった。このように、アリソンは大統領のトップリーダーとしての役割を無視していることである。第2は、組織過程モデルと政府内政治モデルは類似であったものの、相異なるところが明確に説明されていないということである。第3は、行政府にのみ注目し、立法府の役割を無視したことである。第四は、アリソンモデルでほかの国を研究することが難しいことである[7]。

(2) 修正モデルの展開

その中で、アリソンモデルに対する第1、第2、第3の批判に基づき、事例研究を行い、修正モデルを提起した研究者もいた。例えばアリソン、デスラー（I. M. Destler）、ハルペリン（Morton H. Halperin）は、アリソンモデルの政府内政治モデルにおけるトップリーダーとしての役割を無視したことを中心に政府内政治モデルの修正を行った[8]。福井治弘、ジャニス（Irving L. Janis）、スチュワート（Philip D. Stewart）らは、対外政策決定が小集団によってなされるものであると主張したが、リーダーのリーダーシップも一つの要因として扱った[9]。ヒルズマン（Roger Hilsman）は、政府の政治過程を同心円と想定し、政策決定に対する影響力の度合いで、大統領・スタッフ・政治任命者・議会・官僚を第一の円、利益団体・メディアを第二の円、世論と有権者を第三の円と位置づけ、包括的な政治過程モデルを提示した[10]。アリソンも『決定の本質』の第二版で大統領の「組織の長」という役割を重視した上で、政府内政治モデルの修正を行い、アクターの駆引きだけではなく、アクターの階層関係も重視するということを説明した[11]。

さらに、政府内政治モデルだけでなく、政策決定モデルのパターンも多数あることが指摘された。例えば、G. スナイダー（Glenn H. Snyder）とディージング（Paul Diesing）は21個の国際危機における政策決定を検証した上で、そのモデルの組合せを提示した[12]。コーエン（Stephen D. Cohen）は米国の国際経済政策を検証した時、7つの政策決定モデルの類型を提起した[13]。O. ホルスティ（Ole R. Holsti）は、官僚政治、団体ダイナミックス、個人決定の3つの政策決定モデルを提出した[14]。バンドール（Jonathan Bendor）とハモンド（Thomas H. Hammond）はアリソンモデルを批判した上で、12種類の政府内政治モデルの類型を提示した[15]。ジョージ（Alexander L. George）は、アメリカ大統領の政策決定スタイルは大統領によって異なったとしている[16]。要するに、単に米国だけでも、多数の政策決定モデルの類型が存在している。

3. 共通の疑問点

　以上の研究にはいずれも一定の説得力がある。しかし、共通の疑問点として、アリソンモデルおよびそれに基づいて展開してきたモデルは適用性が疑われている点が挙げられる。しかも、この疑問点によって、政府を対象として取り上げた政策過程の研究が国内政治レベルに留まってしまった点も挙げられる。

　前述のように、アリソンモデルおよびそれに基づいて展開してきたモデルは数が非常に多い。しかしながら、通説として用いられるものがないと言ってもよい。しかも、政府内政治モデルだけでは、その類型およびそれに参加したアクターの権力関係など議論もいまだ定まっていない。むしろ、モデルの数からみれば、乱立している観がある。そのため、アリソンモデルのモデルとしての価値とその意義、およびこれまで積み上げられた成果も否定されたことがある[17]。

　また、すでに前述で提起したモデルの他国への活用がしにくいという批判に関しては、修正しても理論モデルが対象国の現状に当てはまらないという問題も解決できない。ここで、日本で注目されている信田智人の研究を挙げ、分析を進めたい。

　信田は橋本行革で整備された内閣官房における首相補佐の機能を注目し、小泉純一郎政権期の外交・安全保障政策決定過程を事例として検証を進めた。その中で、信田は日本の政治体制に基づき、前述したヒルズマンによる同心円モデルを修正し、小泉政権期のテロ特措法、有事法制、イラク特措法の政策過程を分析した[18]。信田は首相官邸を同心円のコアとし、自由民主党（以下、自民党）と政府をコアのすぐ外層の円、次に連立パートナー、そして野党、圧力団体・メディア、国民・世論という順番で同心円を設定した。信田は、小泉政権期の外交・安保政策決定過程では、内閣官房は最初の段階から政策決定のイニシアチブを握ったため、テロ特措法とイラク特措法が異例な速さで成立したと指摘した。さらに、国民の支持を得るため、小泉首相は独特な政策過程でテロ特措法とイラク特措法を成立させたと指摘した。そして、信田は、官邸主導の外交・安保政策決定過程を「官邸外交」と名付けた[19]。

　確かに日本の政策過程では官僚の影響力が高いとされているが、外交、安全保障政策の分野では、官僚には立案・整備の力しかなく、政治家がイニシアチブを

握っているともされる。例えば、草野厚と信田智人は、首相が外交政策分野でイニチアチブを握っていることを指摘した[20]。村松岐夫がリードした研究プロジェクトによる国会議員へのアンケート調査では、中曽根康弘政権期にしろ、小泉政権期にしろ、安保外交政策における首相と自民党執行部の影響力は所轄官庁よりはるかに高いという[21]。城山英明を中心とした研究プロジェクトも、外務省と防衛庁は首相に対するスタッフとしての機能しか持たないと指摘した[22]。小泉首相以外の具体的な事例として、日ソ国交回復、安保改定、日中国交正常化、対中経済協力、村山談話などが挙げられた[23]。そのため、大統領のコアとしての影響力を重視した同心円モデルは日本の外交・安全保障政策決定過程を説明することができると思われる。

　しかしながら、信田により修正された同心円モデルがどこまで日本の政治を説明できるかという疑問も残っている。例えば、信田は、自民党の連立パートナーである公明党を自民党と政府省庁の外側に置いた。ところが、竹中治堅はすでに、1999年10月に発足した自自公（自民、自由、公明）連立内閣は、参議院の過半数を獲得するため史上初めての連立内閣だということを指摘した上で、参議院は自由党と公明党の政策形成過程における役割を増大させるとしている[24]。信田が扱ったテロ特措法、イラク特措法の事例でも、小泉首相は自民党の政調部会より、連立パートナーの理解を先に求めた行動を取った。そのため、小泉政権における連立パートナーの政策決定に対する影響力は、少なくとも自民党の政調部会に比べてさらに政策決定の中核となった官邸に近いと考えられる。ただし、たとえ小泉首相がテロ特措法とイラク特措法の決定過程で自民党の政調部会より、連立パートナーの理解を先に求めた行動を取ったとしても、有事法制とイラク特措法の決定過程における調整と協議からみれば、自民党の部会は依然強い影響力を持っているように見えた。例えば、有事法制の立法過程では、国防族と言われ、安倍政権で防衛大臣に就任した久間章生・元防衛庁長官は与党側の専門家が中心となったプロジェクト・チームの座長だけでなく、野党の民主党との調整・協議を行う責任者でもあった。また、国会運営を乗り切ろうとするため、小泉首相は2002年9月に行った内閣改造で、国防族の石破茂・衆議院議員を防衛庁長官として起用した[25]。イラク特措法をめぐる自民党内の調整過程においても、党執行部は総務会の承認を得るため、部会の大量破壊兵器処理の条項を削除

するという要求を受け入れた[26]。

　次に、信田の研究において最も批判されたのは、官僚の影響力についてなのである。信田は、トップリーダーである小泉首相より内閣官房の役割を強調した際に、内閣官房副長官補が中心となった作業チームを最も重視する。また、信田はその運営の要として古川貞二郎・内閣官房副長官、大森敬治・内閣官房副長官補、浦部和好・同副長官補をたびたび挙げた。ただし、古川は元厚生官僚、大森は防衛庁、浦部は外務省出身者である。したがって、ベテラン官僚は内閣官房のスタッフ作業のイニシアチブを握るため、トップリーダーである首相もしくは内閣官房長官に比べて影響力が強い、もしくは官邸のスタッフ作業に参加したことによって影響力が強まってきたという印象が否めない。伊奈久喜も信田の研究に対し、官僚という言葉を出さずに、「それ以前からも官邸主導だった局面もあったろうし、官邸主導の形をとりながら、官邸を掌のうえで動かしていたプレイヤーがいたかもしれないからだ」という文章で信田の論点を暗に批判した。上久保誠人も、首相の指導力は官僚の行動を抑えられたことでなく、むしろ首相官邸を舞台に、官僚が首相により容易にアクセスできる範囲が広がったことによって実現した、と指摘した。信田はこれらの批判を受け止めたが、各省庁の大臣による事務次官の任免権が形骸化したのに対し、首相・内閣官房長官と副長官・副長官補の間には任免権を通じた明確な上下関係が存在するとし、内閣官房の幹部は首相や官房長官の意向を受けて活動することが期待されていると反論した[27]。ただし、類似した指摘が頻出したことは、信田の反論ではこれらの疑問を解くことができないからだとも言えよう。

　要するに、連立与党である公明党と自民党内の部会における政策過程への影響力が状況によって変わるため、明白に同心円でそれを位置づけることは困難であると考えられる。また、官邸のスタッフ作業への参加によって、官僚の影響力がさらに強まることも否定できないため、信田が構築した官邸主導のモデルは実は形を変えた官僚主導モデルに過ぎなかったと思われてもおかしくない。ただし、言うまでもなく、米国の事例によって構築された同心円モデルでは、内閣制の連立政権における与党間の関係、もしくは日本のように、長期間で政権を握っていた自民党における派閥、部会、族議員などが活発している状況を配慮していない。むろん、米国では日本の官僚制のような状況もない。したがって、米国の

事例で構築されたモデルを用いた時、いくら自国の状況に従ってモデルの修正を行っても配慮しきれない問題点も否定できないのではないだろうか。

　その結果、政府を中心とした政策過程を取り上げた研究では、アリソンモデルもしくはその修正モデルではなく、分析対象国の実態に基づいて分析モデルを構築し、政策過程の研究を行う傾向がある。日本の政策過程を取り上げた研究においても、このような自国の事例に合わせて自国なりの政策過程モデル、もしくは政策過程に関与した重要なアクターおよび政策過程におけるその相互関係を捉えようとした傾向がある。例えば、日本政治の通説として、日本の政策過程は自民党、官僚、財界による鉄のトライアングルによって構成されたことが挙げられる。研究者もこの視点から議論を展開することが多かった。細谷千博は、戦後日本の政策決定過程は、自民党、官僚、財界の三者がリーダーを支える三脚柱モデルを通して見るとよいと指摘した[28]。中野実をはじめとする研究プロジェクトもこの視点を踏まえ、社会党、地方政府、圧力団体、労働団体を加えて日本の政策過程を分析した[29]。福井治弘、村川一郎は、自民党の政策への実質的影響力を重視し、自民党を実質的な政府とし、法的政策決定機構である政府組織を形式的政府として分析を行った[30]。また、日本の学界で辻清明による「官僚優位論」と村松岐夫による「政党優位論」のような議論もあった[31]。大嶽秀夫、草野厚、ジョンソン（Chalmers A. Johnson）、樋渡展洋、恒川恵市らは、財界、利益団体と政府の関係から経済産業、安全保障、外交政策決定過程を捉えようとしている[32]。これに対し、米国の事例に基づいて構築されたモデルを用い、もしくは修正し、日本の政策過程を分析した代表的な研究としては、前述した福井と信田、およびアリソンの政府内政治モデルを意識した別枝行夫と草野厚による日中関係の論文しか挙げられず、はるか少ないと言ってもよい[33]。

　しかし、この傾向における研究成果においては、多くの成果が挙げられたものの、国内政治レベルの研究成果に留まったと言わざるを得ない。なぜなら、自国の政策過程におけるオリジナリティを明らかにしたものの、他国への適用がしにくい、あるいはできないからである。つまり、米国の事例によって構築されたアリソンモデルおよびそれに基づいて展開してきたモデルと同じような傾向を持っている。

第2節　本書の枠組みと仮説

　このように、アリソンモデルをはじめ、政府を分析対象とした政策過程モデルは一般化がされていないだけでなく、枠組みと仮説の設定も国内政治レベルに偏る傾向であるため、どのように仮説を設定するのかは、体系的に李登輝初代直接民選総統時代における大陸政策決定過程を分析するためのもっとも重要な課題に違いない。アリソンモデル、および他国への研究からみれば、既存のモデルと政策過程の研究で提起した仮説をそのまま使うことが難しいと考えられるが、いずれのモデルと成果も、政策過程における組織の構造とその運営方式を構築し、分析を行う共通点がある[34]。そのため、本書は、既存モデルの修正ではなく、スナイダーモデル、アリソンモデルが依拠していた現代組織論から議論を展開し、組織の視点から枠組みと仮説を構築することを試みる。

1. 現代組織論と政策過程

（1）サイモンの組織論と意思決定

　現代組織論はサイモン（Herbert A. Simon）の議論から展開してきた。サイモンはその代表作である『経営行動』において、意思決定と執行を含めた行動として管理の概念を提起し、組織行動を決定過程によるネットワークとして議論を展開してきた[35]。『経営行動』において、サイモンは抽象的な概念しか提起していないが、サイモンによる組織の決定過程についての議論を以下のように要約できる。

1）組織構造と意思決定

　サイモンは組織の構造を公式的組織と非公式的組織としている。公式的組織というのは、組織における専門化、職権、調整として機能する権威、および命令統一のシステム、組織におけるコミュニケーション・ルートである。公式的組織によって、組織における参加者の関係、活動の範囲が規定される[36]。

　非公式的組織というのは、公式的組織に明確に規定されていないもしくは公式的組織に関与していない人間関係である。メイヨー（E. G. Mayo）とレスリーバーガー（F. J. Roethlisberger）は、ホーソン工場（Hawthorne Works）で

「継電器組立実験」を行い、労働者の満足が生産性の上昇をもたらすと指摘した。さらに、経済的誘因だけではなく、社会的、心理的要因によっても動機付けられるという。つまり、人間関係論は、公式的組織による権威の管理より、組織の構成員に参加の動機づけを行うのが重要であると指摘した。この概念は人間関係論から発展した。人間関係論では、非公式的組織の役割を公式的組織より重要だと捉えた[37]。

サイモンは、非公式的組織の存在は公式的組織に制約されるとし、すべてのことを公式的組織によって規定することが不可能であるため、公式的組織は非公式的組織を公式的組織に沿って発展させる機能を持っていると指摘している。要するに、組織のSOPは数が限られているが、組織におけるアクターとアクター間の人間関係は限られていない。さらに、公式的組織による職権の配分およびコミュニケーション・ルートの維持を通じて非公式的組織の活用を減らすのみならず、組織における構成員を非公式的組織の関係を通じて協力させることもできる[38]。

2）組織メンバーと意思決定

組織に参加したアクターに関して、サイモンは、組織に参加した個人は自らの目的と選択力を有しているが、組織的な意思決定を受容する心理的枠組みを構築していくことを意図しており、組織に所属した時点で、すでに組織からの拘束を受容していると指摘している[39]。つまり、組織における個人と部署の利益は組織に拘束されると言えよう。

また、サイモンは、組織のトップは組織メンバーから貢献を引き出すため、誘引の提示、トップダウンに限らないあらゆる方向に対するコミュニケーション経路の確保、といった管理レベルの問題に対処しなくてはならないとしている。なぜなら、サイモンは、組織におけるトップは、意思決定だけではなく、情報収集、資源の確認、仕事の配分などの役割を勤めるため、組織の構造を維持する方針、および組織における大きい方針を決定する役割をつとめなくてはならないと考えていたからである[40]。

そして、組織の行動は、多くの政策過程によって構成されたネットワークである。組織がその構成員のそれぞれの決定に影響を与える。最終責任はある個人にあるといっても、その決定が組織における多くのプロセスによって決定されたも

のである。サイモンは、『経営行動』における論点をこの考え方で展開させたということであるため、サイモンが意味した組織の意思決定は、公式的組織および非公式的組織によるネットワークで行われると考えられる。

（2）官僚制組織からみたサイモン理論の問題点

サイモンは抽象的な概念しか挙げられないし、明白に自らが意味した組織の形態とその構造も提起していないと認めた[41]。しかし『経営行動』においては、たびたび軍隊組織、ピラミッド型組織を例として提起している[42]。そのため、サイモン理論を使って官僚制組織を分析することが可能である。

1）官僚制組織の特徴と逆機能

組織論で最初からもっとも合理的な組織として挙げられたのは、官僚制組織である。官僚制組織はいわゆるピラミッド型組織構造である。最高責任を担う幹部を頂点に、ピラミッド型の形態を成す。ウェーバー（Max Weber）は理想型としての官僚制を以下6点に求めている[43]。

①　規則によって普遍的に秩序づけられた明確な職務権限の原則が存在する。
②　上位の職位が下位の職位に命令するというヒエラルキー（hierarchy）と階層的権限体系が存在する。
③　職務の執行は文書によって行われ、文書に記録される
④　職務活動を遂行するためには専門的な訓練が必要である。
⑤　職務上の活動は職員の該当組織への専従化を必要とする。
⑥　職務の執行はあまり変更されることがなく、遺漏のない習得可能な一般的規則にしたがって行われる

ウェーバーが挙げた特徴は、官僚制の順機能とも言われている[44]。これらの特徴は、余分なコストを払わずに、できるだけ少ないコストで、できるだけ多くの便益を得るために都合がよいとされた[45]。政府組織と軍隊はまさにウェーバーが挙げた特徴に基づいて構築されたものであると言えよう。

しかしながら、官僚制組織には、官僚制組織におけるマイナスの部分としての逆機能も有する。従来の研究では、すでに官僚制の逆機能を指摘しているが、主に官僚制組織の肥大化、硬直化中心に議論を展開してきた。総括として、組織が

急速に変化する環境に効率的に対処することができなくなるということである。詳しい内容は以下の点として挙げられる[46]。

① 形式主義によって変化した状況に対応できなくなる。
② 下部組織は専門化によって上位組織の目標より部門目標を求める恐れがある。
③ 組織の制約によって個人の能力が発展だけではなく、変革もできなくなる。

2) 官僚制組織からみたサイモン理論の問題点

官僚制組織では、問題、外部環境に対処する際に、既存の組織は必ずしもその合理性を保ち、有効に常に変化してゆく外部環境に対処することができるとは限らないため、組織が環境に対応するための有効性が問われている。ただし、官僚制組織における議論からサイモンが描いた組織を考えれば、サイモンは、組織の政策決定を組織内部の行動としているが、組織が直面した外部環境の議論を行っていない[47]。そのため、組織の決定過程と外部環境をめぐる関係についても、組織論においては重要な課題となった。

2. 組織と環境の関係

(1) 組織と戦略の関係

最初は、チャンドラー（Alfred D. Chandler Jr.）が「組織は戦略に従う」という命題を提示し、組織と環境の関係について分析を始めた。チャンドラーは、環境の対応、問題の解決のため、先に戦略を策定し、次いでそれを最も有効に遂行できるような組織がデザインされるとしている[48]。

組織と環境の関係についての研究は、チャンドラーの説に基づき、組織がどのように環境からの影響を受けているのかという視点から展開してきた。例えば、ローレンス（Paul R. Lawrence）とローシュ（Jay W. Lorsch）は、最適な組織のあり方は環境状況に依存するとした。また、環境の不確定から分化された諸部門間の調整のための統合メカニズム、およびコンフリクト処理などの組織過程に注目し、効率を求めて徐々に分化される専門職能と組織の全体目標に向けての統合・調整の問題を同時に解決することが、重要な課題であると指摘した[49]。

ほかにもバーンズ（Tom Burns）とストーカー（George M. Stalker）は英国の産業企業20社を調査し、外部環境が組織内部の管理システムに影響を与えることを明らかにした。バーンズとストーカーは、外部環境が安定的ならば、組織の内部管理システムが規則や手続き、明確な責任―権限の階層化などの特徴を持つのに対し、不確定な環境ならば、組織の現場では、規則や手続きが用意されていないあるいは無視される上、責任―権限関係もあまり明確でないと指摘した。トンプソン（J. D. Tompson）は、合理性を求める組織が環境不確定性に直面するため、それからの影響を削減するための手段を用いようと図るとした。しかし、これまでの標準手続きでは対処できなくなるかもしれないため、組織内部における各部門の間に次第に共同、逐次、互恵の相互依存関係を持つことになってゆく。トンプソンから影響を受けたガルブレイス（Jay R. Galbraith）はさらに、上部組織から下部組織への委任、自由裁量を大幅に認めると指摘した。トンプソンなどの説は、トヨタ自動車、本田技研が事例として実証されている[50]。

ところが、環境に対応するための戦略は組織自体が生み出したものであるという逆説もできる。そのため、組織と環境の相互作用も意識された。例えば、カスト（Fremont E. Kast）とローゼンツヴァイク（James E. Rosenzweig）、ピーターズ（Thomas J. Peters）とウォーターマン（Robert H. Waterman Jr.）の説が注目された[51]。

以上の議論からみれば、組織と環境の関係をめぐり研究はまさに、「ニワトリが先か、卵が先か？」のような議論になったのであろう。しかしながら、「ニワトリが先か、卵が先か？」をめぐる議論を差し置き、組織がどのように不確定の環境による戦略レベルの問題に対応するのかということからみれば、環境と問題に対処するため、組織内部における意思決定、管理のあり方が常に変化しているとして捉えたほうが適切であると考えられる。換言すると、戦略レベルの問題に対処するため、組織の管理者は、組織内部のネットワーク関係によって変化させ、政策を決定して執行するということである。

（2）リーダーシップ

環境に対応する際に、組織におけるリーダーシップは、組織の目標、アクターの役割、組織制度の維持、組織内部におけるコンフリクトの解消などの役割があ

るとされている[52]。そのため、環境に対応する際に、経営組織におけるトップのリーダーシップがどのように果たされるのかについては注目されてきた。政治学と経営学などの分野において広く取り上げられているスタジル（R. M. Stogdill）によるリーダーシップの定義を扱いたい。スタジルはかつてのリーダーシップを提起した研究を検討したうえで、リーダーシップは、集団メンバーに受け入れられるような目標を設定し、それを達成するために個々のメンバーの態度や行動を統合的に組み立て、いわゆる組織化を行い、一定の水準に維持し続けるという集団全体の機能であると指摘した[53]。現在、スタジルの定義に基づいてリーダーシップを論じる研究も多い[54]。これまでの検討からみれば、組織という意思決定のネットワークを構成した公式的組織と非公式的組織をはじめ、環境に対応するための政策決定と管理については、リーダーシップによって決定されると考えられる。そのため、リーダーの目標達成と組織維持というリーダーシップ機能の発揮は、ネットワーク関係の変化に関わるのである。

3. ネットワーク変化のプロセス

ここまで、サイモン理論の概念、およびこれまで組織論における議論を検討したことに基づき、組織による政策過程というのは、環境の変化に対応するため、組織におけるトップリーダーがどのように公式的組織と非公式的組織によるネットワークを運営し、政策を決定して執行するのかということであると考えられる。経営学では、さらにその変化のプロセスを個人レベルと組織レベルと大別している。

（1）個人レベル

トップが自らの力で非公式的コミュニケーション・ルート、つまり非公式組織によって組織を動かす形態が挙げられた。金井壽宏は、非公式的組織を組織の脳、神経系とし、組織図に表されるような、命令・指示・報告のフォーマルな経路を組織の骨格としたが、フォーマルな経路と両立するが別個のインフォーマルなネットワークを組織の神経系と指摘した。さらに、力のあるアクターは、自らの力によって、社内だけではなく、社外のネットワークを作り出すことができると思われる[55]。さらに、組織内部だけではなく、トップリーダーは助言を求め

るため、公式的組織以外に非公式的なブレーン、プランナーを設置することも可能である[56]。また、河中二講、坂下昭宣は、ブレーンもしくはプランナーのチームがリーダーの直属スタッフ機関として発足し、組織の部分的な編成替えもあると指摘した[57]。

このように、自らの組織内部の人間関係で組織を運営するもしくは組織外部の助言を取り込むのは、リーダーが個人レベルで自らの人間関係によって組織におけるアクターを非公式的に動かす形態であると言えよう。

(2) 組織レベル

しかしながら、スタッフ機関の設置に至ることがあれば、個人的関係レベルだけではなく、組織レベルから公式的組織を動かすことになる。換言すると、スタッフ組織が組織の部分的な編成替えになった時、非公式的なあり方は、公式化したことになる。具体的に言えば、組織レベルでは、問題に対応するため、既存の階層組織から臨時的に関係者を召集して、タスク・フォースのチームを設立する。もし長期的問題の対処になれば、常に運営されているプロジェクト・チームとして通常のライン組織と並存する。形態として、トップから直接にもしくはトップの代わりに管理スタッフがチームを仕切ることになる。つまり、問題に対処するため、トップが既存の階層を越え、自らもしくはスタッフを通じて関係者と直接にコミュニケーションを取る体制である。このような、トップとの間の階層が少ない組織形態は、フラット組織と呼ばれるが、組織のネットワーク化としても捉えられる[58]。

従来の検討によれば、フラット組織は、上司との直接対話ができるようになり、情報が速く正確に伝達されるメリットがある[59]。また、組織におけるアクターからの情報は組織長に集中されるため、統合されることになる[60]。それから、フラット組織には、参加した専門家間の情報交換が官僚制組織よりよいため、組織内部における調整と協議がしやすくなる[61]。つまり、フラット組織では、組織におけるアクター達のコミュニケーションが官僚制組織より取りやすいため、組織内秩序の維持がしやすくなる。タスク・フォースもしくはプロジェクト・チームが問題を解決してから解散し、既存の組織に戻るか、もしくは組織がそれに基づいて再編される[62]。また、組織の再編に至るまで、タスク・フォース

もしくはプロジェクト・チームが本来の組織と共存した形になるため、本来の公式的組織構造はタスク・フォースもしくはプロジェクト・チームの設置によって構造が変わるわけではない。

したがって、既存の官僚制組織を保ちながら、トップリーダーは、タスク・フォースとプロジェクト・チームなどのフラット組織を用いることで、組織の運営をネットワーク化することができると考えられる。つまり、プロジェクト・チームを持っている官僚制組織は内部のフラット組織と共存していると言える。また、組織外部のネットワークは常に存在しており、官僚制組織に取り込まれることもあると考えられる。

4. 政治学への応用―日本の「経済財政諮問会議」を事例として―

ところで、組織内部のネットワークの変化プロセスについての検討は経営学レベルに留まるため、政府を組織として捉えようとすれば、さらに、政治学への適用を考察しなくてはならない。

確かに、政府の運営は法律、国会の規制によって限られている。しかし、官僚制組織の逆機能をめぐる議論によって、どのように政府の運営を効率的に行わせるかという理論的議論はよく行われている[63]。実際に、地方自治では、住民の地方自治体における政策過程への参加という事例が存在している[64]。これは、まさに政府組織と外部者との連携で政策を推進するプロセスである。また、実際に法律の修正もしくは法律の修正をせずに、既存の行政体制においてタスク・フォースもしくはプロジェクト・チームのような編成を行い、政策を推進する事例も存在している。具体的な事例としては、日本の内閣府の下に置かれた「経済財政諮問会議」をはじめとする各政策会議および対策本部が挙げられる。

橋本行革で、内閣府は内閣機能強化の一環として設置された[65]。内閣府の下には、多くの政策会議と対策本部が設置された。その中で、内閣府設置法第18条に基づき、「重要政策に関する会議」として設置された「経済財政諮問会議」は小泉首相が推進した改革における官邸主導の役割を果たした機関として注目を集めた。

経済財政諮問会議とは、経済財政政策に関する重要事項について、有識者等の優れた識見や知識を活用しつつ、内閣総理大臣のリーダーシップを十全に発揮す

ることを目的として内閣府に設置された合議制機関である。構成員は議長（内閣総理大臣）及び 10 名の議員、計 11 名以内に限定するが、内閣官房長官、経済財政政策担当大臣以外の議員は法定しない。また、民間有識者の人数を、議員数の 4 割以上確保することを法定する。そして、上記の「議員」の他に、議案を限り、他の国務大臣を「臨時議員」として、会議に参加させることができる。所掌事務は、「内閣総理大臣の諮問に応じて、経済全般の運営の基本方針、財政運営の基本、予算編成の基本方針その他の経済財政政策に関する重要事項についての調査審議」、「内閣総理大臣又は関係各大臣の諮問に応じて、国土形成計画法に規定する全国計画その他の経済財政政策に関連する重要事項について、経済全般の見地から政策の一貫性・整合性を確保するための調査審議」、および以上について「内閣総理大臣等に意見を述べること」であるという[66]。

　第二次森喜朗内閣で森首相は経済財政諮問会議の運営を始めたが、まもなく退陣したため、その活用ができなかった[67]。しかし、小泉首相は登場してから経済財政諮問会議を重視する姿勢を明確にした。自民党内部における支持基盤が弱い小泉首相は、非議員の竹中平蔵・慶應義塾大学教授を内閣府特命担当大臣（経済財政政策）に登用し、その運営を任せた。小泉政権期における経済財政諮問会議の運営は、以下のように要約できる。

　まず、事前に竹中大臣と民間議員は討議する予定の内容を全員一致した上でまとめたため、アジェンダ設定のイニシアチブを握ることになった。次に、経済財政諮問会議に参加した閣僚らは民間議員が提出した内容に関してさらに議論してから政策の方針をまとめた。経済財政諮問会議では、閣議に比べて実質的に政策内容についての議論ができたため、日本政府における実質的な意思決定の場になった。そして、各省庁から出向した官僚、外部から招聘したスタッフによる経済財政諮問会議の事務局は民間議員の補佐として、情報管理と提案のまとめなどの機能を果たしていた。したがって、経済財政諮問会議の運営はまさに小泉首相がイニシアチブを握り、閣僚、民間議員、官僚との調整と協議が行われた場として捉えることができる。このように小泉首相が主導した政策過程によって三位一体改革と郵政民営化などの改革を推進してきた[68]。

　ほかにも、内閣府では、「重要政策に関する会議」として「総合科学技術会議」、「中央防災会議」、「男女共同参画会議」、および首相のスタッフ機関として

「行政改革推進本部」、「拉致問題対策本部」、「規制改革推進本部」、「金融危機対策会議」、「北方対策本部」などの会議・本部が設置されている[69]。これらの会議は、法的根拠が異なるなどの理由で議長、本部長が必ずしも首相、内閣官房長官であるとは限らない。しかしながら、いずれの本部・会議もレベルに関わらず、通常の省庁関係を越え、内閣府で設立され、実務的に首相に直属したプロジェクト・チームとして捉えることができる。また、特定問題に対処するため、首相が各省庁の統括、調整、協議を行う組織であるとも考えられる。そして、民間議員を招聘した際に、民間の意見を取り込み、民間と政府の意見交換する場でもある。さらに、出向した官僚がスタッフとして民間議員を支える体制でもあるため、民と官の調整と協議の場でもある[70]。

　以上の分析から見れば、省庁を再編したが、橋本行革は首相と各省庁の関係という既存の官僚制組織の枠組みを完全に変革したものではなく、官僚制組織の枠組みを維持した上で首相のリーダーシップを強化するため、それを支えるスタッフ機関と首相による取りまとめを強化したものであると考えられる。したがって、いずれの会議、対策本部も形態として、首相が自らの権限で既存組織から政策に関わる国務大臣を集め、内閣府で成立した調整と協議のプロジェクト・チーム、もしくは民間の意見を政府に取り込むルートである。まさに政府内部のネットワーク、および政府と民間のネットワークである。

　ほかの国でも類似した事例が存在している。例えば、前述で挙げられたエクスコムは、国家安全保障会議の常設組織ではなく、ケネディがメンバーを指定し、臨時に設立されたインフォーマルなグループと位置づけられている[71]。そのため、エクスコムは、キューバ危機に対応するためのタスク・フォースであったと言えよう。

5. 本書の仮説

(1) 仮説の提出

　そこで、政府を組織として考えれば、政府の政策過程は、政府のトップリーダーが問題に直面した時、公式的組織および非公式的組織によるネットワークを運営し、政策を決定して執行するプロセスであるとして考えられる。さらに、日本、米国の事例からみれば、制度は異なっているものの、トップリーダーは自ら

が与えられた権限を用い、既存の政府組織をネットワーク化しようとした事例が存在しているし、政府外のネットワークの構築も積極的に行われている。そのため、政府は法律と国会などの要因で変革が制限されているが、政府のトップは、自らの権限で既存の政府におけるアクターの関係を非公式的な個人関係もしくは組織的な運営によってネットワーク化して、政策を決定して執行することが可能である。

　したがって、以上の検討に踏まえ、台湾のトップリーダーであった李登輝が既存の政府組織および政府と与党の関係に基づいて、自らの政策過程におけるネットワークを作り出し、大陸政策を決定して執行したという第一の仮説を導出する。つまり、李登輝が作り出した政策過程ネットワークは、大陸政策決定過程の運営モデルでもあった。ここで、従来の中央と地方の関係を議論する政策ネットワークと区別するため、本研究では、李登輝を中心とした大陸政策決定過程におけるネットワーク関係を、「政策過程ネットワーク」と名付けることにする。さらに、前述の分析では、ケネディ政権のエクスコムのメンバーであったアチソン・元国務長官や当初の竹中平蔵・慶應義塾大学教授のように、閣僚経験者や民間人が政策過程に参与していた。そのため、李登輝による政策過程ネットワークには政府関係者だけではなく、民間人が含まれることに注目する必要がある。

　次に、序章で提起したように、政策がリーダーの選好および少数の関係者によって決定されたという批判、および李登輝が組織的に政策過程を運営したという評価に合わせ、第一の仮説に基づいて二つ目の仮説を、李登輝は政府と外部者を含めた政策過程ネットワークで政策過程を運営し、リーダーシップを果たして政策を決定したリーダーであると設定する。つまり、リーダーの目標達成と組織維持をどのように発揮するかということは、政策過程ネットワークの変化を決定すると考えられる。

　本書の仮説に基づき、李登輝を中心とした政策過程ネットワークは公式的組織および非公式的組織で構成される。言うまでもなく、その公式的組織は、法律に規定され、政策決定に実質的な権力を持つ政府組織、および運営のルールである。非公式的組織は、政策決定に実質的な権力を持っていない組織もしくは個人である。したがって、李登輝を中心とした政策過程ネットワークを明らかにするため、台湾の大陸政策決定過程に関与した組織、個人、その運営ルールを検討し

(2) 事例の選択

本書は「戒急用忍」、「辜汪会見」、「特殊な国と国の関係」発言を事例として分析を進めたいと考えている。いずれも重大政策であるし、それぞれの研究意義も各章で説明するつもりであるが、李登輝の大陸政策決定過程における政策過程ネットワークを事例とした意義を説明しておきたい。

まず、序章ですでに「戒急用忍」と「特殊な国と国の関係」発言は組織的政策過程を経ていない政策であったという指摘を挙げた。そのため、なぜ、どこが組織的に行われていないかということを明らかにすることができれば、李登輝を中心とした政策過程ネットワークの運営が理解できると考えられる。

次に、序章で挙げた先行研究においては、「辜汪会見」を組織化された政策過程としている。つまり、「辜汪会見」の政策過程を明らかにすれば、李登輝を中心とした政策過程ネットワークの実態がわかるであろう。さらに、「戒急用忍」、「特殊な国と国の関係」発言とその善後策の決定過程に比較することによって、李登輝初代民選総統時代の運営だけでなく、台湾の大陸政策決定過程、もしくは全体の政策過程の問題点を明らかにすることができるであろう。そのため、李登輝初代直接民選総統時代における大陸政策決定過程のネットワーク関係をより明らかにするため、台湾の大陸政策決定過程の組織および「辜汪会見」を先に検討し、李登輝の政策過程ネットワークにおける詳しい構造を明らかにしてから、合わせて「戒急用忍」、「特殊な国と国の関係」発言とその善後策の決定過程の分析を行いたい。

注

1) 草野厚『政策過程分析入門』(東京大学出版会、1997年)、65頁。Kenneth N. Waltz, *Theory of International Politics* (New York: McGraw-Hill, 1979), pp. 4-10. Stephen Van Evera, *Guide to Methods for Students of Political Science* (Ithaca: Cornell University Press, 1997), pp. 7-15.
2) 例えば、薬師寺泰蔵『公共政策』(東京大学出版会、1989年)。白鳥令編『政策決定の理論』(東京:東海大学出版会、1990年)。大河原伸夫『政策・決定・活動』(木鐸社、1996年)、125-178頁。草野厚前掲書『政策過程分析入門』、77-106頁。伊藤光利、田中愛治、真

渕勝『政治過程論』（有斐閣、2000年）、39-44頁。宮川公男『政策科学入門　第2版』（東洋経済新報社、2002年）、226-230頁。久米郁男、川出良枝、古城佳子、田中愛治、真渕勝『政治学』（東京：有斐閣、2003年）、303-306頁。真渕勝『現代行政分析　改訂版』（放送大学教育振興会、2008年）、106-110頁。Donald F. Kettl, and James W. Fesler, *The Politics of the Administrative Process*, 4th ed. (Washington DC.: CQ Press, 2009), pp. 293-296.

3) E. H. Carr, *the Twenty Years' Crisis, 1919-1939: an Introduction to the Study of International Relations* (London: Macmillan & Co., Ltd., 1951). Hans J. Morgenthau, revised by Kenneth W. Thompson and W. David Clinton, *Politics among Nations: the Struggle for Power and Peace*, 7th ed. (Boston: McGraw-Hill Higher Education, 2006). K. J. Holsti, *International Politics: a Framework for Analysis*, 7th ed. (Englewood Cliffs, N. J.: Prentice Hall, c1995). Kenneth N. Waltz, "Structural Realism after the Cold War," *International Security*, Vol. 25, No. 1 (Spring, 2000), pp. 159-177.

4) Richard C. Snyder, H. W. Bruck, and Burton Sapin, *Decision-Making as an Approach: to the Study of International Politics* (Princeton: Princeton University, 1954). Richard C. Snyder, H. W. Bruck, Burton Sapin, ed., *Foreign Policy Decision-making: an Approach to the Study of International Politics* (New York: Free Press of Glencoe, 1962).

5) 佐藤英夫『対外政策』（東京大学出版会、1989年）、32-34頁。花井等『新外交政策論』（東洋経済新報社、1998年）、152-154頁。

6) この要約は以下の文献に基づいて作成した。佐藤英夫『対外政策』（東京大学出版会、1989年）、31-54頁。大河原伸夫、前掲書、125-178頁。草野厚前掲『政策過程分析入門』、65-106頁。花井等前掲『新外交政策論』、155-159頁。花井等、石井貫太郎編『名著に学ぶ国際関係論　第2版』（有斐閣、2009年）、149-158頁。信田智人『冷戦後の日本外交──安全保障政策の国内政治過程』（ミネルヴァ書房、2006年）、45-62頁。黄大慧『日本対華政策與国内政治──中日復交政治過程分析』（北京、当代世界出版社、2006年）、9-11頁。Graham T. Allison, "Conceptual Models and the Cuban Missile Crisis," *American Political Science Review*, Vol. 63, No. 3 (September, 1969), pp. 689-718. Robert F. Kennedy, *Thirteen Days: a Memoir of the Cuban Missile Crisis* (New York: W. W. Norton, 1969). Graham Allison, *Essence of Decision: Explaining the Cuban Missile Crisis* (Boston: Little, Brown and Company, 1971).

7) アリソンモデル批判については以下の文献を参照のこと。進藤栄一「官僚政治モデル──その特質と評価」『国際政治』第50号（1974年5月）、46-65頁。宮里政玄「対外政策決定の分析枠組」『琉大法学』第26号（1980年2月）、35-65頁。大河原伸夫「政策過程の分析──G. アリソンのモデルをめぐって」『季刊行政管理研究』第34号（1986年6月）、27-37頁。佐藤英夫、前掲書、31-54頁。大河原伸夫「政策と政府行動──G. アリソンの研究を手がかりとして」『社会科学論集』第29号（1989年）、77-106頁。山本吉宣「政策決定論の系譜」白鳥令編『政策決定の理論』（東海大学出版会、1990年）、17-27頁。大河原伸夫「官僚政治モ

デル」白鳥令編『政策決定の理論』(東海大学出版会、1990年)、65-86頁。草野厚前掲、65-106頁。花井等前掲『新外交政策論』、155-159頁。花井等、石井貫太郎編、前掲書、149-158頁。Stephen Krasner, "Are Bureaucracies Important? Or Allison Wonderland," *Foreign Policy*, Vol. 7 (Summer, 1972), pp. 159-179. Robert J. Art, "Bureaucratic Politics and American Foreign Policy: A Critique," *Policy Sciences*, Vol. 4, No. 4 (December, 1973), pp. 467-490. Steve Smith, "Policy Preferences and Bureaucratic Position: The Case of the American Hostage Rescue Mission," *International Affairs*, Vol. 61, No. 1 (Winter, 1984-85), pp. 9-25. Jonathan Bendor and Thomas H. Hammond, "Rethinking Allison's Models," *American Political Science Review*, Vol. 86 (June, 1992), pp. 301-322.

8)　Graham T. Allison, and Morton H. Halperin, "Bureucratic Politics: A Paradigm and some Policy Implications," *World Politics*, Vol. 24 (Spring, 1972), pp. 40-79. I. M. Destler, Presidents, *Bureaucrats, and Foreign Policy: the Politics of Organizational Reform* (Princeton, N. J.: Princeton University Press, 1972). Morton H. Halperin, A. Clapp Priscilla with Arnold Kanter, *Bureaucratic Politics and Foreign Policy* (Washington: The Brookings Institution, 1974). Stephen D. Cohen, *Uneasy Partnership: Competition and Conflict in U. S.-Japanese Trade Relations* (Cambridge, Mass.: Ballinger Pub. Co., 1985).

9)　福井治弘「沖縄返還交渉——日本政府における決定過程」『国際政治』第52号 (1975年5月)、97-124頁。Charles F. Hermann, ed., *International Crises: Insights from Behavioral Research* (New York: Free Press, 1972). Irving L. Janis, *Groupthink: Psychological Studies of Policy Decisions and Fiascoes*, 2nd ed. (Boston: Houghton Mifflin, 1982). Philip D. Stewart, Margaret G. Hermann and Charles F. Hermann, "Modeling the 1973 Soviet Decision to Support Egypt," *American Political Science Review*, Vol. 83, No. 1 (March, 1989), pp. 35-59.

10)　信田智人「小泉首相のリーダーシップと安全保障政策過程——テロ対策特措法と有事関連法を事例とした同心円モデル分析」『日本政治研究』第1巻第2号 (2004年7月)、42-67頁。信田智人『冷戦後の日本外交——安全保障政策の国内政治過程』(ミネルヴァ書房、2006年)。Roger Hilsman with Laura Gaughran and Patricia A. Weitsman, *the Politics of Policy Making in Defense and Foreign Affairs: Conceptual Models and Bureaucratic Politics*. 3rd ed. (Englewood Cliffs, N. J.: Prentice Hall, 1993).

11)　Graham T. Allison, and Philip Zelikow, *Essence of Decision: Explaining the Cuban Missile Crisis* (New York: Longman, 1999), pp. 263-294.

12)　Glenn H. Snyder and Paul Diesing, *Conflict among Nations: Bargaining, Decision Making, and System Structure in International Crises* (Princeton, N. J.: Princeton University Press, 1977).

13)　Stephen D. Cohen, *The Making of United. tates International Economic Policy: Principles, Problems, and Proposals for Reform* (New York: Praeger, 1977).

14) Ole R. Holsti, "Model of International and Foreign Policy," *Diplomatic History*, Vol. 13, No. 1 (January, 1989), pp. 15-44.
15) Bendor and Hammond, op. cit..
16) Alexander L. George, *Presidential Decisionmaking in Foreign Policy: the Effective Use of Information and Advice* (Boulder, Colo.: Westview Press, 1980). Alexander L. George and Juliette L. George, *Presidential Personality and Performance* (Boulder: Westview Press, 1998).
17) 須藤季夫『国家の対外行動』(東京大学出版会、2007年)、38頁。Stephen Krasner, "Are Bureaucracies Important? Or Allison Wonderland," *Foreign Policy*, Vol. 7 (Summer, 1972), pp. 159-179. Jonathan Bendor and Thomas H. Hammond, op. cit., pp. 319. David A. Welch, "The Organizational Process and Bureaucratic Politics Paradigms: Retrospect and Prospect," *International Security*, Vol. 17, No. 2 (Fall, 1992), pp. 112-146. Edward Rhodes, "Do Bureaucratic Politics Matter?: Some Disconfirming Findings from the Case of the U. S. Navy," *World Politics*, Vol. 47, No. 1 (Oct., 1994), pp. 1-41. Christopher Hill, *The Changing Politics of Foreign Policy* (New York: Palgrave MacMillan, 2003), pp. 72-96. Margot Light, "Foregin Policy Analysis," A. J. R. Groom and Margot Light, *Contemporary International Relations: A Guide to Theory*, (New York: Pinter Publishers, 1994), pp. 93-108.
18) テロ特措法の正式名称は「平成13年9月11日のアメリカ合衆国において発生したテロリストによる攻撃等に対応して行われる国際連合憲章の目的達成のための諸外国の活動に対して我が国が実施する措置及び関連する国際連合決議等に基づく人道的措置に関する特別措置法」である。イラク特措法の正式名称は「イラクにおける人道復興支援活動及び安全確保支援活動の実施に関する特別措置法」である。
19) 信田智人『官邸外交──政治リーダーシップの行方』(朝日新聞社、2004年)。信田智人「小泉首相のリーダーシップと安全保障政策過程──テロ対策特措法と有事関連法を事例とした同心円モデル分析」『日本政治研究』第1巻第2号(2004年7月)、42-67頁。信田智人『冷戦後の日本外交──安全保障政策の国内政治過程』(ミネルヴァ書房、2006年)。
20) 草野厚「対外政策決定の機構と過程」有賀貞、宇野重昭、木戸蓊、山本吉宣、渡辺昭夫編『講座国際政治4──日本の外交』(東京大学出版会、1989年)、53-92頁。信田智人『総理大臣の権力と指導力』(東京、東洋経済新報社、1994年)、56-67頁。
21) 建林正彦「政党内部組織と政党間交渉過程の変容」村松岐夫、久米郁男編著『日本政治──変動の30年』(東洋経済新報社、2006年)、75-78頁。
22) 城山英明、鈴木寛、細野助博編著『中央省庁の形成過程──日本官僚制の解剖』(中央大学出版部、1999年)、253-271頁。城山英明、細野助博編著『続・中央省庁の政策形成過程──その持続と変容』(中央大学出版部、2002年)、273-308頁。
23) 日ソ国交回復についての分析は、田中孝彦『日ソ国交回復の史的研究：戦後日ソ関係の起点　1945〜1956』(有斐閣、1993年)。を参照。安保改定についての研究は以下を参照。原

彬久『日米関係の構図——安保改定を検証する』（日本放送出版協会、1991 年）。田中明彦『安全保障——戦後 50 年の模索』（読売新聞社、1997 年）、161-193 頁。坂元一哉『日米同盟の絆——安保条約と相互性の模索』（有斐閣、2000 年）。日中関係についての分析は以下を参照。田中明彦『日中関係 1945 〜 1990』（東京大学出版会、1991 年）。添谷芳秀『日本外交と中国—— 1945 〜 1972』（慶応通信、1995 年）。毛里和子『日中関係——戦後から新時代へ』（岩波書店、2006 年）。村山談話についても草野厚の研究が参照できる。草野厚『連立政権——日本の政治　1993 〜』（文藝春秋、1999 年）、129-132 頁。

24)　竹中治堅「『日本型分割政府』と参議院の役割」『日本政治学会年報政治学』第 55 号（2004 年）、118 頁。

25)　信田智人前掲『官邸外交——政治リーダーシップの行方』、62-78 頁。

26)　信田智人前掲『官邸外交——政治リーダーシップの行方』、105-109 頁。信田智人前掲『冷戦後の日本外交——安全保障政策の国内政治過程』、93-102 頁。

27)　信田智人前掲『官邸外交——政治リーダーシップの行方』、175-178 頁。伊奈久喜「書評——信田智人著『冷戦後の日本外交——安全保障政策の国内政治過程』」『国際安全保障』第 35 巻第 2 号（2007 年 9 月）、153 頁。上久保誠人「小泉政権期における首相官邸主導体制とアジア政策」『次世代アジア論集』第 2 号（2009 年 3 月）、87-103 頁。

28)　細谷千博「対三極外交をいかに進めるか——東アジア安全共同体の提唱」『中央公論』第 88 巻第 6 号（1973 年 6 月）、89-115 頁。細谷千博「対外政策決定過程における日米の特質」細谷千博、綿貫譲治編『対外政策決定過程の日米比較』（東京大学出版会、1977 年）、1-22 頁。

29)　中野実編著『日本型政策決定の変容』（東洋経済新報社、1986 年）。

30)　福井治弘『自由民主党と政策決定』（福村出版、1969 年）。福井治弘「自民党の外交政策とその決定過程——中国問題を中心として」『国際問題』第 145 号（1972 年 4 月）、15-27 頁。村川一郎『政策決定過程——日本国の形式的政府と実質的政府』（信山社、2000 年）。

31)　「官僚優位論」と「政党優位論」の詳しい説明は、辻清明『日本官僚制の研究』（東京大学出版会、1969 年）および村松岐夫『戦後日本の官僚制』（東洋経済新報社、1981 年）を参照。

32)　大嶽秀夫『現代日本の政治権力経済権力』（三一書房、1979 年）。草野厚「日米オレンジ交渉の政治過程——日本側輸入業界と米国生産者の立場 」『国際問題』第 257 号（1981 年 8 月）、67-84 頁。大嶽秀夫『日本の防衛と国内政治』（三一書房、1983 年）。草野厚『日米オレンジ交渉——経済摩擦をみる新しい視点』（日本経済新聞社、1983 年）。樋渡展洋『戦後日本の市場と政治』（東京大学出版会、1991 年）。恒川恵市『企業と国家』（東京大学出版会、1996 年）、134-224 頁。Chalmers A. Johnson, *MITI and the Japanese Miracle: the Growth of Industrial Policy, 1925-1975* (Stanford, Calif.: Stanford University Press, 1982).

33)　別枝行夫「日中国交正常化の政治過程——政策決定者とその行動の背景」『季刊国際政治』第 66 号（1980 年 11 月）、1-18 頁。草野厚「第四次日中貿易協定と日華紛争——一九五八年三月五日〜四月九日」『季刊国際政治』第 66 号（1980 年 11 月）、19-35 頁。

34) 花井等前掲『新外交政策論』、147-159 頁。R. Harrison Wagner, "Review: Dissolving the State: Three Recent Perspectives on International Relations," *International Organization*, Vol. 28, No. 3 (Summer, 1974), pp. 435-466. J. P. Cornford, "Review: The Illusion of Decision," *British Journal of Political Science*, Vol. 4, No. 2 (April, 1974), pp. 231-243. Jonathan Bendor, "Formal Models of Bureaucracy," *British Journal of Political Science*, Vol. 18, No. 3 (July, 1988), pp. 353-395. Christopher Hill, op. cit., p. 85.

35) Herbert A. Simon, *Administrative Behavior: A Study of Decision-making Processes in Administrative Organizations*. 4th ed. (New York: Free Press, 1997), pp. 1, p. 305.

36) *Ibid.*, pp.197-199.

37) 高橋正泰、山口善昭、磯山優、文智彦『経営組織の基礎』(中央経済社、1998 年)、30-32 頁。森田朗『現代の行政』(放送大学教育振興会、2000 年)、90-91 頁。岸田民樹『経営組織と環境適応』(白桃書房、2006 年)、11-12 頁。

38) Simon, *op. cit.*, pp. 177-201.

39) *Ibid.*, pp. 1-16; pp. 72-86; pp. 92-117.

40) *Ibid.*, pp. 326-328. ただし、最初にこの概念を経営管理に導入したのはサイモンの師匠バーナード (C. I. Barnard) であった。サイモンは師匠の説に基づき、"*Administrative Behavior: A Study of Decision-making Processes in Administrative Organizations*" の第 1 章でこの概念を強調している。C. I. Barnard, *The Functions of the Executive* (Cambridge, Mass.: Harvard University Press, 1956). Herbert A. Simon, *op. cit.*, pp. 1-16, pp. 29-49.

41) Simon, *op. cit.*, p. 328.

42) *Ibid.*, pp. 177-201.

43) H. H. Gerth and C. Wright Mills (translated, edited and with an introduction), *From Max Weber: Essays in Sociology* (London: Routledge and K. Paul, 1970), pp. 196-198.

44) 野中郁次郎『経営管理』(日本経済新聞社、1981 年)、30 頁。

45) 桑田耕太郎、田尾雅夫『組織論』(有斐閣、1998 年)、85 頁。

46) 野中郁次郎、前掲書、149-150 頁。田中豊治「行政組織の理論」宇都宮深志、新川達郎編『行政と執行の理論』(東海大学出版会、1991 年)、38 頁。高橋正泰他、前掲書、32-34 頁。高木晴夫訳、リチャード L. ダフト『組織の経営学――戦略と意思決定を支える』(ダイヤモンド社、2002 年)、178 頁。

47) 大月博司、高橋正泰編著『経営組織』(学文社、2003 年)、25-26 頁。

48) Alfred D. Chandler Jr., *Strategy and Structure: Chapters in the History of the Industrial Enterprise* (Cambridge: M. I. T. Press, 1962).

49) 桑田耕太郎、田尾雅夫、前掲書、87-88 頁。岸田民樹、前掲書、99-117 頁。Paul R. Lawrence and Jay W. Lorsch, *Organization and Environment: Managing Differentiation and Integration* (Boston: Division of Research, Graduate School of Business Administration, Harvard University, 1967).

50) 大野耐一『トヨタ生産方式——脱規模の経営をめざして』(ダイヤモンド社、1978年)。石井淳蔵、奥村昭博、加護野忠男、野中郁次郎『経営戦略論〔新版〕』(有斐閣、1996年)、126-127頁。桑田耕太郎、田尾雅夫、前掲書、85頁。高橋正泰他、前掲書、133-151頁。大月博司、高橋正泰編著、前掲書、31-33頁。Tom Burns and George M. Stalker, *The Management of Innovation* (Chicago: Quadrangle Books, 1962). J. D. Thompson, *Organizations in Action: Social Science Bases of Administrative Theory* (McGraw-Hill, New York, 1967). Jay R. Galbraith and Daniel A. Nathanson, *Strategy Implementation: the Role of Structure and Process* (St. Paul, Minn.: West Pub. Co., 1978). James P. Womack, Daniel T. Jones, and Daniel Roos, *The Machine That Changed the World: How Japan's Secret Weapon in the Global Auto Wars Will Revolutionize Western Industry* (New York, NY: HarperPerennial, 1991).

51) 石井淳蔵他、前掲書、126-127頁。岸田民樹、前掲書、157-158頁。Thomas J. Peters and Robert H. Waterman Jr., *In Search of Excellence: Lessons from America's Best-run Companies* (New York: Warner Books, 1984).

52) 野中郁次郎、前掲書、121-148頁。今井賢一、金子郁容『ネットワーク組織論』(岩波書店、1988年)、164-166頁。西尾隆「行政管理の理論」宇都宮深志、新川達郎編、前掲書、74-79頁。金井壽弘『経営組織』(日本経済新聞社、1999年)、95-114頁。伊藤光利他『政治過程論』、296-322頁。慶應義塾大学ビジネス・スクール編『組織マネジメント戦略』(有斐閣、2005年)、172-174頁。Philip Selznick, *Leadership in Administration: a Sociological Interpretation* (Berkeley, Calif.: University of California Press, 1984).

53) R. M. Stogdill, *Handbook of Leadership: a Survey of Theory and Research* (New York: Free Press, 1974), pp. 7-16. 野中郁次郎らは、リーダーシップは集団成員の行動と集団活動に決定的な影響を行使するものであるとしてスタジルによる定義を解説した。野中郁次郎、加護野忠男、小松陽一、奥村昭博、坂下昭宣『組織現象の理論と測定』(千倉書房、1978年)、225頁。

54) 例えば、野中郁次郎他、前掲書、225頁。田尾雅夫『組織の心理学〔新版〕』(有斐閣、1999年)、168-169頁。オフェル・フェルドマン「政治的リーダーシップ—政治的誘因と行動」河田潤一、荒木義修編著『ハンドブック政治心理学』(北樹出版、2003年)、63頁。

55) 金井壽弘『経営組織』(日本経済新聞社、1999年)、16-17頁。

56) 君村昌「スタッフとライン」辻清明編『行政学講座第4巻——行政と組織』(東京大学出版会、1976年)、83-126頁。高橋正泰他、前掲書、75-77頁。

57) 河中二講「非定型組織——政策と組織の弾力性」辻清明編『行政学講座第4巻——行政と組織』(東京大学出版会、1976年)、145-154頁。坂下昭宣『経営学への招待〔第3版〕』(白桃書房、2007年)、115-121頁。

58) 高木晴夫『ネットワークリーダーシップ』(日科技連、1995年)。横田絵理『フラット化組織の管理と心理』(慶應義塾大学出版会、1998年)、20-29頁。大月博司、中條秀治、犬塚正

智、玉井健一『戦略組織論の構想』(同文館、1999年)、171頁。朴容寬『ネットワーク組織論』(ミネルヴァ書房、2003年)、78-93頁。井原久光『テキスト経営学［三版］——基礎から最新の理論まで』(ミネルヴァ書房、2008年)、221-222頁。Wayne E. Baker, "The Network Organization in Theory and practice," Nitin Nohria and Robert G. Eccles, ed., *Networks and Organizations: Structure, form, and Action* (Boston, Mass.: Harvard Business School Press), pp. 397-429.

59) 上林憲雄、奥林康司、團泰雄、開本浩矢、森田雅也、竹林明『経験から学ぶ経営学入門』(有斐閣、2007年)、188-191頁。井原久光、前掲書、221-222頁。

60) 奥林康司、庄村長、竹林明、森田雅也、上林憲雄『柔構造組織パラダイム序説』(文真堂、1994年)、102頁。大月博司、中條秀治、犬塚正智、玉井健一『戦略組織論の構想』(同文館、1999年)、171頁。

61) 高木晴夫訳、リチャード L. ダフト『組織の経営学——戦略と意思決定を支える』(ダイヤモンド社、2002年)、71頁。荒深友良「分権化と水平的組織の展開」岸田民樹編『現代経営組織論』(有斐閣、2005年)、46-51頁。

62) 田中豊治、前掲文、29-55頁。高橋正泰他、前掲書、58-89頁。荒深友良、前掲文、49-51頁。

63) 縣公一郎訳、片岡寬光監修、レナーテ・マインツ『行政の機能と構造——ドイツ行政社会学』(成文堂、1986年)、85-132頁。西尾勝『行政学の基礎概念』(東京大学出版会、1990年)、61-103頁。田中豊治、前掲文、29-55頁。今村都南雄『行政学の基礎理論』(三嶺書房、1997年)、211-239頁。Marshall W. Meyer, *Change in Public Bureaucracies* (Cambridge: Cambridge University Press, 1979).

64) 地方自治の事例の中で、住民の地方自治体における政策過程への参加をめぐる開放的組織がよく取り上げられた。田中豊治、日置弘一郎、田尾雅夫『地方行政組織変革の展望——人と組織を変える』(学文社、1989年)。田尾雅夫『行政サービスの組織と管理——地方自治体における理論と実際』(木鐸社、1990年)。北川洋一「地方分権がもたらす行政のマネジメント化とパートナーシップ化——NPMとパートナーシップ論の合流による『第三の道』型改革」村松岐夫、稲継裕昭編著『包括的地方自治ガバナンス改革』(東洋経済新報社、2003年)、191-236頁。林建志「市民参加先進都市を目指す京都市の取組み——市民参加検討プロジェクトチーム報告書を中心に」村松岐夫、稲継裕昭編著『包括的地方自治ガバナンス改革』(東洋経済新報社、2003年)、237-252頁。

65) 橋本行革についての議論は、これから引用した参考文献以外、以下の研究を参照。信田智人「橋本行革の内閣機能強化策」『レヴァイアサン』第24号(1999年4月)、50-77頁。田中一昭、岡田彰編著『中央省庁改革』(日本評論社、2000年)。佐藤克廣「政治・行政関係の再編」今村都南雄編著『日本の政府体系——改革の過程と方向』(成文堂、2002年)、115-121頁。信田智人、前掲『官邸外交——政治リーダーシップの行方』。伊藤光利「官邸主導型政策決定と自民党——コア・エグゼクティヴの集権化」『レヴァイアサン』第38号(2006年4月)、7-40

頁。田中一昭編著『行政改革《新版》』（ぎょうせい、2006年）。飯尾潤『政局から政策へ——日本政治の成熟と転換』（NTT出版、2008年）。また、橋本行革、およびそれをめぐる官邸主導のことを記述している作品は以下を参照。古川貞二郎『霞ヶ関半生記——5人の総理を支えて』（佐賀新聞社、2005年）。古川貞二郎「総理官邸と官房の研究——体験に基づいて」『年報行政研究』第40号（2005年）、2-23頁。大田弘子『経済財政諮問会議の戦い』（東洋経済新報社、2006年）。飯島勲『小泉官邸秘録』（日本経済新聞社、2006年）。竹中平蔵『構造改革の真実——竹中平蔵大臣日誌』（日本経済新聞社、2006年）。大田弘子、竹中治堅「対談 改革の司令塔の実態——小泉政権における経済財政諮問会議」『日本政治研究』第4巻第1号（2007年1月）、117-154頁。

66) 『内閣府設置法』第18～25条を参照。総務省法令データ提供システム〈http://law.e-gov.go.jp/cgi-bin/idxsearch.cgi〉（アクセス日：2011年5月30日）。もしくは首相官邸「経済財政諮問会議」〈http://www.kantei.go.jp/jp/singi/keizai/〉、経済財政諮問会議「経済財政諮問会議について——概略」〈http://www5.cao.go.jp/keizai-shimon/about/about.html〉（アクセス日：2011年5月30日）。

67) 清水真人『官邸主導——小泉純一郎の革命』（日本経済新聞社、2005年）、219-242頁。

68) これについては以下の文献を参照。城山英明「政策過程における経済財政諮問会議の役割と特質——運用分析と国際比較の観点から」『公共政策研究』第3号（2003年12月）、34-45頁。田丸大「省庁における法案の作成過程とその変容」『年報行政研究』第40号（2005年5月）、68-86頁。北村亘「三位一体改革による中央地方関係の変容——3すくみの対立、2段階の進展、1つの帰結」東京大学社会科学研究所編『「失われた10年」を超えてⅡ——小泉改革への時代』（東京大学出版会、2006年）、219-249頁。飯尾潤「経済財政諮問会議による内閣制の変容」『公共政策研究』第6号（2006年12月）、32-42頁。城山英明「内閣機能の強化と政策形成過程の変容——外部者の利用と連携の確保」『年報行政研究』第41号（2006年5月）、60-87頁。竹中治堅『首相支配——日本政治の変貌』（中央公論新社、2006年）、139-184頁。上村敏之、田中宏樹編著『「小泉改革」とは何だったのか——政策イノベーションへの次なる指針』（日本評論社、2006年）。飯尾潤、前掲書、199-236頁。

69) 首相官邸「政策会議等の活動」〈http://www.kantei.go.jp/jp/singi/index.html〉（アクセス日：2011年5月30日）。

70) 経済財政諮問会議以外の事例研究は以下を参照。森田朗「地方分権改革の政治過程——『三位一体改革』と地方分権改革推進会議」『レヴァイアサン』第33号（2003年10月）、26-51頁。伊藤正次「「特定総合調整機構」としての総合科学技術会議——『予算による調整』と『計画による調整』をめぐって」『公共政策研究』第6号（2006年12月）、43-55頁。西尾勝『地方分権改革』（東京大学出版会、2007年）。なお、森田朗・東京大学教授は地方分権改革推進会議の民間議員であった。西尾勝・元東京大学教授、財団法人東京市政調査会理事長は地

方分権改革推進委員会の委員長代理であった。
71) これについて、以下の文献を参照。花井等、浅川公紀『アメリカの外交政策』（勁草書房、1991年）、144-146頁。Kennedy, *op. cit.*. Allison and Zelikow, *op. cit.*.

第2章
大陸政策決定過程の関連機関およびその運営モデル

問題の所在

　本章では台湾の大陸政策決定過程における関連機関の機能と役割を検討した上で、李登輝政権期におけるその運営モデルを構築することを目的としている。
　本書は1996年～2000年という李登輝初代直接民選総統時代における台湾の大陸政策決定過程に焦点を当てているが、大陸政策決定過程の制度的枠組みは李登輝政権の初期に構築されたものである。その主な組織のほとんどは21世紀に入ってもなお重要な機能を果たし続けている。そのため、大陸政策決定過程の構築から、李登輝政権期における組織の機能変化と内部の運営実態を検討することには、李登輝政権期だけでなく、将来の両岸関係を分析する上で大きな意義がある。政府の政策過程を分析するために、政策過程における関連組織の機能、相互関係、運営状況を分析することは、基礎的な作業にすぎない。
　しかしながら、序章で指摘したように、先行研究では、李登輝初代直接民選総統時代に限らず、台湾の大陸政策決定過程における組織レベルの全体像が明らかにされてこなかった。また、序章で既述した李登輝個人に注目する先行研究、回顧録とノンフィクションにおいては、大陸政策決定過程の関連機関とその運営について言及した内容が多数あるが、発生した事象を記述するレベルに留まっており、体系的な分析成果は残念ながらほとんど存在しない。
　次に、憲法学もしくは政治学研究者のほとんどは、総統、行政院、国会の権限関係を取り上げ、台湾政府の運営について分析を加えてきた。その議論は、陳水扁時代の少数政権、李登輝直接民選総統時代と陳水扁時代の比較、台湾とフラン

スの比較、総統が国会の多数派を代表していない場合の問題点が中心となっていたが、そこでは、李登輝政権期の大陸政策もしくは外交政策の事例もたびたび挙げられた[1]。ただし、李登輝政権期で国民党は常に過半数の議席を確保していたため、いずれの研究においても、李登輝は総統および与党党首として憲法体制を超えた強い権力を持ったという指摘がされるに留まっており、行政府内部の運営については詳しく論じられていない。

しかも、これまでいくつか李登輝初代直接民選総統時代における大陸政策の事例研究が行われたが、いずれの事例研究でも、行政府と与党を中心に大陸政策決定過程の関連機関とその運営を分析したものの、立法府を含めた政府全体を対象とした分析がなされたことがない[2]。特に、台湾の政府体制はフランスに類似した半大統領制であるが、台湾式の半大統領制は国会の力が比較的強いと指摘されている[3]。そのため、たとえ行政部門を中心に分析を行う場合でも、立法府の役割についても分析しなくてはならないのである。

そこで、本章では、まず第1節で総統府、行政院、与党である国民党、国会にあたる国民大会と立法院、政府に政策提言を行うシンクタンクを取り上げ、これまで台湾の憲政体制を分析した結果に基づき、その全般的な特徴と相互関係、問題点を検討する。第2節では、第1節の分析に基づいて、大陸政策決定過程の運営実態とその問題点を検討したうえで、李登輝政権期における大陸政策決定過程の運営方式、つまり李登輝の大陸政策決定過程ネットワークを明らかにする。

第1節　大陸政策決定過程の関連機関

　台湾における大陸政策の主な決定機関は総統府と行政院である。ただし、当時の与党国民党は、大陸政策に関連した法律案の決定、予算をめぐる国会との調整・協議という役割を担っており、それゆえに国民党執行部は大陸政策に関与していたと考えられる。このほか、民間機関であっても、政府との繋がりが強い機関、シンクタンク、個人は政策過程に関与する可能性がある。

1. 総統府

(1) 総統

「中華民国憲法」では、総統は国家元首であるが、総統には行政権が与えられておらず、行政院長が最高行政機関の首長とされる[4]。しかしながら、1948年、「反乱鎮定動員時期臨時条項（動員戡乱時期臨時条款）」は制定された。これは、国家は共産党の反乱鎮圧に一切を動員する、いわば「内戦モード」に置かれたということである。臨時条項によって、総統の権限は強化された。さらに、国民党は1950年代の「改造」を経て、党の国家各セクターに対する統制を貫徹したため、党国体制と言われる体制が確立した。この体制では、国民党の党首は党系統を通じて政府の運営に関与することができた。そのため、実務的に蔣介石、蔣経国は総統および党首として政権を握っていたが、蔣経国は蔣介石の死によって短期間で党主席（党首）および行政院長として政権を握ることになった[5]。蔣経国の死で李登輝副総統は総統に就任したが、後に国民党の代理主席（蔣経国の残った任期）に就任し、次いで主席に就任したのみならず、党国体制における主導権も引き継いだ[6]。

その臨時条項は1991年4月の最初の憲法改正で廃止された。ところが、同じ時期に採決された中華民国憲法増修条文第2条は、「総統は国家の安全に関する重大方針を決定するため、国家安全会議および所属の国家安全局を設置することができ、その組織は法律によってこれを定める」と規定した。すなわち、行政院長が最高行政機関の首長である一方で、国家安全会議を通じた総統の国家安全保障政策における権限が明確化されたのである[7]。そのため、党ではなく、総統が国家元首として安全保障政策を決定するメカニズムが明文化されたと言える。

さらに、1994年の憲法改正で、総統選出の方式が委任選挙から有権者の直接選挙に変更された。ドイツやアイスランドのように、議院内閣制でも大統領を直接選挙で選ぶことがあるが、直接民選の総統が必ずしも政権を握るとは限らない[8]。しかし、前述したように、中華民国の総統は実務的に政権を握っていると言える。そもそも、蔣介石の死後、蔣経国が行政院長兼国民党主席として台湾のトップリーダーであった例外的な時期もあるが、蔣介石以来、台湾では、

総統職にある者は政治を実質的に動かす強いリーダーであるというイメージが定着している[9]。総統の直接民選はこのイメージをいわば民主的に更新したものである[10]。李登輝総統も、1997年の憲法改正で総統制に近い半大統領制へ修正する理由を、世論が直接民選総統に政策をリードさせるための権限を与えたいためであるとした[11]。

したがって、現状、イメージ、および直接選挙で有権者から得た正当性によって、李登輝は名実ともに国家安全保障政策決定過程の長になった。つまり、中華民国の総統は国家元首であっても、最高行政機関の首長ではないが、国家安全保障政策決定過程の長であるということは、総統の直接民選制の導入により定着したと言ってもよい。

（2）国家統一委員会

1990年6月の「国是会議」における合意に基づき、李登輝は1990年9月21日に「国家統一委員会設置要点」を公表し、10月7日に国家統一委員会の成立を発表した。国家統一委員会は、総統直属の諮問機関であり、台湾における各党派に大陸政策への合意を求める機能を持っていた[12]。

「国家統一委員会設置要点」によると、国家統一委員会は主任委員1名、副主任委員3名、委員25～31名、およびそのスタッフ機関として設立された研究委員会によって構成されていた。主任委員は総統であり、副主任委員は副総統、行政院長であったが、もう一人の副主任委員を総統は招聘することができる。これまで李登輝は、無所属の高玉樹・元台北市長、黄信介・民進党主席、新党の重鎮、許歴農・元国防部政治作戦部主任を副主任委員として招聘したことがある[13]。委員の任期は1年であるが、任期終了後に再任することができる。

主任委員は委員会会議を2カ月に1回招集するが、臨時会議を招集することも可能であった。また主任委員は関係者を陪席者として招聘することが可能であった。国家統一委員会は総統の諮問機関であったため、総統府は関係者を指名し、国家統一委員会の事務に対応することになった[14]。これまでの事例をみると、外事担当の総統府副秘書長は国家統一委員会の事務および研究委員会の運営を担当していたことがわかる[15]。

国家統一委員会が対応した代表的な事例としては、大陸政策の指導原則であっ

た「国家統一綱領」に基づき、「一つの中国は中華民国を指す」という台湾側の「一つの中国」の定義を打ち出したことが挙げられる。しかし、本来、国家統一委員会には法律上の根拠がなく、性格のあいまいな「国家統一委員会設置要点」によって設置された諮問機関であり、委員会の会議は実際に年1回程度しか開かれず、政府の政策決定へは形式的な影響力しか持たなかった。実際に1992年8月1日、台湾が「一つの中国」の定義を打ち出してから、1995年4月8日、李登輝が海峡両岸交渉の基本原則と考えた「李六項目提案」(李六条)[16]を提示するまでの間、国家統一委員会はほとんど会議を行わなかった。李登輝は国家統一委員会において「李六項目提案」を示したが、具体的な内容はすでに完成しており、ただ発表の場を作るため委員会を開いたと言われている[17]。したがって、国家統一委員会の合意を形成する場としての機能はすでに形骸化し、象徴的な機能が残ったのみであるということができる。なお、2006年2月末、陳水扁政権は「国家統一綱領」と国家統一委員会の運用を終了した[18]。

しかしながら、国家統一委員会の研究委員会はスタッフ機関として機能していたため、政策過程において委員会に比べて重要な役割を果たしていたと言える。国家統一委員会が成立した時、総統府では大陸政策のスタッフ機関が設置されていなかったため、李登輝は、国家統一委員会の研究委員会を総統府における大陸政策の諮問スタッフとして機能させた。しかも、国家統一委員会の元に、曾永賢(後の国策顧問)を中心に、研究委員会とは異なったスタッフ・グループも設置された。曾永賢と張栄豊(後の国家安全会議諮詢委員)をはじめ、李登輝政権期で大陸政策に携わっていた多くのスタッフは、国家統一委員会が設置されたときからすでにそのスタッフ作業を担っていた[19]。

第3次台湾海峡危機の際に、国家統一委員会の研究委員は、まだ正式にスタッフの機能を持っていなかった国家安全会議(次項参照)を危機管理についてサポートしていた[20]。初代民選総統時代において、李登輝は国家安全会議のスタッフをまとめていたが、国家統一委員会の研究委員は総統の命令によって研究を行い、さらには自ら提言することもあり、一定の政策提言の機能を持っていた[21]。

（3）国家安全会議とその幹部

　蔣介石政権期において設立された国家安全会議（以下、国安会）は憲法の「反乱鎮定動員時期臨時条項（動員戡乱時期臨時条款）」によって成立し、総統の下で政策研究、諮問、調整、統合という権限を有していた機関である。しかし、運営に関する法律が整備されていなかったため、総統が利用する「体制外の政策決定機関」と言われた[22]。蔣経国と李登輝はそれぞれ総統に就任した直後、国安会の運営に携わることを控えていた[23]。その後、1991年4月の最初の憲法改正で、臨時条項が廃止されたため国安会はいったん法的な地位を失ったが、同時期に採決された中華民国憲法増修条文によって再び法的地位を得た。松田康博は、国安会がなくなれば、台湾政府におけるハイレベルの調整メカニズムがなくなるため、李登輝は国安会の活用を考え、その合法化に踏み切ったと指摘している[24]。実際に、李登輝が正式に国安会諮問委員を任命し、国安会の運営を始めたのは初代直接民選総統に就任した後であった。ただし、すでに、「江沢民項目提案」（江八点）[25]への対応、および第3次台湾海峡危機の頃に、国安会は政策提言を行い危機管理の中心として運営されていた。さらに、国安会と米国国家安全保障会議の対話も第3次台湾海峡危機の時から始まった[26]。

　李登輝時代の「国家安全会議組織法」によると、国安会の議長は総統である。総統が不在の際は、副総統が議長を務める。議員は副総統、参軍長（総統の軍事顧問）、総統府秘書長、行政院長、同副院長、内政部長（日本の旧内務省に相当し、現総務省、国土交通省、国家公安委員会などの一部業務を主管する閣僚）、外交部長、国防部長、財政部長（財務大臣に相当）、経済部長（経済産業大臣に相当）、行政院大陸委員会主任委員、参謀総長（軍令を管理する制服組のトップ）、国安会秘書長、国家安全局長であるが、総統はこのほかに陪席者を指名することができる。また、秘書長、副秘書長2～3人、閣僚レベルの諮問委員5～7人が置かれ、政策研究および助言などを行う。国安会秘書長は総統の命令に従い、国安会の会務を統括する[27]。

　ただし、国家安全保障政策における総統と行政院長の権限関係、および国家安全保障の範囲が明確に線引きされていないため、台湾の政界では総統の国安会を通じた政策決定への関与の度合いがあいまいであると政界では議論されている[28]。学界でもこれについて議論が絶えない。例えば、憲法学者の李念祖と

陳新民は、総統が国安会を運営することで総統と最高行政機関である行政院との権限関係に懐疑的もしくは否定的な態度を示した[29]。これに対し、蘇進強、陳必照、林正義、張中勇などの安全保障研究者は、直接民選総統は国民の支持によって行政権を得ており、立法院も関連する法律に基づいて国安会を監督することができるため、総統は米国の大統領のように国安会を運営して安全保障政策における調整、協議を行うべきだと主張した[30]。蘇永欽、湯徳宗、葉俊栄などの憲法研究者も同じ視点から、直接民選総統が中華民国の行政機関の実質的リーダーであるという見解を示した[31]。黄昭元は、台湾の憲法体制では総統と行政院長が行政権を分担することになっていると主張したが、国家安全保障の範囲が不明確ながらも、「国家安全に関する大政方針」の最終決定権が総統に属することを認めた[32]。

国安会に関連する組織について言及すると、林碧炤・国安会副秘書長が、米国のランド研究所のように政府に属するシンクタンクの設立を提言したことにより、総統に直属するシンクタンクとして、総統に助言する機能を持つ「戦略与国際研究所」が設立された。戦略与国際研究所は民間のシンクタンクである「台湾綜合研究院」の一部門として運営されたが、戦略与国際研究所の運営を監督する指導委員会は国安会の下で設立された。所長も林碧炤が兼任した[33]。

国安会の運営においては、いくつかの組織的な問題点がある。第1に、国安会における事務の責任者である秘書長と、諮問業務を担当する副秘書長および諮問委員との責任関係が明確に線引きされていないことである。国家安全会議組織法によると、秘書長は国安会の運営に関する事務の責任者であるとされている[34]。職位の名称からみれば上下関係があるように見えるが、副秘書長、諮問委員は、国安会秘書長ではなく総統の助言スタッフとして招かれていたため、総統へ直接政策を提言する慣行があり、実際の運営においても、国安会秘書長に対して報告する義務がない。国安会秘書長も副秘書長、諮問委員の研究に干渉することができなかった。さらに副秘書長と諮問委員の間でも、共同研究でない限り、互いの研究内容を知ることができなかった[35]。

第2に、前述したように、総統の国安会を通じた政策への関与とその度合い自体がそもそもあいまいであったということである。そのため、諮問スタッフの業務は憲法に規定された行政院の職権を侵害する恐れがあり、その際に行政院から

（4） 国家安全局

　国安会に属する国家安全局は、情報機関として大陸・台湾地域の情報収集と分析を行う。同局は国防部に属する軍事情報局、電訊発展室、軍事安全総隊、総政治作戦局、憲兵司令部、および行政院海岸巡防署（2000年1月設立、海上保安庁に相当）、内政部警政署（警察庁に相当）、法務部調査局（米国の連邦捜査局に相当）など台湾政府における情報収集・分析を任務とする機関を統括していたため、台湾の最高治安・情報機関と言ってもいい[37]。また、国家安全局は蒋介石時代から引き継いだ約30億台湾ドルの「奉天プロジェクト」と約6億台湾ドル「当陽プロジェクト」という秘密経費の管理を担当していた。李登輝政権期では、この秘密経費を使い、大陸、外交、安全保障政策の一部のオペレーションを推進していた。前述した台湾綜合研究院の戦略与国際研究所はこの秘密経費で運営されていた[38]。国家安全局長は週一回直接総統と単独で面会し、国家安全保障に関する情報について報告する義務があった[39]。

（5） 総統府正副秘書長

　総統府組織法では、総統府秘書長は総統府の事務を統括することになっている[40]。そのため、総統府秘書長は政策過程に関与することが可能である。

　また、総統府秘書長を補佐する2人の副秘書長のうち、1人は総統の外遊や外国人との面会などの外事を担当する。李登輝政権期における外事担当の歴代副秘書長はいずれも外交官もしくは外交政策の研究者出身である。李登輝政権期における外事担当の副秘書長は、前述した国家統一委員会の業務も担当していたため、総統府の外事だけではなく、実際に大陸政策決定過程に関与していたと考えられる。そのことは、表2-1のように副秘書長を担当した者のほとんどが政策過程で要職に就いていることからも言える。特に邱進益は大陸政策決定過程メカニズムの設計者として知られており、前述した「国家統一綱領」と台湾側の「一つの中国」の定義の決定過程においても、総統府副秘書長として国家統一委員会研究委員会のスタッフ作業を統括していた[41]。

表 2-1　李登輝政権期の総統府副秘書長（外事担当）

氏　名	出　身	離任後
邱進益	外交部（スポークスマンと駐スワジランド大使などを歴任）	海基会秘書長、シンガポール代表（大使に相当）
戴瑞明	総統府秘書、駐イギリス代表	駐バチカン大使
陳錫藩	外交部（次官を歴任）	駐米代表
蘇　起	国立政治大学外交学科教授、国民党大陸工作会副主任、行政院大陸委員会副主任委員、行政院新聞局長、国策顧問	行政院大陸委員会主任委員
林碧炤	国立政治大学外交学科主任、国立政治大学国際関係センター主任、国安会副秘書長、国安会諮詢委員	李登輝引退にともない政治大学に復職

（出所）当時の新聞記事より筆者製表

（6）参謀本部

　参謀本部は本来国防部の一機関として運営されるはずであるが、改正前の参謀本部組織条例第9条によると、統帥体系では参謀総長が総統の幕僚長として直接総統の命令を受けることになっていた。さらに、2000年1月以前、国防法と国防部組織法（以下国防二法と略記）が成立していなかったため、国防部の組織編制は明文規定さえなかった。つまり、国防二法成立以前の台湾の国防体制は、国防部が内閣の省庁として軍政を行う一方で、参謀本部が総統の命により軍令を執行するという軍政、軍令二元化体制をとっていたのである。そのため、李登輝政権期において、軍は情報および国防政策の専門機関として、直接総統と接触できた。このことから、大陸政策に関わる国防政策についての参謀本部の影響力は、当時非常に大きかったと言える[42]。

（7）諮問職

　総統府では、総統府資政、国策顧問、戦略顧問などの名誉職の諮問役・アドバイザーが置かれている。総統府資政は定員30名（有給職15名、無給職15名）であり、国策顧問の定員は90名（有給職30名、無給職60名）である。戦略顧問は定員15名であるが、軍の上将（大将に相当）レベルに限られる[43]。

　資政や顧問は諮問役・アドバイザーであるため、政策決定にある程度影響を

与えることができると考えられるが、これまでの研究、新聞記事、政治家の回顧録、ノンフィクションでは、李登輝政権期における資政、国策顧問、戦略顧問の中で、実質的に政策に影響を与える資政、国策顧問はごく一部に限られていた。例えば、辜振甫は海基会理事長であったが、総統府資政、国民党の中央常務委員などの要職も担い、李登輝との直接の意見交換や、総統府が主催した会議への参加もできた[44]。曾永賢は国策顧問および李登輝の政策スタッフとして、スタッフ・グループ（次項参照）を仕切っただけでなく、「密使」をはじめ、多くの重要な政策プロジェクトにも名を連ねていた[45]。丁懋時は国安会秘書長として米国国家安全保障会議との対話で台湾側の首席代表を務めたが、国安会秘書長を退任して総統府資政、のち総統府秘書長に就いた時にも首席代表を引き続き担当していた。また、殷宗文・国安会秘書長（丁懋時の後任）が病欠の時、丁懋時も資政として殷宗文の職務を事実上代行していた[46]。

(8) 私的政策スタッフ・グループ

李登輝は副総統時代から私的政策スタッフ・グループを持っていたと言われているが、李登輝の回顧録をはじめ、筆者によるインタビューもしくは関係者による回想録では、総統時代という答えもあれば、副総統時代という答えもある。少なくとも李登輝が総統に就任した時には、その運営が整えられていたことは確実である。

その政策スタッフ・グループは分野によって、政治、外交、経済、大陸の4つに分かれていた。李登輝は総統退任時に、総統に就任してから総統府に大陸、外交、経済政策スタッフ・グループを置いたと公言している。それらの顔ぶれを見ると、政治グループは蔡政文・国立台湾大学教授、外交グループは許介鱗・国立台湾大学教授、経済グループは梁国樹（のち中央銀行総裁）、大陸グループは畢英賢・国立政治大学国際関係センター研究員がコーディネーターを務めていた。そしてこの4つのグループを統括するコーディネーターを務めたのは、張京育・国立政治大学国際関係センター主任（当時）であった。なお政策スタッフ・グループは「鄭中樺」という共同筆名を使っていたとされている[47]。

また、政策スタッフの中で曾永賢や張栄豊など、前述した国家統一委員会の研究委員会、および同委員会の下に置かれた政策スタッフ・グループにも参加して

いた者がいたため、3つの政策スタッフ・グループは異なった体制で運営されたものの、一部のメンバーは重複していたものと考えられる。

（9） 国是会議と国家発展会議

1996年12月に民主化推進を図るため、各界を代表するオピニオン・リーダーを招聘し、「憲法体制と政党政治」、「経済発展」、「両岸関係」について共同で討議し、コンセンサスをまとめるための会議が開催された。同会議には野党の民進党と新党の代表も出席した[48]。これは、前述した「国是会議」と同じ位置づけである。国是会議と国家発展会議は常設の組織・機関ではないため、通常の政策過程における調整と協議を行うことができない。しかし、新党は憲法改正および台湾省の省としての機能を凍結する（凍省）ことなどの国民党と民進党が推進してきた提案を反対するため、12月27日から国家発展会議への出席を拒否したが、すでに、国民党、民進党、新党は両岸関係のセクションにおいてすでに大陸政策についてのコンセンサスに達していた。したがって、国家発展会議は台湾における各党派の方針をまとめる機能を果たしたと言える[49]。

2. 行 政 院

（1） 行政院長、同副院長、大陸工作策画グループ、行政院会

中華民国憲法によれば、行政院長が最高行政機関の首長である[50]。さらに、立法院に提出するすべての法律案と予算案は行政院会（閣議）が採決することになっている。そのため、行政院長、行政院会の大陸政策決定過程における法的な地位と権限は憲法上保障されている。

副院長は院長の補佐もしくは代理とされているが、1993年7月、行政院副院長の下で大陸工作策画グループが設立され、大陸政策に関わる機関との調整や、大陸政策に関連する危機管理、突発的な事件などの対応を行ってきた[51]。主管機関の行政院大陸委員会（次項参照）をはじめ、大陸政策の関連省庁および国家安全局などの機関はそのメンバーである[52]。そのため、副院長も実質的に大陸政策の決定に関与することができたと考えられる。しかし、大陸工作策画グループは調整と協議の機能が行政院大陸委員会と重なっているため、存在する必要がないと当時野党だった民進党に指摘された[53]。

行政院会は週一回開催されるが、出席者が多いため、実質的な議論を深めるというよりは形式的な場に過ぎないと言われている[54]。さらに、総統が国安会を通じて安全保障政策の実質的なリーダーシップを取れるようになったことから、行政院長は総統を越えて安全保障に関わる大陸政策の調整と協議を行うことが難しくなった。院長さえ効果的に調整と協議を行うことが難しいのであれば、副院長レベルの大陸工作策画グループも大陸政策の意思統合機能が弱いと考えられよう。

（2） 行政院大陸委員会

大陸政策決定過程において、国家統一委員会が大陸政策の方向性を決めた時、行政院大陸委員会（以下陸委会）はそれに従い、大陸政策を決定する。陸委会は主任委員、3人の副主任委員、および国家安全局長と大陸政策に関与する各省庁の首長らなど、行政院長が指名する委員によって構成された。同委員会の会議は大陸政策に関与する各省庁間の調整と決定などを行う。そこには陸委会の顧問は委員会会議にも列席することができる[55]。また、各分野から選ばれた諮詢委員は政策分野によって諮詢会議を行い、政策決定への提言を行う[56]。陸委会主任委員は閣僚として、国会である立法院に出席しなければならない。副主任委員は3人が任命されるが、1人は首席として取りまとめる。そして3人は話し合った上でそのほかの事務を分担することになっている[57]。

（3） 関連省庁

大陸政策は安全保障だけではなく、外交、経済、国防などの多くの分野に関わる政策であるため、多くの省庁が関係する。例えば、外交部、経済部（経済産業省に相当）、財政部（財務省に相当）、経済建設委員会（以下、経建会。旧経済企画庁と経済財政諮問会議に相当）、内政部、法務部、国防部、交通部、教育部（旧文部省に相当）、中央銀行（日本銀行に相当）、衛生署（旧厚生省に相当）、農業委員会（農林水産省に相当）、労工委員会（旧労働省に相当）、国家科学委員会（旧科学技術庁、文部科学省の一部の業務を主管する機関）、体育委員会（スポーツ所管）、新聞局（政府の報道機関）、海岸巡防署などの省庁は所管によって大陸政策にも参画している。無任所の政務委員（内閣府特命担当大臣に相当）も行政

院長を補佐するため大陸政策に関与したことがある。関連省庁の首長は行政院長の指名で陸委会委員として陸委会に参加することになっている[58]。

3. 与党（国民党）

国民党は与党であったため、当然政策への影響力を持っていた。国民党の大陸政策に対する影響力は、以下の組織を通じて行使されていたと考えられる。

（1） 与党の意思決定機関：中央常務委員会

蔣介石政権期から、行政院会の法案採決前に、与党であった国民党の中央常務委員会（以下中常会）においてあらかじめ採決しておくという慣例があった。さらに、総統をはじめ、行政院長やほとんどの重要閣僚は党の要職もしくは中央常務委員（以下中常委）を兼任していた。そのため、中常会は大陸政策に関する統括、調整、協議の機能を持っていたと考えることができる。しかし、実際には、「国家統一綱領」が発表される前に、反李登輝派を含め、中常会では、国民党は各党派の合意である「国家統一綱領」の内容について干渉できないという認識があったという[59]。さらに、李登輝は、党国体制に対する批判を回避するため、中常会によって大陸政策に関する調整、協議を行うことを避けた[60]。

（2） 執行部：中央委員会秘書長、大陸工作指導グループ、大陸工作会

李登輝は総統であるため、党の事務を中央委員会秘書長に委任していた。特に外交部長経験者である章孝厳は1997年12月国民党秘書長に就任した時（任期は1997年12月11日から1999年11月17日まで）、李登輝から外交政策についての諮問を受けたことがある。ただし、章孝厳によると、それはあくまで「私的」にであって、大陸・外交政策への組織的参与はほとんどないという[61]。そのため、李登輝政権期において、秘書長は与党の事務を委任されたものの、大陸・外交政策への影響力については限られていたと言える。

一方、すでに設置されていた国民党内の大陸工作指導グループには、党の大陸事務を統括する役割があった。しかしながら、宋楚瑜・国民党中央委員会秘書長が推進した党組織の改革により、大陸工作指導グループを運営する大陸工作会（現大陸事務部、以下陸工会）は縮小されたため、同グループの運営はもとより、

会議で出された結論を執行する能力もなかった。さらに、96年以後は大陸工作指導グループそのものがあまり機能していなかったという[62]。

李登輝政権後期の陸工会主任であった張栄恭は、大陸側との秘密の対話チャネルであった「密使」の執行者とされている。陸工会は蒋介石政権期に大陸での情報収集と分析を行っていたが、蒋経国および李登輝政権期では、陸工会は情報収集機関から研究・スタッフ機関へと役割を変化させてきた[63]。しかも、前述のように、党組織の改革によって陸工会は縮小によって役割が低下することになった。そもそも陸工会は張栄恭が着任する前まであまり重視されておらず、彼の着任後から注目されるようになった[64]。というのも、張栄恭は陸工会主任に着任する前、国家統一委員会の研究委員であっただけではなく、国安会を通じて政策決定にも関与するブレーンであったからである。上記の「密使」の任務も党執行部ではなく、李登輝が国安会を通じて張栄恭に指示したものである[65]。ここでは陸工会の組織的役割より、張栄恭個人の役割が重要であったと考えられる。

確かに、法律と予算をめぐる国会議員との調整・協議では、与党の役割が重要であると考えられる。しかしながら、以上の検討を踏まえてみれば、李登輝政権期における国民党執行部は、大陸政策決定過程に組織的に関与させられていなかったと言ってもよい。また国民党の大陸政策決定過程における調整・協議機関も機能していなかった。さらにスタッフ部門も組織として重視されていない。したがって、国民党の組織は大陸政策決定過程における組織的な影響力をほとんど持っていなかったと言えるだろう。

4. 国　　会

この時期の台湾では、国民大会および立法院は中央民意代表機構と呼ばれ、国会としての機能を有するとされている。つまり、国民大会と立法院は、世論を代表し、政府を監督することが期待されている。そのため、各党派にとって、国会は両岸関係について話し合う場でもあり、特に、立法院は法律案と予算案を採決するため、政策に影響を及ぼすことができると考えられる。

国民大会は国民を代表し国権を行使する機関で、その職権は憲法改正、立法院から提出される憲法改正案の採決、総統の選挙と弾劾などである。李登輝政権期における憲法改正によって、総統選挙が国民直接民選制度になったため、国民

大会は総統の補欠選挙、総統罷免案の提出、総統弾効案の採決、憲法改正案の採決、監察院と考試院の人事案の承認、総統の国情報告（米国大統領の一般教書演説に相当）の受理などの権限しか持たなくなった[66]。中華民国憲法本文によると、総統が国家元首であると規定される一方で、最高行政機関の首長は行政院長であると規定されている[67]。さらに、最高行政機関である行政院へ直接影響力を及ぼす権限については規定がない[68]。そのため、李登輝初代直接民選総統時代では、憲法改正以外、国民大会は国会として、行政機関へ実質的に影響力を及ぼすことがほとんどなかったと言ってもよい。なお、2000年4月の憲法改正により、憲法改正以外のほとんどの職権が立法院に移転した。さらに、2005年の憲法改正により、国民大会は廃止された[69]。

これに対し、中華民国憲法本文によると、立法院は国の最高立法機関であり、最高行政機関である行政院が提出した予算案と法律案を議決するという、国会本来の機能を有している[70]。したがって立法院は、最高立法機関として大陸政策の決定過程で影響力を及ぼすことができると言える。

ところが、本来、外交や国家安全保障のような必ずしも情報公開を原則としない専門的な政策の決定過程においては、議会は行政部門の提案を承認する役割しか有しないと言われている[71]。また、議会の多数派が政府を構成している場合は、あまねく政府に従属する「従属議会」と位置づけられる[72]。これまで行われた李登輝初代直接民選総統時代における大陸政策の事例研究では、立法院の役割についての記述がほとんど見あたらなかったため、李登輝政権期の大陸政策決定過程でも、立法院は「従属議会」として行政部門に圧倒されていたと考えられる。

例えば、「戒急用忍」の決定過程では、最終的に政府は国会の承認を得る必要のない行政立法で政策を実行した。辜汪会見をめぐる4つの方針決定においても、立法院は「受託処理大陸事務財団法人監督条例」の修正のみに直接関与しただけであった[73]。さらに立法委員の秘書を勤めた田麗虹は、両岸人民の往来における権利と義務を規定した「台湾地区与大陸地区人民関係条例（両岸人民関係条例）」の修正案の立法過程を事例として分析を行い、李登輝初代直接民選総統時代における1997年の修正では、国民党議員団は行政院の提案に沿って野党との調整・協議を行ったとしている。その中で、のちに行政院長に就任した蕭萬

長・立法委員は行政院の条文を修正する提案を行ったが、これはあくまで行政府の立場を踏まえたものでしかなかったと指摘された[74]。

このように、たとえ立法府が強い半大統領制だとしても、議会の多数派が政府を構成している李登輝初代直接民選総統時代の大陸政策決定過程において、立法府は予算案以外の行政府の政策方針に対して実質的な影響を与える力がほとんどなかったと言えよう[75]。

5. 民間機関、学界・シンクタンク、民間人

（1） 財団法人海峡交流基金会

1980年代に蔣経国政権が打ち出した「三不政策（《共産党とは》妥協せず、接触せず、交渉せず）」によって、台湾は両岸における政府間の直接的な接触を避けていた。しかし、李登輝政権初期には、両岸における実務的な接触と交渉の必要が出てきた。そのため、大陸との接触・交渉のための民間団体として海基会が設立された。その初代理事長は辜振甫・総統府資政／国民党中常委であった。また、初期の主な幹部はほとんど党、政府、軍からの転任であった。大陸もこれに具体的に対応し、1991年12月16日に海基会のカウンター・パートとして海協会を設立した。その会長には、江沢民の上海時代の政治的師匠にあたると言われる、汪道涵・元上海市長が任命された[76]。

海基会は陸委会からの委任を受け、大陸との交流や交渉などの業務を行う。秘書長は会務の執行者である。それらの業務をめぐる海基会と陸委会の関係はいくつかの法律によって規定された。その要点は以下の4点にまとめることができる[77]。第1に、海基会は陸委会から委託され、陸委会の監督のもとに対大陸との交渉と公証書の査証などの業務を行う。第2に、海基会は民間レベルの機構として業務を行うが、政府の委任を受けているため、必要な際には立法院の監督を受ける。第3に、海基会は陸委会に指名されて大陸との交渉を行う唯一の委託機関である[78]。第4に、海基会は陸委会から委任され、その監督を受けるものの、両者の関係は法的には必ずしも上下関係もしくは従属関係ではない。

このように、海基会と陸委会は委任関係とはいえ、政府からの監督もあるため、両者の関係がどのように位置づけられるのかはあいまいであった。海基会は政策過程、特に国家安全保障政策決定過程においては十分に関与ができなかっ

たとされている[79]。一方、初代理事長の辜振甫は国民党中常委と総統府資政などの肩書を同時に持っており、李登輝との関係もよかったため、総統府が主催した会議だけでなく、直接李登輝に会って意見を交換したという[80]。したがって、大陸政策決定過程における陸委会と海基会の組織間関係の位置づけについては、制度的にあいまいであっただけではなく、海基会トップの政治的・社会的地位や総統との信頼関係によってさらに複雑になっていたものと考えられる。

(2) 学界・シンクタンク、民間人

台湾においては、政府の外郭団体であるシンクタンク、大学を母体とするシンクタンク、企業家の寄付による民間シンクタンクが数多く設立されている。例えば、国立政治大学国際関係研究センター、経建会のもとに設立された中華経済研究院、辜振甫が設立した台湾経済研究院、李登輝の親友であった張栄発が設立した国家政策研究センター（現・国家政策研究院）、中華開発銀行の寄付によって設立された台湾綜合研究院、政府に関連すると言われている財団法人両岸交流遠景基金会、中華欧亜基金会（現・亜太和平研究基金会）などが挙げられる。

また、政府との関係が深い大学およびシンクタンクに在籍する研究者は、李登輝個人もしくは政府から私的な諮問を受けることもあった。特に、前述の私的政策スタッフ・グループの中で、政権に入ったかどうかに関係なく、李登輝に直接政策提言を行った研究者が多数いた。それらを列挙すると、陳博志と許嘉棟（後に中央銀行副総裁、陳水扁政権の初代財政部長）は、ともに国立台湾大学経済学科の教授であったが、長期にわたって李登輝の経済・財政スタッフ・グループに参加していた[81]。薛琦（のちの経建会副主任委員）は、国立台湾大学経済学科の主任、ついで国立中央大学大学院産業・経済研究科科長を歴任していた。田弘茂（のちの第一次陳水扁政権における外交部長）は、国家政策研究センター主任であり、李登輝の対日本事務を担当するスタッフとして知られている[82]。黄輝珍（のちの国民党文化工作会主任、つまり国民党のスポークスマン）は、国家政策研究センターの執行長を務めていた[83]。戴国煇は、立教大学で教鞭を執った時からすでに当時副総統であった李登輝と盛んに交流していた。また彼は、1991年7月に外交部に設置され、李登輝が実質的にリードしていた対日工作グループ（対日工作小組）という対日政策の諮問機関にも参加していた[84]。ほかに若

林正丈・東京大学教授（当時）と中嶋嶺雄・東京外国語大学教授（当時）などの日本人研究者も、李登輝から政策の諮問を受けていたとされている[85]。そして、張栄発・長栄（エバーグリーン）グループ総裁、許文龍・奇美実業会長などの李登輝の親友もたびたび李登輝に提言しており、同時に李登輝の一部のスタッフも張栄発が設立した国家政策センターと関係が深かったとされている[86]。

このように、研究者もしくは民間人が政府から私的な諮問を受けるだけではなく、個人的に李登輝に対して直接進言する機会がたびたびあったことから、李登輝は官僚機関だけではなく、学界や民間から直接政策提言を受け、それに関連する情報も得ていたことになる。

6. 官僚、利益団体

本章の第1項から第4項にかけて、政府、与党、国会の大陸政策決定過程における役割を検討したが、一般的に政策過程において、官僚、利益団体も含まれている。そこで、本研究でもそれらが重要なアクターと言えるかどうか確認するため、大陸政策決定過程における官僚、利益団体の役割を分析する。

（1）官　僚

政治学では、官僚は政策過程における専門家集団であるが、本来の機能である政策実施を超え、政策決定の領域にまで足を踏み入れ、場合によっては政治家を圧倒する力を持つこともあるとされている[87]。その点に関して、辻清明による「官僚優位論」と村松岐夫による「政党優位論」のような議論があった。しかし、日本のように官僚の政策決定における影響力が強いとされる国家でも、外交・安全保障政策の分野では、官僚には立案・整備の力しかなく、政治家がイニシアチブを握っているとされる[88]。

一方、台湾では、李登輝政権のほとんどの閣僚が所属分野の専門家である。特に陸委会主任委員はいずれも学界出身の専門家であった。国安会の大陸・外交政策を担った副秘書長と諮詢委員にも学界出身者が多く、外交部長経験者の中でも博士号を持つ外交官が多かった。李登輝政権期における陸委会主任委員の中で、張京育はコロンビア大学政治学博士であり、国立政治大学国際関係研究センター主任、同大学学長を歴任した。馬英九政権で国安会秘書長を務めていた蘇起はコ

ロンビア大学政治学博士であり、国立政治大学外交学科教授、同大学国際関係研究センター副研究員を歴任した。国安会スタッフの中で、国安会副秘書長、総統府副秘書長を歴任した林碧炤・現国立政治大学副学長は英国国立ウェールズ大学国際政治学博士であり、国立政治大学国際関係研究センター主任、同大学外交研究所（大学院外交研究科）と外交学科主任を歴任した。国安会諮詢委員を歴任した張栄豊は国立政治大学東亜研究所博士であり、中華経済研究院副研究員、研究員を歴任した。外交部長の中で銭復・元監察院長はイエール大学国際関係学博士である。胡志強・現台中市長は英国オックスフォード大学国際関係学博士であり、国立中山大学で教鞭を執ったこともある。外交・大陸政策はもとより、他の政策分野において博士号もしくは修士号を持つ閣僚・副閣僚も多数いた[89]。しかも、国安会では総統がイニシアチブを握っていたため、李登輝政権期における大陸政策のイニシアチブは官僚ではなく、専門知識と実務経験を持つ政治家が握っていたと考えられる。

（2）利益団体

利益団体の政治過程における影響力はすでに政治学の分野で検討されているが、外交・安全保障政策の決定過程における影響力が提起されたのは近年のことである。利益団体が外交・安全保障政策の決定過程で影響力を与えうると考えられるようになった理由は2つある。1つは、外交政策に関わる経済問題が顕在化してきたこと。もう1つは、議会の外交政策への影響力が強くなったことである。これらの結果として、利益団体・圧力団体もしくは彼らに雇われたロビイストが、外交・安全保障政策の決定過程に影響を与えうるようになってきたと言われている[90]。

台湾もロビイストを雇い米国で国会へのロビーを行っている。その成功した事例として李登輝の米国訪問が挙げられる[91]。さらに、辜振甫・台湾セメント会長、高清愿・統一グループ会長／中華民国全国工業総会（以下工総）理事長、王又曾・力霸グループ会長／中華民国全国商業総会（以下商総）理事長は、国民党中常委として党の最高決定機関である中常会に入っていた。しかも、前述したように辜振甫は海基会理事長として大陸政策決定過程にも関与していた。また、中華民国工商協進会（以下、工商協進会）と中華民国工商建設研究会（以下、工商

建研会）などの経済団体も政界との繋がりが強い。

このように台湾の政策過程における財界の関与は人事面で深かったと言えるが、李登輝は工総と張栄発をはじめとする財界から提起された両岸経済交流を推進する呼びかけを一蹴し、経済安全保障の観点から、大企業の大陸への投資を規制する「戒急用忍」を打ち出した。つまり、財界の政界関与が深いとは言え、国家安全保障に関連した問題になると、李登輝は必ずしも財界の提案を受け入れるとは限らなかった[92]。また、李登輝は国民党中常会で大陸政策をめぐる調整と協議を行うことを避けようとしたことから、財界の影響力を党レベルで発揮させないようにしていたとも考えられる。

7. ま と め

最後に、台湾の大陸政策決定過程における特徴と問題点について指摘したい。なお、同過程に関与する組織間の関係を図示したものが図2-1である。

その主な問題点は、組織間の職権問題と調整・協議の難しさに集約される。まず職権問題については、総統と行政院長の間の職権問題、ならびに、それをめぐ

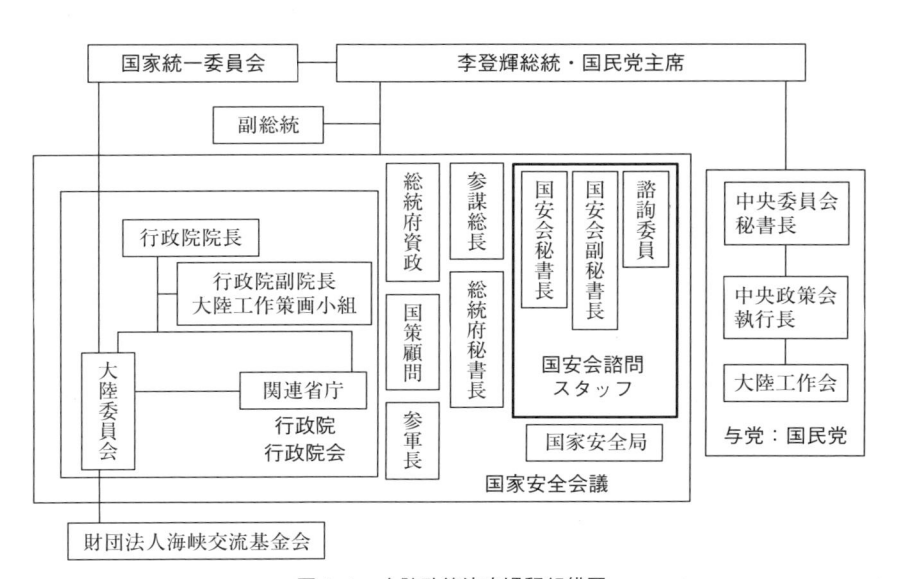

図2-1　大陸政策決定過程組織図
（筆者作成）

る国安会と行政院の間の職権問題が挙げられる。国安会について言えば、中央政府において総統府と行政院の間の調整・協議を行う機関は国安会以外にないにもかかわらず、国安会は政策過程へ関与する位置づけが法律上あいまいであった。また、行政院長の職権を差し置き、総統が事実上行政府の長であったにもかかわらず、総統が行政府の長として権限を行使する際の制度的チャネルは国安会しかない[93]。さらに、官僚制組織の視点からみても、台湾の政府体制における上から下への命令システムは不十分であると言える。

次に調整・協議の問題については、単なる閣僚レベルの調整と協議では国家戦略レベルの政策決定はできず、総統府と行政院におけるハイレベルの調整と協議が必要であったが、それも不十分であったことが指摘できる。国民党は与党として政策過程における調整と協議を行うこともできるものの、実際にはその役割を十分果たすことができず、国民党内部においても、各党派の合意である国家統一綱領を採決することがさえできないという認識もあった。換言すると、大陸政策のように、国家戦略レベルの政策および統一あるいは独立といったイデオロギーに関わる政策になると、国民党の組織において調整・協議を行うことは適当ではないことがわかっている。また、与党のメカニズムを使ってその調整と協議を行うことも、蔣介石政権期からの党国体制だとして批判される恐れがある。そのため、国民党を通じて大陸政策決定過程における調整と協議を行うことは難しいと考えられよう。

そのほかの問題として、李登輝は私的な政策スタッフ・グループを持っており、彼らは直接李登輝に提言できたが、官僚制の逆機能として、専門化が進みすぎて視野が狭くなり、下位組織は組織全体の目標より自らの部門の目標を主観化することがある[94]。また、伝統的な官僚制組織では、組織内部の規則を重視しすぎることによって、外部のニーズを無視し、顧客・国民中心のサービスができなくなることもある[95]。そのため、台湾のような命令一元化のシステムが不十分な政策過程では、李登輝への政策提言が必ずしも行政院の各省庁に取り込まれたとは限らないであろう。

このように、台湾の政府体制においては、国家戦略レベルの政策決定を行う際に、垂直関係の命令システムのみならず、水平関係の調整と協議の機能も不十分であるため、有効に機能する制度的メカニズムが全体的に欠けていると結論づけ

ることができる。それでは、台湾の大陸政策決定過程は結局どのように運営されたのか。職権問題、調整・協議の問題、命令システムの問題はどのように大陸政策決定過程の運営に影響を与えていたのだろうか。これらの点は、李登輝初代直接民選総統時代における大陸政策決定過程を明らかにするための重要な課題である。その運営の実態を次節で検討する。

第2節　大陸政策決定過程の運営実態
―李登輝総統の政策運営モデル―

1. 「国家統一委員会→陸委会→海基会」モデル

（1）概要と特徴

李登輝が総統に就任した当時は、台湾政府に大陸政策に対処する常設の機関は設置されていなかった。そのため、1990年、李登輝総統は邱進益・総統府副秘書長の提言により、「国家統一委員会→陸委会→海基会」という大陸政策決定諸機関およびその運営モデルを構築した。邱進益が提起した「戦略方向を決める国家統一委員会、戦術を決める大陸委員会、戦略および戦術を執行する海峡交流基金会」[96]という方針は、「国家統一委員会→陸委会→海基会」モデルの運営方法をまさに説明している（図2-2参照）。

すなわち、国家統一委員会が大陸政策の方向性を決めてから、陸委会は政策決定機関としてそれに従って大陸政策を策定し、関連機関との調整を行う。民間機関である海基会は政府に委託され、大陸政策における交渉と交流について業務を執行する。前掲の図2-1に比べれば、このモデルは既存の政府体制に適合するように構築されたと考えられる。辜振甫と汪道涵によるシンガポール会談（以下、

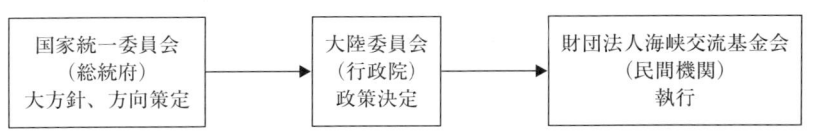

```
┌─────────────┐     ┌─────────────┐     ┌─────────────┐
│ 国家統一委員会 │ ──▶ │  大陸委員会  │ ──▶ │財団法人海峡交流基金会│
│  （総統府）  │     │  （行政院） │     │  （民間機関） │
│大方針、方向策定│     │   政策決定  │     │     執行    │
└─────────────┘     └─────────────┘     └─────────────┘
```

図2-2　「国家統一委員会→陸委会→海基会」モデル
　　　（出所）関連法律より筆者作成

辜汪会談)、および1995年以前の海基会と海協会の交渉・対話をめぐる台湾側の行動は、「陸委会→海基会」というプロセスで遂行された。

(2) 運営実態

「国家統一委員会→陸委会→海基会」モデルは、台湾政府が最初に構築した大陸政策決定モデルであったが、すでに述べたように、既存の政府体制においては、総統と行政院長の職権問題をはじめ、命令システムおよび調整と協議の機能不全などの構造的問題が存在していた。さらに、陸委会と海基会の対立関係も問題視されていた。両者の関係は法律上委任関係であるものの、実務的にはあいまいであった。海基会が民間機関としての自主権を求めようとしていたのに対し、陸委会はその監督機関として海基会の運営を制約しようとしていた。また、前述したように、辜振甫個人が台湾社会で高い声望があり、また彼と李登輝の関係が密接であったため、陸委会は彼の言動を制約できなかったのである[97]。

陸委会と海基会の組織間関係におけるあいまいさと複雑さを原因として、1993年4月の辜汪会談に際して、両会の間で衝突が起こった。会談の前に、辜振甫は陸委会を跳び越え、直接総統府および行政院から会談に関する支持を取り付けた。結局、陸委会は海基会の主管機関としての権威および管理上の権力を見せつけようとして、細かい事務的手続きを通じて海基会に圧力をかけた[98]。さらに、元々このようなあいまいな関係による結果、陸委会と海基会の間にしばしば衝突が起き、歴代の海基会秘書長であり、反李登輝を特徴とする国民党非主流派に属していた陳長文と陳栄傑は辞任を余儀なくされた。しかし辜汪会談のため、李登輝が総統府副秘書長から海基会秘書長へ転任させた邱進益は、大陸政策決定メカニズムの立案者として李登輝に信頼され、辜汪会談においては4つの取り決めの調印に成功した[99]。それにもかかわらず、海基会によるそのような大陸とのコンセンサスが政府の方針を越えるものであったという理由で陸委会から牽制を受けたため、邱進益は海基会の業務責任者として陸委会を度々批判し、それにより両者の溝はさらに深まったのである。結局、1993年3月に着任した邱進益はわずか3カ月で辞表を提出し、後任には焦仁和・陸委会副主任委員が海基会へ転任することになった[100]。

大陸政策決定過程において陸委会と海基会のこのような対立があったため、台

湾政府はさまざまな組織上の調整を試みた。前述した「大陸工作策画グループ」が設立されたのも、これがきっかけである。マスコミでも、大陸政策に関わる機関同士の協調を目的として「大陸工作策画グループ」が設立されたと報道された。実際、「大陸工作策画グループ」における最も重要な任務は、海基会と陸委会の関係を円滑にすることであったという[101]。

(3) 分 析

　台湾政府の大陸政策決定過程における機関間の関係および運営実態からみれば、「国家統一委員会→陸委会→海基会」モデルは、既存の政府体制に基づいたピラミッド型の組織的決定過程であると言える。
　しかし、憲法本文の規定および各機関の運営について定めた法律をみると、既存の政府体制には上下関係をめぐる職権問題がもともと内在しているため、それに基づいて組織を構築すれば、職権問題が起こると考えられる。また、海基会と陸委会の間にも制度的なあいまいさがあるため、ピラミッド型組織の構造からみれば、台湾の政府体制全体はもとより大陸政策決定過程の運営においても、トップリーダーから下部組織への命令服従関係が確立していないと言える。そのため、台湾の大陸政策決定過程には、トップリーダーが強力な指導力を発揮できるメカニズムが必要だと考えられる。
　さらに付け加えると、トップリーダーから下部組織への命令服従関係を整えていかなければ、たとえ中間組織レベルもしくは閣僚レベルに調整と協議の機関を設置しても、その効果は限定的にならざるを得ないとも考えられる。例えば、前述した「大陸工作策画グループ」は、海基会と陸委会の関係を円滑にするため、行政院副院長のレベルに設置された。ところが、海基会秘書長に就任した焦仁和（総統府機要室主任と陸委会副主任委員を歴任し、邱進益と同じく李登輝総統の大陸政策スタッフであった）と唐樹備・海協会副会長との初めての会談（焦唐会談）が行われる前に、陸委会が焦唐会談に対応するために陸委会・海基会の間の調整・協議を行おうとしない態度に対して海基会は不満を漏らしていたが、大陸工作策画グループは両者の調整のために動かなかった。そのうえ、焦唐会談を取りやめる可能性があることを陸委会が発表した時、総統府や行政院、もちろん大陸工作策画グループも事前にこの発表について連絡を受けていなかったので

ある[102]。したがって、大陸工作策画グループは陸委会と海基会の間の調整と協議という役割を十分果たしていなかったと言える。なお、焦仁和はのちに更迭されたが、その理由は上層部が彼を信頼しなくなったからであるという[103]。

このようにトップリーダーから下部組織への命令服従関係が整っていない状況では、李登輝の決定した政策方針がどこまで実行できていたかについて疑問を持たざるを得ない。確かに李登輝は私的政策スタッフ・グループを設置したことによって学界から政策提言を受けていた。しかしながら、憲法の規定によって総統が直接行政院を指揮することはできない[104]。そのため、李登輝が私的ルートで取り入れた提言を一方的に行政院に受け入れさせることは制度上できないと考えられる。また、李登輝は党首として行政院に実質的な影響を及ぼすことができるものの、1988〜96年までの李登輝政権には、総統府と行政院の間における調整と協議を有効に行うメカニズムがまだ運営されていなかった。したがって、政策スタッフが李登輝に直接政策提言を行っても、その効果は限定的であったであろう。

以上検討したように、「国家統一委員会→陸委会→海基会」モデルは、既存の政策過程における制度的な矛盾と問題点を内包していた。それは政策決定およびその執行における不安定要因となる。しかし、民選総統として、李登輝は公約を実現するため行政院を通じて政策を推進しなくてはならない。また、大陸政策決定過程の円滑な運営のため、ハイレベルでの調整が必要である[105]。そこで、李登輝は初代直接民選総統に就任した時、国安会を調整・協議の中心とする大陸政策決定過程の運営を始めた。

2. 国安会モデル

（1）インフォーマルなプロセスとその運営

前述したように、台湾では総統の安全保障政策決定への関与の度合いがあいまいであると指摘されている。それは国安会の政策決定への関与の度合いがあいまいであることを示唆する。その証拠に、李登輝が正式に国安会を招集した回数は少なかった[106]。その代わりに、李登輝は「高層会議」というインフォーマルな会議を開き、政策過程における調整と諮問を行った。高層会議は総統の指示を受けた国安会秘書長が座長として、政策分野別に関係閣僚と関係者を招集して開

催したものである。ときには李登輝も自ら会議を主催し、議論に参加することがあった。なお、参加資格のあるメンバーは図2-3の通りである[107]。

高層会議に加えて、総統の命令を受けた国安会副秘書長、諮詢委員もしくは総統府副秘書長が座長として主催する「次官会議」も開かれていた。次官会議は週一回定期的に開かれ、そこでは、主に高層会議の結論に従って重大政策における細かい調整と協議、およびその他の政策における調整・協議が行われていた。会議に参加した次官は、会議の内容を所属部会の部長・主任委員（大臣に相当）に報告することになっていた。また、部長は次官会議の内容によって、次官（例えば政務次長（政務副大臣に相当）もしくは常務次長（事務次官に相当））以外の担当官僚を出席者として指名することもできた[108]。

国安会が主な政策決定における調整と協議の中心であるのに対し、そこで決定された方針を最終的に執行するのは、フォーマルな政策決定機関である行政院なのである。そういう意味では、陸委会主任委員は行政院の閣僚としても、また国安会を調整・協議の中心に据える政策決定過程においても重要なポストであると言える。ちなみに、李登輝時代におけるいずれの陸委会主任委員も李登輝に信頼された政治家であった[109]。

そして、総統の命令を受けた国安会副秘書長あるいは諮詢委員は座長として「グループ会議」を招集し、そこに外部の研究者を招いて研究を行わせ、総統のブレイン・トラストとして政策提言を求めることがあった[110]。当初「国家安全会議組織法」案には、国安会の下に民間の研究者を研究員として招聘できるという条文が設けられていたが、審議過程で立法院に関連条文を削除された。そのため、グループ会議の形で学界から提言を取り込む体制を作ることになったのである[111]。「特殊な国と国の関係」の事案では、林碧炤・総統府副秘書長がグループ会議の顧問を務めたが、制度上、総統府副秘書長は国安会の諮詢に関与しないため、林碧炤はグループ会議の顧問しか務められないということであった[112]。そこで、李登輝は政府外部から政策提言を取り込もうとしたとみられる。また同時に、政府内部における政策決定の閉鎖性を打ち破る必要もあったものと考えられる。

ところで、国策顧問を務め、李登輝の大陸政策に関する重要ブレーンだった曾永賢の回顧録によると、李登輝の初期の私的政策スタッフ・グループは研究者が

中心となっていたため、臨時の政策に対応することができず、また実務への理解も不足しており、政策提言の実用性が低かったという。そのため、曾永賢は運営の仕方の改善に着手した。まず、総統府秘書長、国安会秘書長、国家安全局長、大陸政策決定機関の閣僚とそれに携わる関係者（主に曾永賢、張栄豊）を中心に、上記政策スタッフ・グループをまとめるトップのグループを立ち上げた。このトップのグループは週一回会議を行い、すべての政策スタッフ・グループの研究テーマを決定したとのことである。次に、臨時の政策にうまく対応させると同時に、実務への理解を深めさせるため、次官レベルおよび実務者を政策スタッフ・グループに参加させた。曾永賢によると、この体制は李登輝の退任まで続けられたというが、国安会という名は出されていない[113]。そこで、これまで発表された関係者による回顧録、ジャーナリストによるノンフィクション、筆者によるほかの関係者へのインタビュー、新聞記事などを曾永賢の回顧録の記述と照合してみると、曾永賢が構築した政策スタッフ・グループの運営体制は、そのまま国安会の体制に移行し、李登輝初代直接民選総統時代における国安会の運営の雛形になったと判断できる。

なお、いずれの会議もそのレベルにかかわらず、「専案」、「小組」、「専案小組」、「専案会議」などの言葉で関係者、マスコミに混同していたため、名称だけでは会議のレベルが判明できない。本研究では、中国語の「専案」をプロジェクト、「小組」をグループと訳すことにする。

（2）分析

大陸政策決定過程における高層会議参加できるメンバーおよびその構造は、図2-3のように表すことができる。さらに、国安会による調整・諮問をめぐる各レベルの会議間の関係は図2-4のように表すことができる。そして、これらを踏まえ、国安会を中心とした決定過程における運営モデルを国安会モデルと略称し、その運営プロセスを図示すると、図2-5のようになる。つまり一見してわかるように、国安会モデルは、李登輝を中心とし、李が積極的に関わる政策過程ネットワークなのである。

より詳しく述べると、すべての会議は総統の命令を受けた国安会スタッフが座長として座長、関係者を招集して開かれるため、一連の会議が総統を中心に動

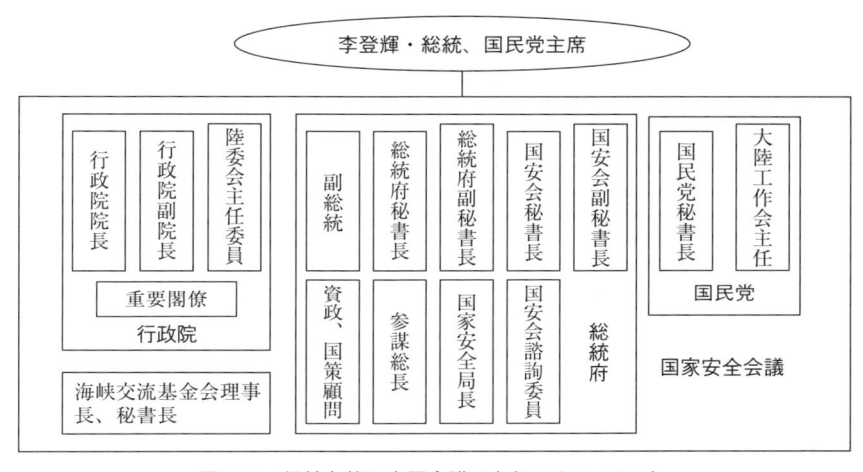

第2章　大陸政策決定過程の関連機関およびその運営モデル　73

```
                    ┌─────────────────────┐
                    │ 李登輝・総統、国民党主席 │
                    └──────────┬──────────┘
┌──────────────────────────────┴──────────────────────────────────────┐
│ ┌──────────────────┐ ┌──────────────────────────┐ ┌────────────────┐ │
│ │陸 行 行          │ │副 総 総 国 国            │ │国 大            │ │
│ │委 政 政          │ │総 統 統 安 安            │ │民 陸            │ │
│ │会 院 院          │ │統 府 府 会 会            │ │党 工            │ │
│ │主 副 院          │ │  秘 副 秘 副            │ │秘 作            │ │
│ │任 院 長          │ │  書 秘 書 秘            │ │書 会            │ │
│ │委 長            │ │  長 書 長 書            │ │長 主            │ │
│ │員              │ │     長   長            │ │   任           │ │
│ │                  │ │                          │ │                │ │
│ │   重要閣僚       │ │資 参 国 国              │ │     国民党     │ │
│ │    行政院        │ │政 謀 家 安              │ │                │ │
│ │                  │ │、 総 安 会              │ │                │ │
│ │ 海峡交流基金会理 │ │国 長 全 諮              │ │                │ │
│ │ 事長、秘書長     │ │策   局 詢              │ │                │ │
│ │                  │ │顧   長 委              │ │                │ │
│ │                  │ │問      員    総統府    │ │  国家安全会議  │ │
│ └──────────────────┘ └──────────────────────────┘ └────────────────┘ │
└─────────────────────────────────────────────────────────────────────┘
```

図2-3　総統主催の高層会議に参加できるメンバー
（筆者作成）

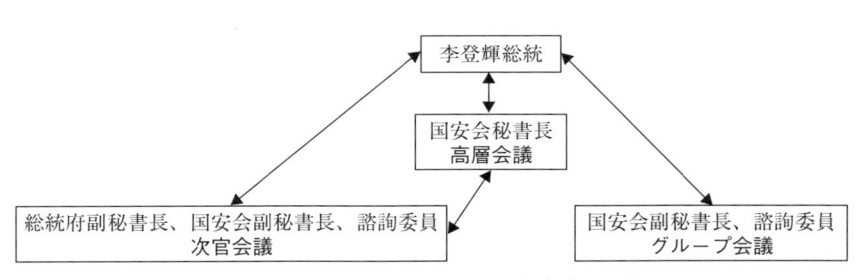

```
                    ┌──────────┐
              ┌────→│ 李登輝総統 │←────┐
              │     └─────┬────┘      │
              │           ↕            │
              │     ┌──────────┐       │
              │     │国安会秘書長│      │
              │     │ 高層会議  │       │
              │     └─────┬────┘       │
              ↓           ↓            ↓
┌──────────────────────────────┐   ┌──────────────────────────┐
│総統府副秘書長、国安会副秘書長、 │   │国安会副秘書長、諮詢委員  │
│諮詢委員                        │   │グループ会議              │
│次官会議                        │   │                          │
└──────────────────────────────┘   └──────────────────────────┘
```

図2-4　国安会モデルにおける各会議の関係
（筆者作成）

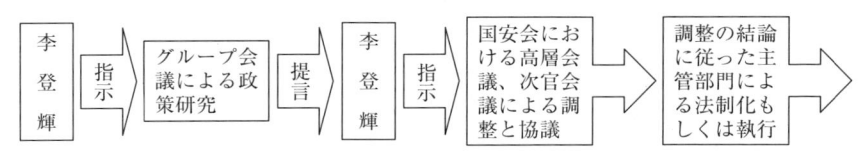

```
┌────┐ 指 ┌────────┐ 提 ┌────┐ 指 ┌──────────┐    ┌──────────┐
│李登│ 示 │グループ会│ 言 │李登│ 示 │国安会にお │    │調整の結論 │
│輝  │──→│議による政│──→│輝  │──→│ける高層会 │──→│に従った主 │──→
│    │    │策研究    │    │    │    │議、次官会 │    │管部門によ │
│    │    │          │    │    │    │議による調 │    │る法制化も │
│    │    │          │    │    │    │整と協議   │    │しくは執行 │
└────┘    └────────┘    └────┘    └──────────┘    └──────────┘
```

図2-5　国安会モデルのプロセス
（筆者作成）

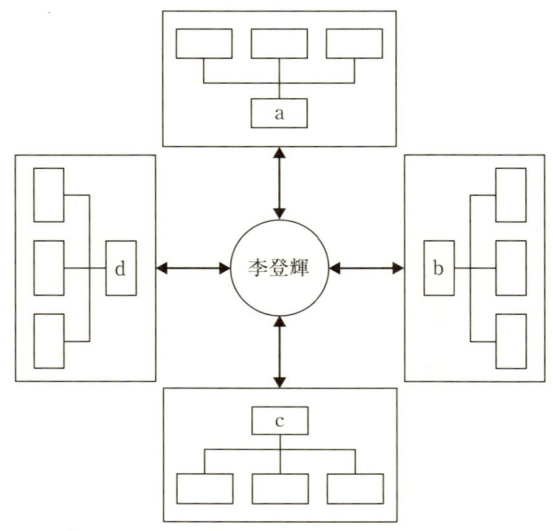

(注) ① 矢印は政策決定の流れを示したもの。
② a、b、c、dは各会議の座長であるが、異なる会議のメンバーあるいは座長が兼務することもある。
③ 図で示した会議の数と実際の会議の数は異なる。

図2-6 国安会モデルにおけるリーダーと各会議の関係
（筆者作成）

くことになる。そのため、図2-3、図2-4のように、国安会モデルは伝統的なピラミッド組織ではなく、総統と各会議の参加者の間の階層性が薄くなったフラット組織として見ることができる。そこでは、会議のレベルにかかわらず、李登輝を中心に多くの政策提言や政策決定の会議が同時に行われた。例えば、長期にわたって日米との対話を行っていた「明徳プロジェクト」、1990年代頃から大陸情勢の分析を行っていた「安陽プロジェクト」、李登輝と江沢民の間の秘密対話チャネルであった密使プロジェクト、コソボ援助における政策決定に関する調整と協議を行った「八徳プロジェクト」などは、その著名な実例であると言える[114]。

国安会モデルのそのほかの特徴として、李登輝に政策提言を行った国安会スタッフは、李登輝の指示があれば、主管機関との間で調整・協議を行うことができた。それにより、政策提言が主管機関に取り込まれる可能性は、前述した私的

政策スタッフ・グループの方式より高くなったと考えられる。さらに、スタッフは参加した会議の数が多ければ多いほど、李登輝とのコミュニケーションが取りやすくなるため、政策過程における影響力が強くなったものと考えられる。

このようなリーダー（李登輝）と各会議との関係は、会議のレベルを無視して簡略化すると、図2-6のように図示することができる。ここでは、リーダーを中心として国安会モデルが運営されている。この方式であれば、フラット組織ならではの水平関係と、既存の政府体制における上下関係を共存させることができ、その結果リーダーと各アクターとの間でより直接対話およびコミュニケーションが行われやすくなるであろう。それは同時に、リーダーが秩序を維持しやすい体制でもある。そのほかにも、各アクターからの情報がリーダーに集められるため、短時間で政策立案・決定に至ることができるようになる。また、フラット組織では、参加した専門家同士の情報交換が官僚制組織よりスムーズにできるため、組織内部における調整と協議がしやすくなると言えよう。

一方、フラット組織のデメリットとして、まず情報がリーダーに過度に集中するため、コミュニケーションが増えれば増えるほど、リーダーの負担が増大することになる[115]。そのため、果たして李登輝がすべての会議において、調整と協議を十分に行うことができたのか疑問を持たざるを得ない。しかも、国安会モデルはインフォーマルな形で李登輝の命令に依存して運営されているため、もし李登輝による調整と協議が有効に機能しなければ、同モデルの全体的な運営ができなくなるものと考えられる。

次に、前述したように、国安会内部、および国安会と行政院の間の職権問題が、機関間の衝突の火種として存在している。国安会モデルの体制において、アクターは参加した会議が多ければ多いほど政策過程への影響力も強くなり、李登輝とのコミュニケーションも深くなる。とくに、国安会スタッフは座長として李登輝と直接コミュニケーションを取ることが多くなる。また、国安会諮問スタッフ、もしくは政府の閣僚の中ですでに李登輝の私的政策スタッフ・グループに参加している者は、国安会に頼らずとも、個人的な関係によって李登輝と直接コミュニケーションを取ることができる。そのため、李登輝が国安会を通じた調整と協議に失敗すれば、既存のピラミッド型組織に比べて、機関間の衝突がさらに起こりやすくなり、より激しい衝突が発生することも考えられる。

小 括

　本章で検討した内容をまとめると、まず台湾政府における既存の組織形態として、「行政―立法」関係と命令一元的な官僚制組織が挙げられるが、両者とも政策決定には不十分な体制である。その結果、両体制に基づいて構築された大陸政策決定過程も有効に機能しなかった。同様に、新しく成立した陸委会と海基会の関係にも構造的問題が存在した。そのため、「国家統一委員会→陸委会→海基会」モデルはピラミッド型組織の形態であるが、運営上多くの問題を残すことになったのである。

　そこで、李登輝は政府内で総統の政策過程に関与した唯一のチャネルである国安会を運営し、総統の命令を中心とした国安会モデルによって政策決定を行うようになった。さらに李登輝は、グループ会議を運営することにより、国安会を通じて政府外部から政策提言を取り込めるようにした。したがって、国安会モデルは、政府内部の調整と協議だけではなく、政府と政府外部をつなげる役割も果たしていたと言える。

　国安会に関しては、いまだ多くの問題が議論されている。国安会モデルのメリットは、リーダーを中心としたモデルであるため、従来の政策決定モデルより組織内部における調整と協議、トップリーダーからの命令の執行がしやすいことである。しかしデメリットは、機関間の権限問題とリーダーの命令への依存などによって、政策決定過程の運営が不安定になりうることである。したがって、国安会モデルは、李登輝の主導で形成された政策過程ネットワークであり、リーダーである李登輝総統の調整・協議にどれだけ積極的に務めるかが、その運営の安定にとって鍵であったと言うことができる。

注

1) 　若林正丈「『保革共存』なき半大統領制――台湾の民主体制と政党政治」日本比較政治学会編『比較のなかの中国政治』(早稲田大学出版部、2004年)、113-130頁。蘇子喬「法国第五共和与台湾当前憲政体制之比較――以憲政選択与憲政結構為中心」『美欧季刊』第13巻第4号 (1999年12月)、465-515頁。林佳龍「半総統制、多党体系与不穏定的民主――台湾憲政衝突的制度分析」林継文編『政治制度』(台北、中央研究院中山人文社会科学研究所、2000年)、177-211頁。隋杜卿『中華民国的憲政工程――以双首長制為中心的探討』(台北、韋伯文化、2001年)。明居正、高朗主編『憲政体制新走向』(台北、新台湾人文教基金会、2001

年)。高朗、隋杜卿主編『憲政体制与総統権力』(台北、財団法人国家政策研究基金会、2002年)。葉俊栄「憲政的上升或沈淪——六度修憲的定位与走向」『政大法学評論』第69号(2002年3月)、29-79頁。田麗虹、前掲書。呂炳寛、徐正戎『半総統制的理論与実際』(台北、鼎茂図書、2005年)。呉玉山、呉重礼編『憲政改革——背景、運作与影響』(台北、五南、2006年)。

2) 拙稿「李登輝総統の大陸政策決定過程——『戒急用忍』を事例として」『日本台湾学会報』第10号(2008年5月)、97-118頁。拙稿前掲「李登輝総統の大陸政策決定モデルに関する一考察——1998年辜汪会見を事例として」。

3) 若林正丈前掲「『保革共存』なき半大統領制——台湾の民主体制と政党政治」。若林正丈前掲『台湾の政治——中華民国台湾化の戦後史』、236-241頁。林佳龍「台湾半総統制的缺失与改進——論総統、閣揆与国会的三角関係」明居正、高朗主編、前掲書、325-349頁。また、隋杜卿、沈有忠は、総統と国会の多数党が異なった時、立法院は総統を制約することが難しいと指摘したが、予算と法律案などの採決で、総統は立法院を尊重しなくてはならないという立法権が行政権を制約できることも示した。隋杜卿、前掲書、173頁。沈有忠「制度制約下的行政与立法関係——以我国97憲改為例」呉玉山、呉重礼編、前掲書、168頁。

4) 中華民国憲法第35～52条。中華民国憲法はこれまで6回にわたって改正されたが、修正条項(増修条文)の形をとっているため本文は無修正である。

5) このプロセスについて、以下の文献を参照。小笠原欣幸「台湾の民主化と憲法改正問題」東京外国語大学海外事情研究所『ポストコロニアル状況における地域研究(2)』(東京外国語大学海外事情研究所、1998年)、59-61頁。若林正丈『台湾——分裂国家と民主化』(東京大学出版会、1992年)、63-93頁。松田康博『台湾における——党独裁体制の成立』(慶応義塾大学出版会、2006年)。若林正丈前掲『台湾の政治——中華民国台湾化の戦後史』、59-88頁。

6) このプロセスについて、上坂冬子、前掲書、161-194頁;鄒景雯前掲『李登輝執政実録告白』、47-90頁を参照。

7) 中華民国憲法第53条。中華民国憲法増修条文第2条(1990年修正案)。

8) 周育仁「総統直選対我国憲政体制之影響」『問題と研究』第35巻第8号(1996年7月)、68頁。

9) 小笠原欣幸「台湾の民主化と憲法改正問題」東京外国語大学海外事情研究所『ポストコロニアル状況における地域研究(2)』(東京外国語大学海外事情研究所、1998年)、59-60頁。郭正亮「尋求総統和国会的平衡——双首長制対台湾憲改的時代意義」『問題と研究』第35巻第7号(1996年7月)、58-60頁。

10) 小笠原欣幸前掲「台湾の民主化と憲法改正問題」、60頁。若林正丈前掲『台湾の政治——中華民国台湾化の戦後史』、218頁。

11) 鄒景雯前掲『李登輝執政実録告白』、336-338頁。

12) 行政院大陸委員会『台海両岸関係説明書——参、台海両岸関係的発展』〈http://www.mac.gov.tw/ct.asp?xItem=61573&ctNode=6235&mp=1〉(アクセス日:2011年5月30日)。

高孔廉、鄧岱賢「両岸関係的回顧与展望」財団法人国家政策研究基金会『国政研究報告』〈http://old.npf.org.tw/PUBLICATION/NS/094/NS-R-094-002.htm〉（アクセス日：2011年5月30日）。「国是会議」は、憲法改正と両岸関係などのコンセンサスをまとめるため開催された。これについて、

13) 黄信介は終始断ったが、国家統一委員会が成立した時、民進党の元老である康寧祥は委員に就任した。「黄信介：国統会的門得得太緊」『聯合報』1990年9月13日。「康寧祥決今正式宣佈参加国統会」『中国時報』1990年10月13日。「国統会保留席次 民進党無意参加」『聯合報』1995年1月28日。「黄信介婉拒出任国統会副主委」『聯合報』1996年10月10日。張慧英、前掲書、66-67頁。

14) 行政院大陸委員会「国家統一委員会設置要点」〈http://www.mac.gov.tw/ct.asp?xItem=62517&ctNode=5661&mp=1〉（アクセス日：2011年5月30日）。

15) 鄒景雯前掲『李登輝執政実録告白』、180-186頁。中華民国総統府「総統府新聞稿――国家統一委員会第五届委員名単」、「総統府新聞稿――国家統一委員会第六届委員及研究委員名単」。

16) 「李六項目提案」の内容は、①両岸分治の現実に立脚した中国統一を追求する、②中華文化の基盤に立つ両岸交流を強化する、③経済貿易交流の増進と相互補完関係の構築を図る、④平等な立場で国際組織に参加し、国際舞台における両岸指導者の会談の実現を求める。⑤平和方式による一切の紛争解決を求める、⑥両岸の協力による香港、マカオの繁栄と民主の促進を望む。「〔参考資料〕李登輝総統六項目提案」『中華週報』第1853号（1998年4月2日）、付録16頁。

17) 張慧英、前掲書、207-208頁。

18) 中華民国総統府「総統府新聞稿――総統批示同意『国家統一委員会』終止運作及《国家統一綱領》終止適用案」。

19) 曾永賢、前掲書、227-232頁。国家統一委員会研究委員A（2006年9月、於台北）、国家統一委員会研究委員B（2010年5月、於台北）へのインタビュー。

20) 国家統一委員会研究委員B（2010年5月、於台北）へのインタビュー。

21) 「国家統一委員会這個花瓶曾経裝過哪些花」『新新聞周刊』第501号（1996年10月13日～10月19日）、28-29頁。

22) 張慧英、前掲書、263頁。陳新民『憲法導論』（台北、新学林、2005年）、446-448頁。国共内戦の勃発を受け、蔣介石は「反乱鎮定動員時期臨時条項」を国民大会（後述）に制定させた。これによって、国家は共産党の反乱鎮圧に一切が動員される、いわば「内戦モード」に置かれる。若林正丈前掲『台湾の政治――中華民国台湾化の戦後史』、73-74頁。

23) 「国安会變身『太上外交部』現形！」『新新聞周刊』第641号（1999年6月17日～6月23日）17-18頁。張慧英、前掲書、263頁。

24) 松田康博前掲「台湾――国家安全会議」、106-109頁。

25) 1995年1月30日、江沢民は「祖国統一の大業達成促進のために引き続き奮闘せよ」とい

第 2 章　大陸政策決定過程の関連機関およびその運営モデル　79

う講演の中で、台湾問題を解決するための八項目提案を明らかにした。両岸では「江八点」と呼ばれる。江沢民「為促進祖国統一大業的完成而継続奮闘」『人民日報』1995年1月31日。日本語訳は：①「一つの中国」の原則を堅持する。②台湾が外国と民間の経済文化関係を発展させることに異議をはさまない。台湾の独立をめざした国際的活動の拡大には反対する。③平和統一交渉を進め、交渉には各政党と団体の代表的な人を参加させることができる。④平和統一に努力する。我々が武力行使の放棄を約束しないのは、台湾同胞に対するためでなく、外国勢力による「台湾独立」の陰謀に対するためである。⑤台湾企業の正当な権益を保護する。三通（通商、通航、通信）の実現を加速すべきである。⑥ともに中華文化の優れた伝統を継承し、発展させなければならない。⑦台湾の各政党の各界人が我々と意見を交換することや、大陸を参観訪問することを歓迎する。⑧台湾当局の指導者が適切な資格で大陸を訪問するのを歓迎する。我々は台湾側の要請に応じて台湾を訪れることを望む。中国人の問題は自ら解決し、国際的な場を借りる必要はない。」「江沢民・中国国家主席の台湾に関する提案〈要旨〉」『朝日新聞』1995年1月31日。

26)　筆者の元国安会スタッフBへのインタビュー（2010年5月、於台北）。「李総統指示研究『江八点』」『中国時報』1995年2月4日。張慧英「研究江八点　国安会保持低調」『中国時報』1995年2月12日。「李登輝靠著江八点拿起国安会的指揮」『新新聞周刊』第414号（1995年2月12日～2月18日）、18-19頁。「『李六条』是誰写的？」『財訊』第158号（1995年5月）、186-187頁。「国安会幕後擬劇本　決策小組幕前大公演」『新新聞周刊』第472号（1996年3月17日～3月23日）、26-29頁。張慧英、前掲書、263-264頁。鄒景雯前掲『李登輝執政実録告白』、268-276頁。また、張建邦・元交通部長、梁山樹、陳必照・ウェイン州立大学名誉教授が1996年以前に諮詢委員として招聘されたという記事があったが、その中で梁山樹は着任する前に病気で亡くなった。「丁懋時愈来愈像総統府国家安全顧問」『新新聞周刊』第445号（1995年9月17日～9月23日）、28-29頁。鄒景雯前掲『李登輝執政実録告白』、292-296頁。

27)　国家安全会議組織法第2～4条。ただし1996年に「総統府組織法」の改正によって参軍長が廃止された後も、2003年に「国家安全会議組織法」が改正されるまで議員リストに載せられたままであった。また、2003年「国家安全会議組織法」の改正によって総統府秘書長は議員から外された。立法院法律系統「国家安全会議組織法——立法沿革」（アクセス日：2011年5月30日）。

28)　政界における詳しい議論とその経緯は、陳新民主撰『1990～2000年台湾修憲紀実——十年憲政発展之見証』（台北、学林、2002年）の「弐、民国八十年修憲紀実」および「肆、民国八十二年有関憲政資訊」を参照。

29)　李念祖「憲政発展中我国総統権力的演変」高朗、隋杜卿主編『憲政体制与総統権力』（台北、財団法人国家政策研究基金会、2002年）、410-411頁。陳新民前掲『憲法導論』、193-195頁。

30)　蘇進強『台海安全与国防改革』（台北、業強出版社、1995年）、112-115頁。陳必照、林正

義「中華民国国家安全政策──大陸、外交、国防、経貿四合一政策的建構」楊志恆等『台湾的国防安全』(台北、業強出版社、1995年)、51-52頁。張中勇「国安会、局的角色定位与功能調整」楊志恆等、前掲書、90-91頁。
31) 蘇永欽『違憲審査』(台北、学林、1999年)、315頁。湯徳宗『権力分立新論』(台北、元照、2000年、増訂二版)、119頁。葉俊栄「憲政的上升或沈淪──六度修憲的定位与走向」『政大法学評論』第69号(2002年3月)、32-48頁。
32) 黄昭元「九七修憲後我国中央政府体制的評估」『台大法学論叢』第27巻第2号(1998年1月)、183-216頁。
33) 丁渝洲、前掲書、438-441頁。
34) 国家安全会議組織法第6条。
35) 筆者の元国安会スタッフAへのインタビュー(2007年9月、於台北)。筆者の元国安会スタッフBへのインタビュー(2010年5月、於台北)。丁渝洲、前掲書、367-369頁。陳水扁政権第一期の時、康寧祥・国安会秘書長は副秘書長および諮詢委員が直接総統に提言、報告するという権限を抑止しようとしていたという。「限縮諮委角色 『始於邱、盛於康』」『中国時報』2003年6月1日。「老康到班三個月、攪亂国安会一池春水」『新新聞周刊』第849号(2003年6月12日~6月18日)、30-31頁。「康寧祥是『国安一大問題』──抗煞不能担重任、国安会裏裏外外都是問題」『財訊』第255号(2003年6月)、195-198頁。
36) これについての議論は、注28~32もしくは以下の文献を参照。張慧英、前掲書、262-265頁。郭吉助「国家安全会議之定位、組織与功能調整析論(下)」『軍法専刊』第47巻第11号(2001年11月)、18-30頁。蘇起、前掲書、18-30頁。丁渝洲、前掲書、367-369頁。
37) 国家安全局組織法第2条。政府の要人のガードも国家安全局が担当する。『国家安全局組織法』第11条。
38) 丁渝洲、前掲書、293-307頁、415-446頁。陳水扁『相信台湾──阿扁総統向人民報告』(台北、圓神、2004年)、71-89頁。周玉蔻『総統内戦──李登輝為何被陳水扁撃敗?』(台北、印刻出版、2007年)、152-161頁。奉天と当陽はコードネームである。
39) 丁渝洲、前掲書、176-179頁。
40) 総統府組織法第9条(1996年案)。
41) 鄒景雯前掲『李登輝執政実録告白』、180-186頁。
42) なお、2000年1月に国防二法の成立、および2001年に参謀本部組織条例第9条の改正によって、参謀総長は国防部長の軍令スタッフとして、直接国防部長の命令に従うことになった。参謀本部組織条例第9条(1978年案、2002年案)。先行研究では、統帥体系における参謀総長の位置づけをめぐって、軍政と軍令の統一、統帥権、および「軍隊国家化」と「シビリアン・コントロール(civilian control、文民統制)」の議論が最も多い。これに関して、以下の文献を参照。蘇進強、前掲書、66-73頁。陳新民「由国防法探究我国統帥権的問題」『新世紀智庫論壇』第10号(2000年6月)、11-12頁。洪陸訓「我国国防両法通過後文人領軍的観察」『国防政策評論』第1巻第2号(2001年1月)、7-37頁。林亮宇『憲政主義下国防法之

研究』（台北、私立淡江大学国際事務与戦略研究所修士論文、2002年）。丁樹範「実施国防二法的意義与未来展望」『国防政策評論』第2巻第3号（2002年3月）、6-33頁。鄭大誠「『国防二法』の評估」『国家発展研究』第2巻第2号（2003年6月）、107-133頁。陳新民前掲『憲法導論』、204-207頁。

43) 総統府組織法第16条。
44) 王銘義前掲『不確定的海峡——當中華民国碰上中華人民共和国』、275-276頁。張慧英、前掲書、208頁。曾永賢、前掲書、222-223頁。
45) 「李登輝和江沢民有一条秘密管道？」『新新聞周刊』第592号（1998年7月12日〜7月18日）、14-17頁。王銘義前掲『対話与対抗——台湾与中国的政治較量』、59-86頁。曾永賢、前掲書、219-298頁。
46) 「代理？暫兼？李登輝曾指示研究適法性」『新新聞周刊』第661号（1999年11月4日〜11月10日）、25-27頁。鄒景雯前掲『李登輝執政實録告白』、283頁。なお、のち丁懋時は総統府秘書長に就任した。
47) 張炎憲主編『李登輝総統訪談録4——財経産業』（台北、国史館、2008年）、44-50頁。曾永賢、前掲書、222-224頁。筆者の陳博志・元行政院経済建設委員会主任委員へのインタビュー（2009年3月、於台北）。筆者のスタッフ・グループのメンバーへのインタビュー（2010年5月、於台北）。「李登輝私人智嚢団大換血」『新新聞周刊』第497号（1996年9月15日〜9月21日）、15-19頁。「李登輝公開『頒奬』 三名幕僚高升官職」『新新聞周刊』第497号（1996年9月15日〜9月21日）、19頁。「双首長制鬧関成功 田弘茂行情漲停板」『商業周刊』第476号（1997年1月6日〜1月12日）、47頁。「蔡政文如何受知於李登輝？」『商業周刊』第476号（1997年1月6日〜1月12日）、48頁。「『両国論』千夫所指 『政大幇』成標靶」『新新聞周刊』第653号（1999年9月9日〜15日）、66-67頁。ただし、陳博志は、1986、87年頃からすでに李登輝の経済・財政スタッフ・グループに参加していたと証言した。鄭中樺の文章は以下を参照。鄭中樺「論台海両岸的関係」『中国大陸研究』第37巻第1号（1994年1月）、5-13頁。鄭中樺「務実外交的国際基礎」『中央日報』1994年11月4日。
48) 陳新民前掲『1990〜2000年台湾修憲紀実——十年憲政発展之見証』、135-141頁。
49) 国家発展会議秘書処「『国家発展会議』総合記録 下」『中華週報』1807号（1997年）、付録11頁。
50) 中華民国憲法第53条。
51) 「徐立徳任陸策組召集人」『聯合報』、1993年7月1日。
52) 「陸策組 定位為諮詢性質」『自由時報』、1993年7月10日。
53) 98民進党中国政策研討会『民主進歩党参加国家発展會議有關両岸政策議題之主張說帖』〈http://taiwan.yam.org.tw/china_policy/p_dpp.htm〉（アクセス日：2011年5月30日）。
54) 筆者の元行政院副閣僚へのインタビュー（2009年3月、於台北）、このような状況は陳水扁政権においても続いていた。筆者の元行政院副閣僚へのインタビュー（2009年3月、於台北）、筆者の陳博志・元行政院経済建設委員会主任委員へのインタビュー（2009年3月、於台

北)。元行政院副閣僚は、李登輝政権と陳水扁政権の両政権でも副閣僚として勤めていた。
55) 行政院大陸委員会「行政院大陸委員会組織条例」
〈http://www.mac.gov.tw/fp.asp?fpage=cp&xItem=62518&ctNode=5661&mp=1〉、「大陸工作組織体系図」〈http://www.mac.gov.tw/ct.asp?xItem=63142&CtNode=6292&mp=1〉、「行政院大陸委員会業務協調会報設置要点」
〈http://www.mac.gov.tw/fp.asp?fpage=cp&xItem=62524&ctNode=5661&mp=1〉、「行政院大陸委員会会議規則」
〈http://www.mac.gov.tw/fp.asp?fpage=cp&xItem=62516&ctNode=5661&mp=1〉（アクセス日：2011年5月30日）。
56) 行政院大陸委員会「行政院大陸委員会諮詢委員遴聘及集会弁法」
〈http://www.mac.gov.tw/fp.asp?fpage=cp&xItem=62522&ctNode=5661&mp=1〉（アクセス日：2011年5月30日）。
57) 筆者の行政院副閣僚へのインタビュー（2009年3月、於台北）。
58) 行政院大陸委員会「本会組織」
〈http://www.mac.gov.tw/ct.asp?xItem=63273&CtNode=5958&mp=1〉（アクセス日：2011年5月30日）。
59) 「国家統一綱領」についても中央常務委員会で報告しただけである。王銘義『不確定的海峡——當中華民國碰上中華人民共和国』（台北、時報文化、1993年）、179-189頁。
60) 筆者の蔣孝厳・立法委員へのインタビュー（2008年9月）。党体制というのは、国民党と政府の党政関係を指す。しかし、国民党は直接国家機関を統制するわけではない。国民党は中央民意代表機構に、党部、党団を設置し、行政院をはじめ、ほかの各院に政治総合小組を設置することで、国家機関に対する党の統制を確保するという間接的な指導のやり方であった。台湾における国民党の党国体制の確立については、小笠原欣幸前掲「台湾の民主化と憲法改正問題」、59-61頁；松田康博前掲『台湾における一党独裁体制の成立』；若林正丈前掲『台湾の政治——中華民国台湾化の戦後史』、59-88頁、を参照。
61) 筆者の蔣孝厳・立法委員へのインタビュー（2008年9月）。
62) 「執政党陸策組 擬転移行政系統」『聯合報』1993年6月6日。「大衙門擺著不用、小官府不乱也難」『新新聞周刊』第277号（1992年6月28日〜7月4日）、28-29頁。蘇起、前掲書、64頁。
63) 「白萬祥曾掌陸工会 三年前病逝」『自由時報』2007年10月15日。
64) 張慧英、前掲書、208頁。
65) 筆者の張栄恭・元国民党陸工会主任へのインタビュー（2006年9月）、筆者の蔣孝厳・立法委員へのインタビュー（2008年9月）。
66) 中華民国憲法増修条文第1条（1994および1997修正案）。
67) 中華民国憲法第35、53条。
68) 中華民国憲法第25、27条。

69) 中華民国憲法増修条文第1条（2005年修正案）
70) 中華民国憲法第62、63条。
71) 花井等前掲『新外交政策論』、21-22頁。また、外交政策だけではなく、行政部門は政策に関する専門的知識と実務の経験を活かし、政策形成の段階で影響を与えるため、立法部門を圧倒するという。これについての解説は、手島孝『現代行政国家論』（勁草書房、1969年）。柴田敏夫「議会と行政——アメリカ合衆国を中心として」『年報行政研究』第10号（1973年5月）、73-108頁。足立忠夫『新訂・行政学』（日本評論社、1992年）。加藤淳子「政策知識と政官関係——1980年代の公的年金制度改革、医療保険制度改革、税制改革をめぐって」『年報政治学』1995号（1995年12月）、107-134頁。加藤淳子『税制改革と官僚制』（東京大学出版会、1997年）などを参照。
72) 岩井奉信『立法過程』（東京大学出版会、1988年）、17頁。
73) 拙稿前掲「李登輝総統の大陸政策決定過程——『戒急用忍』を事例として」。拙稿前掲「李登輝総統の大陸政策決定モデルに関する一考察——1998年辜汪会見を事例として」。松田康博前掲「台湾——国家安全会議」、97-133頁。
74) 田麗虹、前掲書、135-146頁。
75) ただし、陳水扁政権のように、総統が立法院の多数派を代表していない場合では、総統の少数派政権が維持されることが可能である。政策を推進することができないのはもとより、政局の混乱も招きかねない。これについては、小笠原欣幸「陳水扁政権——権力移行期の台湾政治」『問題と研究』第33巻第1号（2003年10月）、63-85頁；若林正丈前掲「『保革共存』なき半大統領制——台湾の民主体制と政党政治」、が詳しい。
76) 王銘義前掲『不確定的海峽——当中華民国碰上中華人民共和国』、313-317頁。沈建中『大陸「海峽両岸関係協会」之研究（一九九一～一九九八年）』（台北、商鼎文化、1999年）、79-80頁。郭瑞華編著『中共対台工作組織体系概論』（台北、法務部調査局、2004年）、111-112頁。若林正丈前掲『台湾の政治——中華民国台湾化の戦後史』、382頁。松田康博はこれについて、中国の対応を、蔣経国をはじめとする国民党指導者との「直接接触＝政治対話」を性急に求めた姿勢から、「間接接触＝実務対話」を突破口として「直接接触＝政治対話」を実現していく姿勢（低いレベルから始めて徐々にレベルを上げて、最後に正式な話し合いをする）に転じたものと性格付けている。松田康博「中国の対台湾政策——江沢民8項目提案の形成過程」『防衛研究』第17号（1997年6月）。
77) 『受託処理大陸事務財団法人訂定協議処理準則』、『大陸事務財団法人設立許可及監督準則』、『財団法人海峽交流基金会組織規程』、『財団法人海峽交流基金会捐助暨組織章程』などの海基会と陸委会との関係に関しての法律は、陸委会のホームページの「大陸事務法規」における「組織類法規」を参照。行政院大陸委員会「組織類法規」
〈http://www.mac.gov.tw/lp.asp?ctNode=5661&CtUnit=3954&BaseDSD=53&mp=1〉（アクセス日：2011年5月30日）。また、上記の法律以外、財団法人海峽交流基金会「本会与行政機関的関係」〈http://www.sef.org.tw/ct.asp?xItem=1518&CtNode=3804&mp=19〉（ア

クセス日：2011 年 5 月 30 日）、行政院大陸委員会「陸委会与海基会関係」〈http://www.mac.gov.tw/ct.asp?xItem=63186&CtNode=6294&mp=1〉（アクセス日：2011 年 5 月 30 日）を参照。

78) ただし、2003 年 10 月に『台湾地区与大陸地区人民関係条例』の改正案が通過したことにより、台湾政府は海基会以外の民間組織に大陸の組織との交渉・協議、調印などを委任することができるようになった。また、海基会も委任機関（陸委会）の許可があれば、ほかの民間組織に両岸交流に関する事務を委任することもできる。行政院大陸委員会『台湾地区与大陸地区人民関係条例暨施行細則』（台北、行政院大陸委員会、2004 年 2 月）、16-17 頁。「台湾地区与大陸地区人民関係条例【総説明暨修正条文対照表】」〈http://www.mac.gov.tw/ct.asp?xItem=68363&CtNode=5836&mp=4〉（アクセス日：2011 年 5 月 30 日）。

79) 井尻秀憲、清水麗前掲「台湾の対中国政策基調と政策決定過程」、124-125 頁。ただし、陸委会主任委員の経験者によると、元々海基会は民間としての交渉機関と位置づけられていたため、すべての大陸政策決定過程ではなく、ただ交渉についての決定過程にしか関与する資格がなかったという。筆者の元行政院閣僚 A へのインタビュー（2007 年 9 月、於台北）。

80) 王銘義前掲『不確定的海峡――當中華民国碰上中華人民共和国』、275-276 頁。張慧英、前掲書、208 頁。曾永賢、前掲書、222-223 頁。

81) 張炎憲編『李登輝総統訪談録 4――財経産業』（台北、国史館、2008 年）、44-50 頁。

82) 例えば、「李登輝私人智嚢団大換血」『新新聞周刊』第 497 号（1996 年 9 月 15 日～9 月 21 日）、15-19 頁。「李登輝公開『頒奨』 三名幕僚高升官職」『新新聞周刊』第 497 号（1996 年 9 月 15 日～9 月 21 日）、19 頁。「双首長制鬧関成功 田弘茂行情漲停板」『商業周刊』第 476 号（1997 年 1 月 6 日～1 月 12 日）、47 頁。「蔡政文如何受知於李登輝？」『商業周刊』第 476 号（1997 年 1 月 6 日～1 月 12 日）、48 頁。

83) 行政院新聞局「関於新聞局――歴任局長――黃輝珍」〈http://info.gio.gov.tw/ct.asp?xItem=28357&ctNode=3473〉（アクセス日：2011 年 5 月 30 日）。

84) 戴国輝、王作栄、前掲書。陸鏗、馬西屏、前掲書、275-292 頁。曾永賢、前掲書、232-236 頁。曾永賢の回顧録では、学界から許介鱗、王友仁・中国文化大学教授も招聘され、このグループに参加したという。

85) 「張栄発献策、李登輝政改――深度報道国策中心在国発会裏的角色」『商業周刊』第 476 号（1997 年 1 月 6 日～1 月 12 日）、42-46 頁。「蔡政文如何受知於李登輝？」『商業周刊』第 476 号（1997 年 1 月 6 日～1 月 12 日）、48 頁。「李登輝私人智嚢団大換血」『新新聞周刊』第 497 号（1996 年 9 月 15 日～9 月 21 日）、15-19 頁。ただし、若林正丈は、李登輝との面会もしくは談話はいずれも台湾でシンポジウムに参加した際に参加者と一緒に行われたのであり、李登輝との私的な面会もしくは意見交換はないと述べ、マスコミの報道を否定した。その中で、1989 年末に「増加定員立法委員選挙」が行われた時、鍾振宏・亜東関係協会駐日代表処副代

表（副大使に相当）は、李登輝総統から若林正丈の選挙についてのコメントを聞けという指示を受け、若林正丈に面会を求めた。若林正丈によると、これが唯一李登輝から直接接触してきたケースであるという。筆者の若林正丈・東京大学教授（当時）へのインタビュー（2009年7月、於東京）。鍾振宏から面会を求めた件については、若林正丈前掲『台湾の政治――中華民国台湾化の戦後史』第4章の注釈3も参照できる。

86) 「李登輝私人智嚢団大換血」『新新聞周刊』第497号（1996年9月15日～9月21日）、15-19頁。「張栄発献策、李登輝政改――深度報道国策中心在国発会裏的角色」『商業周刊』第476号（1997年1月6日～1月12日）、42-46頁。

87) 田辺国昭「行政組織と意思決定」福田耕治、真渕勝、縣公一郎編『行政の新展開』（法律文化社、2002年）、185-204頁。伊藤光利他、前掲書、262-264頁。

88) これについては第一章を参照。

89) 当時の新聞記事より筆者整理。

90) 利益団体・圧力団体もしくは彼らが雇ったロビイストが外交・安全保障政策決定過程に影響を与えうるという研究は、主に米国を事例として研究されたものである。特に米国とイスラエルの安全保障関係が注目されている。例えば、佐藤英夫「アメリカ政治の構造変容と利益団体・ロビイスト」『国際問題』第330号（1987年9月）、2-17頁；小尾敏夫『ロビイスト』（講談社、1991年）；内田満「圧力団体の定義および機能に関する最近の論点」『早稲田政治経済学雑誌』第312号（1992年10月）、37-59頁；John J. Mearsheimer, and Stephen M. Walt, *the Israel Lobby and U. S. Foreign Policy* (New York: Farrar, Straus and Giroux, 2007)。また1970、80年代で、日本経済団体連合会、日本商工会議所が防衛問題について積極的に提言した事例もある（大嶽秀夫『日本の防衛と国内政治』（三一書房、1983年））。そして、外交に関わる経済問題については、日米経済摩擦やヨーロッパなどの事例による研究成果が多い。例えば、草野厚「日米オレンジ交渉の政治過程――日本側輸入業界と米国生産者の立場」『国際問題』第257号（1981年8月）、67-84頁。草野厚『日米オレンジ交渉――経済摩擦をみる新しい視点』（日本経済新聞社、1983年）。田中俊郎「国内利益集団の『欧州化』――ECの共通漁業政策と英国の漁業団体を事例として」『季刊国際政治』第77号（1984年9月）、57-72頁。辻中豊『利益集団』（東京大学出版会、1988年）、187-209頁。内田満『現代アメリカ圧力団体』（三嶺書房、1989年）、52-60頁。

91) 鄒景雯『風雲劉泰英』（台北、四方書城、2002年）、126-128頁。ただし李登輝は、ロビーより米国の民意による力が肝心だと述べた。鄒景雯前掲『李登輝執政告白実録』、264-265頁。

92) 拙稿前掲「李登輝総統の大陸政策決定過程――『戒急用忍』を事例として」を参照。

93) 若林正丈前掲「『保革共存』無き半大統領制――台湾の民主体制と政党政治」、116-117頁。若林正丈前掲『台湾の政治――中華民国台湾化の戦後史』、236-241頁。

94) Philipn Selznick, *TVA and the Grass Roots: a Study in the Sociology of Formal Organization* (Berkeley : University of California Press, 1949)。野中郁次郎『経営管理』（日本経済新聞社、1983年）、31頁。村松岐夫『行政学教科書〔第二版〕』（有斐閣、2001年）、

150 頁。
95) Robert K. Merton, *Social Theory and Social Structure* (Chicago: Free Press of Glencoe, 1949)。西尾勝『行政学〔新版〕』（有斐閣、2001 年）、173-174 頁。
96) 鄒景雯前掲『李登輝執政告白実録』、183-184 頁。
97) 井尻秀憲、清水麗前掲「台湾の対中国政策基調と政策決定過程」、126 頁。陳長文、陳栄傑、邱進益、焦仁和と陸委会との衝突について、「陸委会与海基会一年来両会関係重大事件及争議表」『聯合報』1993 年 1 月 11 日；王銘義前掲『不確定的海峡――当中華民国碰上中華人民共和国』；欧陽聖恩『再見、白手套――海基会 2000 日』（台北、商周文化、1997 年）；方鵬程『台湾海基会的故事』（台北、台湾商務、2005 年）；鄒景雯前掲『李登輝執政実録告白』、185-186 頁、を参照。欧陽聖恩は陳長文の学生であり、1990 年の設立準備から 1996 年にかけて海基会で勤めており、文化処、旅行処、秘書処のそれぞれの処長を歴任した。方鵬程は 1993 年から 2003 年にかけて海基会の綜合服務処、文化服務処、経貿服務処のそれぞれの副処長を歴任した。
98) 王銘義前掲『不確定的海峡――當中華民国碰上中華人民共和国』、275-276 頁。
99) 4 つの取り決めは、「両岸の公証書使用査証の取り決め」、「両岸の郵便書留についての問い合わせと補償についての取り決め」「両会の連携と定期会談の取り決め」および「辜汪会談の共同取り決め」である。日本語訳：「辜汪会談六周年の回顧と展望」『台湾週報』第 2166 号（2004 年 11 月 11 日）、8-9 頁。
100) 邱進益は 1993 年 12 月 1 日まで海基会秘書長を勤めていた。「邱進益：離職前夕贈言焦仁和要忍人所不能忍　海基会秘書長応参与大陸決策」『聯合報』1993 年 12 月 2 日。
101) 筆者の元行政閣僚 A へのインタビュー（2006 年 9 月、於台北）。
102) 「焦唐会談『重新評估』府院関切」『聯合報』1994 年 1 月 16 日。「策略運用　未先溝通　政院高層　一度不満」『聯合報』1994 年 1 月 20 日。「徐立徳本週将召集海陸両会協調」『中国時報』1994 年 1 月 23 日。
103) 例えば、何栄幸「両岸談判　改由『技術官僚』上陣」『自由時報』1998 年 2 月 2 日。王銘義「両岸復談前夕調離談判隊伍　焦仁和無奈与尷尬」『中国時報』1998 年 2 月 3 日。鄒景雯前掲『李登輝執政実録告白』、207-208 頁。方鵬程、前掲書、435-436 頁。
104) 鄒景雯前掲『李登輝給年輕人的十堂課』、234 頁。
105) 筆者の元行政閣僚 B へのインタビュー（2007 年 9 月、於台北）。
106) 96 年以前に李登輝が招集したのは 1 回のみであるが、国家安全会議組織法が公表された 1993 年から、李登輝は正式な国家安全会議を開いたことがない。中華民国総統府「総統府新聞稿――総統主持国家安全会議（2006/05/18）」。
107) 筆者の元行政院閣僚 A へのインタビュー（2006 年 9 月、於台北）、筆者の元行政院閣僚 B へのインタビュー（2007 年 9 月、於台北）、筆者の元国安会スタッフ A へのインタビュー（2007 年 9 月、於台北）。鄒景雯前掲『李登輝給年輕人的十堂課』、133-134 頁。
108) 筆者の元国安会スタッフ A へのインタビュー（2007 年 9 月、於台北）。筆者の元行政

院副閣僚へのインタビュー（2009 年 3 月、於台北）。筆者の元国安会スタッフ B へのインタビュー（2010 年 5 月、於台北）。
109）　張慧英、前掲書、207 頁。
110）　筆者の元国安会スタッフ A へのインタビュー（2007 年 9 月、於台北）。筆者の元国安会スタッフ B へのインタビュー（2010 年 5 月、於台北）。
111）　筆者の元国安会スタッフ B へのインタビュー（2010 年 5 月、於台北）。なお、2003 年の修正では、国安会秘書処（事務局に相当）に研究員を置くことになった。国家安全会議組織法第 11 条（2003 年案）。
112）　筆者の元国安会スタッフ B へのインタビュー（2010 年 5 月、於台北）。「特殊な国と国の関係」について第 5 章を参照。
113）　曾永賢、前掲書、222-224 頁。
114）　「『八徳専案』大曝光　李登輝想当和平先生」『新新聞周刊』第 640 号（1999 年 6 月 10 日～6 月 16 日）、31-36 頁。鄒景雯前掲『李登輝執政実録告白』。「蔡英文：申請経貿無権過問来源　蘇起：曾経参与明徳小組但非核心」『中国時報』、2002 年 3 月 22 日、「台美日明徳小組化解台海危機」『聯合報』、2002 年 3 月 26 日、「明徳成員：対美日工作　不渋金銭交換」『中国時報』2004 年 2 月 27 日。王銘義前掲『対話与対抗―台湾与中国的政治較量』、59-86 頁。なお明徳、安陽、八徳はプロジェクトのコードネームであるが、密使プロジェクトのコードネームは不明である。
115）　井原久光、前掲書、221-222 頁。

第3章

「辜汪会見」
― 組織的政策決定 ―

問題の所在

　本章では、台湾側の海基会と大陸側の海協会のそれぞれのトップ、辜振甫・海基会理事長および汪道涵・海協会長によって1998年10月に行われた「辜汪会見」をめぐる4つの方針決定の事例を検討したうえで、国安会モデルをより精緻化することを目的としている。

　序章において論じたように、1995年6月、李登輝総統の米国訪問によって、大陸は1995、96年の台湾海峡危機を引き起こした。その過程で両岸の交渉・接触は中断したが、1996年李登輝が初代直接民選総統に就任して以来、台湾政府は改めて両岸の交渉回復を図るため努力するようになった。そこで、海基会と海協会の交流が98年2月下旬から一時回復した。さらに10月には辜振甫の大陸訪問によって93年の辜汪会談以来の海基会と海協会のトップの会見、つまり「辜汪会見」が実現し、台湾海峡危機以来の緊張関係を緩和させた。

　しかしながら、「辜汪会見」は米国が台湾へ大陸との政治交渉を行うようプレッシャーをかけたことによって実現されたとされている。1996年以後、大陸は事務的交渉を行っても、両岸における政治的対立を解消することができないとし、統一交渉の前段階を意味する「一つの中国の原則の下で、両岸の敵対状態を終わらせる」ことについての政治交渉（政治交渉とは、当時統一交渉の前段階を意味していた。以下、政治交渉）を推進しようとしていた[1]。特に、1997年9月12日の15回共産党大会において、江沢民・中国共産党中央委員会総書記が「一つの中国」原則および江沢民八項目提案を提起し、一つの中国の原則の下で

両岸の敵対状態を正式に終わらせることについて交渉し、合意に達し、共同で中国の主権と領土保全を守るとともに、今後の両岸関係の発展についてプランを作ろうという政治交渉について明言したことがその代表的なものであった[2]。
　さらに、大陸が打ち出した政治交渉によって、台湾は米国から2つのプレッシャーを受けていた。1つは、クリントン政権と関係を持つ研究者、及びクリントン（William J. Clinton）政権の国務省高官が、拘束期間を数十年とし、現状の維持を図るため両岸は「枠組み合意」もしくは「暫定協定（interim agreement(s)）」を締結したほうがよいと提案したことである。もう1つは、クリントン大陸訪問の時、米国の「一つの中国と一つの台湾」と「二つの中国」を支持しない、「台湾独立」を支持しない、主権を要件とする国際機関への台湾加盟を支持しないという「三つのノー」を明言したことである[3]。
　ところが、大陸がこれまで一方的に「台湾は中国の一部であり、中国の主権と領土は分割できない」と主張していたのに対し、台湾側は、未来においては一つの中国を求めるが現実は二つの政治実体であると主張し、大陸の交渉・対話再開の条件を受け入れていなかった[4]。しかも、このような米国と大陸からのプレッシャーによって台湾は大陸の主張に圧倒されると思われた。また、台湾内部においても不安があった。例えば、辜汪会談において、野党の民進党はそれを批判しただけではなく、シンガポールへの抗議さえ行い、その上、国会で辜振甫個人への批判も行った[5]。台湾政府の決定過程においても、陸委会と海基会が終始対立していた[6]。にもかかわらず、台湾は「辜汪会見」を実現させ、中華民国の存在および台湾における民主化をアピールするという成果を獲得した。その成果は台湾の与野党も高く評価したし、そこでの政府の運営も高く評価された[7]。
　つまり、「辜汪会見」は国外からのプレッシャーを受けただけではなく、かつての経験によって国内の野党による反発および政府組織内部の対立の可能性も高かった中で実現したのである。したがって、台湾政府がどのように政策を立案し、執行するのかという政策過程の運営に対する視点は、両岸関係および台湾の大陸政策に関する研究の中で重要な位置を占めると考えられる。
　しかしながら、「辜汪会見」についての先行研究は、政策過程ではなく、会見の成果、両岸の交渉構造のみを重視している。防衛庁防衛研究所の研究グループは、アクターを米中台とし、中台の交渉構造は国力の非対称によるものである

と指摘し、「辜汪会見」における中台の対話の「回復」の戦略およびそれについての影響を検討した[8]。丁樹範・国立政治大学国際関係センター研究員は、1996年以後の米中台関係を分析した際に、中国大陸が対米政策をはじめ、両岸関係に優位を占めるための有利な国際環境を作り、台湾に大陸との政治交渉を行わせようとしていたとしている[9]。林文程・国立中山大学教授はいくつかの事例から中共の交渉手法を検討した上で、防衛研究所の研究グループと同じ視点を用い、中共が米国を利用して台湾にプレッシャーをかけるという両岸交渉の構造について検討した[10]。柳金財・育達商業技術学院教授は、中共の交渉戦略と目的から「辜汪会見」の成果を検討し、実務外交を強化して大陸との交渉における「対等的地位」を求めなくてはならないと指摘した[11]。程長志・慈済技術学院准教授は国共交渉（1937年、1945年、1949年）、香港返還交渉、マカオ返還交渉における交渉構造と中共の交渉戦略を比較した上で両岸の交渉を分析し、台湾は大陸にとって優位である国際環境を変えることはできないものの、「辜汪会見」において中共にとって痛手となりうる民主主義を強調する戦術によって反撃できるとコメントした[12]。黄嘉樹・中国人民大学教授と劉杰・中国社会科学院副研究員は両岸交渉の歴史、プロセス、内容を検討し、主権を含めた政治問題が交渉の主な障害となったため、政治交渉を行うべきだと主張した[13]。

また、両岸関係を扱うジャーナリストの多くは、「辜汪会見」における李登輝もしくは辜振甫個人の人格的特質に注目している。しかしながら、それらは経験主義に基づく批判や単なる事実の記述の水準に留まっており、理論的背景をもった体系的分析が行われているわけではない[14]。

そして、初代直接民選総統に当選した時の李登輝が安全保障政策についての調整および助言の機能を持つ国安会を中心として大陸政策決定過程を運営したことが指摘されていた[15]。「辜汪会見」を事例として国安会の運営を検討したのは松田康博の研究のみである。しかしながら、松田の研究には、その研究プロジェクトの主題であるNSC（国安会）を検討の中心としたため、会見をめぐる全般的な政策決定過程、特に李登輝がどのように政策過程を運営したのかについての検討が欠けたものとなっている[16]。

ところが、以上の指摘だけではなく、李登輝政権期の大陸政策決定過程においても、「辜汪会見」は政策過程論をめぐる重要な問題点を解明する鍵であると指

摘した。にもかかわらず、序論で提起したように、「戒急用忍」および「特殊な国と国との関係」発言のように、政策過程における組織的調整、協議を経ておらず、李登輝の個人的な意思によって発表されたと言われる政策決定があった。要するに、「辜汪会見」をめぐる方針の政策決定は単なる国安会の組織的運営によるものだけではなく、李登輝が中華民国総統として、組織的に大陸政策決定過程の運営を成功させたモデルケースであると言える。

そのため、本章の作業は、これまで空白となっていると言ってもよい李登輝政権期における大陸政策決定過程の研究を補うだけではなく、今後台湾の大陸政策決定過程の理論的分析を進める上で貢献することができる。さらに、モデルケースの事例を分析して解明した結果は、第2章で提起した国安会モデルの活用を実証するのみならず、その精緻化をすることもできる。

以上の問題意識を踏まえ、本章は第2章の分析および以下の構成によって、「辜汪会見」をめぐる4つの方針の政策決定過程を明らかにする。第1節で海協会から焦仁和・海基会副理事長兼秘書長へのシンポジウム招聘、第2節で98年2月20日行政院長の施政報告、第3節で海基会をめぐる人事調整、第4節で「辜汪会見」における各目標の決定過程を分析する。最後に、4つの方針をめぐる政策決定の分析に基づき、第2章においてまとめた国安会モデルを精緻化し、体系的に李登輝の大陸政策の政策過程ネットワークをについて分析する。

なお、各節では、その方針における「辜汪会見」だけではなく、1998年に回復した両岸の対話と交流に関する意義を説明した上で、前章で提起した国安会モデルを用いて分析を行うが、いずれの方針決定においても最初に政策を提言したタイミングが必ずしも明らかでない場合が多い。

第 1 節　方針 1 ―海協会から焦仁和・海基会副理事長兼秘書長への
シンポジウム招聘―

1. 方針の意義

　初代直接民選総統に当選してから、李登輝は両岸の対話再開を推進した。総統選挙が終わった時に、再選した李登輝と副総統当選者の連戦・行政院長は相次ぎ「対話再開」を大陸に呼びかけた。また、連戦が米国のテレビ局CNNの記者から「台湾側はどのように両岸関係を協力、協調、対話の方向へ導くのか」との質問を受けた時、「向こうも現状を抜け出そうとしているかもしれない」と述べ、台湾側も大陸からの対話再開の呼びかけがあれば拒否しないという態度を示唆した[17]。李登輝は1996年5月20日の就任演説において大陸を訪問したいという意欲を示し、対話を求める姿勢を内外に明示した[18]。96年4月29日、海基会は海協会へ公文書を送り、海基会と海協会のトップ会談および対話再開を呼びかけたが、海協会に拒否された。7月3日、海基会は海協会の役員会との相互訪問を海協会へ提案したが、海協会は態度を明確にしなかった[19]。また、96年6月21日、シュワブ（George D. Schwab）・全米外交政策協議会（National Committee on American Foreign Policy, NCAFP）会長は大陸への訪問が終わった後台湾を訪ね、汪道涵がハワイで辜振甫と面会したがっている旨を辜振甫に伝えた。辜振甫は李登輝の許可を得てシュワブに返答を伝えたが、シュワブのもとに汪道涵からの返事は来なかった。結局97年3月4日、シュワブから、大陸はしばらく台湾との対話ができないとの返事が来た。また、辜振甫は97年7月の香港返還記念式典に出席した際、汪道涵と面会するつもりであったが、大陸は汪道涵ではなく、唐樹備・海協会常務副会長を派遣した。さらに、都合によって香港では面会できないという汪道涵から辜振甫への伝言もあった[20]。

　このように大陸が台湾との対話再開を求める流れと、それを押しとどめようとする流れが交錯する中で、海協会は焦仁和をアモイで開かれる予定のシンポジウムに参加させるように海基会に要請した。これは、第3次台湾海峡危機以来大陸がはじめて海基会の大陸訪問を要請したのである。そのため、この要請は、大陸が台湾との対話、交流を再開したいシグナルと見なされていた[21]。

2. 政策提言

　大陸にはしばらく台湾との交渉を再開する意思が見あたらなかった。97年は大陸が香港返還や第15回共産党大会や、全国人民代表大会をめぐる人事交代などの問題に対応しなくてはならないことから、台湾問題を先送りし、98年春頃に台湾との交渉を再開するのではないかと台湾政府は判断した[22]。そのため、台湾政府は交渉が再開したらすぐ対応できるように、2回目の辜汪会談に向かって関連事務を整えていた[23]。

　さらに、李登輝は、大陸が両岸の政治交渉を推進する可能性があるためそれに対応する準備を整えなくてはならないと考え、曾永賢・国策顧問を中心に、張栄豊・国安会諮詢委員、張栄恭・中央通信社副編集長兼大陸新聞部主任、蔡英文・国立政治大学教授、葉國興・元国家政策センター副執行長などを召集し、政治交渉について検討する政策スタッフ・グループを立ち上げた[24]。つまり、このスタッフ・グループを、近い将来行われるであろう両岸交渉の再開に具体的に対応するため、立案し、総統に提言するスタッフと位置づけ、もし状況に変化が起これば、総統は速やかに提言に基づいて政策過程を運営し、対処を始める体制を固めたことになる。

　ここで、10月中旬、劉剛奇・海協会副秘書長から張良任・海基会副秘書長に電話で連絡があり、海基会は海協会がアモイで開く予定のシンポジウムに参加する可能性があるかを尋ねた[25]。前述のスタッフ・グループは李登輝に、辜振甫を中心とした海基会理事会が大陸を訪問するということを海協会に提案しようと李登輝に提言した[26]。

3. 政策決定

　そこで、10月下旬、スタッフ・グループによる提言を受け入れた李登輝が高層会議において行った指示を受けた海基会は、辜振甫を中心とした海基会理事会が大陸を訪問するという提案を海協会に伝えた。

　ところが、海協会は海基会からの提案に返答せず、97年11月6日、焦仁和をシンポジウムに招聘する公文書を海基会へ届けた[27]。そのため、李登輝は高層会議を開き、さらにこの公文書への返答についての討議を行った。高層会議の参

加者らは、大陸側が一方的にシンポジウムの日程、場所、テーマを決めたことのみならず、台湾側の参加者を指名したこと、および焦仁和の講演原稿を事前に審査することが条件になっていることなどについて、何か隠れた政治的目的があるのではないかという疑義を提起した。さらに、焦仁和が台湾の戒急用忍政策を批判するシンポジウムに出ることの是非も争点であった。結局、李登輝は再び前述のスタッフ・グループの提言に基づき、辜振甫の大陸訪問を提案するようにと海基会に指示した[28]。

これに対し、海協会は、段階的に海基会と海協会の交流を推進したほうがよいとして、海基会による辜振甫の大陸訪問の提案を拒否した[29]。さらに、唐樹備は、両岸の交渉が回復する前に、焦仁和との会談(以下、焦唐会談、大陸では唐焦会談という)を優先的に行うべきだと明言した[30]。しかも、それが台湾に拒否された形になったため、海協会はシンポジウムを取り止めた[31]。

4. 分　　析

政策決定のプロセスからみれば、このスタッフ・グループはグループ会議にあたると考えられる。本事例では、李登輝は事前に成立したグループ会議の提言を受け入れてから、高層会議を開き、結論を打ち出した。この関係は図3-1のように示すことができる。しかし、筆者が関係者に行ったインタビューにより、このスタッフ・グループの存在については、行政院における閣僚レベルの関係者だけではなく、参与していない国安会スタッフにも事前に知らされていなかったことが判明した。こうした点から、グループ会議は総統に直属し、総統と少数の関係者しか知らず、独立性が強い政策研究タスク・フォースであることが明らかになった。

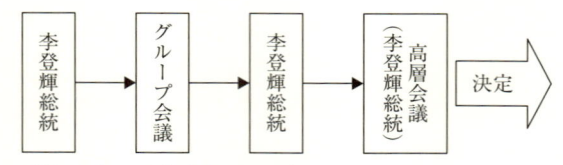

李登輝総統 → グループ会議 → 李登輝総統 → 高層会議(李登輝総統) → 決定

(注)矢印は政策決定の流れを示したもの
図3-1　グループ会議の政策への影響のプロセス
(筆者作成)

第 2 節　方針 2 ― 98 年 2 月 20 日行政院長の施政報告 ―

1. 方針の意義

　前述のように、1997 年 9 月 13 日、江沢民が中国共産党第 15 回党大会で、「一つの中国」原則の下で両岸の敵対状態の終結についての交渉を行おうと呼びかけた。自らの権力基盤が固まった第 15 回党大会において、江沢民が具体的に話し合いの内容を明示したため、これは大陸が台湾との政治交渉を推進するシグナルを出したものだと推測される[32]。

　それ以来、大陸は両岸の政治交渉を推進するためいくつかの行動をとった。まずは汪道涵の呼びかけであった。11 月 17 日、台湾の野党である新党との会合において、「『一つの中国』とは中華人民共和国でもなければ、中華民国でもない。両岸の同胞が共に統一を成し遂げた中国である」、「いわゆる『一つの中国』とは一つのまだ統一されていない中国のことであって、共に統一された中国に向かって邁進しなければならない」という「一つの中国」の新解釈を提起した[33]。また、梁粛戎・元台湾立法院長（国会議長に相当）との会合において、早めに「焦唐会談」と「辜汪会談」を行うことを呼びかけた[34]。さらに、汪道涵は海協会の機関誌『両岸関係』において 1998 年の元旦祝辞を発表し、両岸が早めに政治交渉を始めるようにと呼びかけた[35]。そして、97 年 11 月の時は台湾側による辜振甫大陸訪問の提案を拒否したのではなく、先に焦仁和と面会を行ってから、民間のハイレベル会談を回復させたいと述べ、台湾との対話の再開を拒否するつもりのない立場を示した[36]。

　次に、大陸の政府レベルの要人も動いた。陳雲林・国務院台湾弁公室主任は 12 月に香港において高清愿・統一グループ会長、国民党中常委と密会し、政治交渉における予備交渉に関する調整を行ってから、ほかの問題についての交渉を行わせてもよいという李登輝への伝言を頼んだ[37]。江沢民は 97 年の大晦日に、台湾側が「一つの中国」原則のもとに交渉を行うという呼びかけに早く対応するようにという期待を述べた[38]。陳雲林は、海基会と海協会による協議において衝突のあった根深い問題は既に深く政治問題に抵触し、政治問題に触れなければ事務的交渉も実質的な進展は得にくいと述べ、政治交渉を呼びかけた[39]。銭其

琛・国務院副総理は、「江八点発表三周年記念座談会」において政治交渉を呼びかけたのみならず、極めて頑固な台湾独立者を除き、台湾各界との接触を広げ、相互信頼の醸成を望むと発言した[40]。

そして、大陸は米国を通じても台湾にメッセージを伝えた。ペリー（William J. Perry）・元国防長官とスコウクロフト（Brent Scowcroft）・元国家安全保障担当大統領補佐官などの米国における安全保障問題の元政府関係者を中心とした視察団が台湾を視察した。その際、台湾訪問に先立ち、大陸を訪ねた時に、大陸の高官が無条件で対話を再開したいとペリーたちに伝えたことを、ペリーは張京育・陸委会主任委員に対して述べた[41]。

そこで、1998年2月20日行政院長の施政報告（所信表明に相当）は、大陸側からの一連の政治交渉に関する攻勢への反撃、もしくは立場の表明になったのである。

2. 政 策 決 定

海協会の焦仁和に対するシンポジウム参加の要請によって、李登輝は両岸の対話と交渉再開の可能性を見通し、11月14日国安会の下において両岸関係策略グループ（以下、策略グループ）を立ち上げた。メンバーは、丁懋時・国安会秘書長、黄昆輝・総統府秘書長、林碧炤・国安会副秘書長、張栄豊、曾永賢、蘇起・総統府副秘書長、殷宗文・国家安全局長、行政院副院長（章孝厳、のち劉兆玄）、張京育、胡志強・外交部長であった[42]。これは、国安会秘書長を中心とした、総統府、国安会、行政院閣僚による高層会議レベルの調整、協議グループであった[43]。策略グループの成立によって、台湾政府は大陸からの政治交渉の攻勢に対して体勢を整えたと言えよう。ここで、台湾側の反撃が始まった。

まず、李登輝が第5回国家統一委員会第一次会議における講演で海基会と海協会の交渉再開を呼びかけた。その核心内容は、「われわれは、両岸が早急に交渉を再開し、2年前の6月に中共が一方的に中断した海峡交流基金会と海峡両岸関係協会の会談を開始すべきであると主張している。同時にわれわれは、両岸間のすべての交流と交渉は、歴史的事実の尊重を出発点とすべきであり、民衆の権利の保障を基礎に据え、前提条件を設けず、誠意と善意を示してこそ、相互の懐疑心を氷解させ、コンセンサスも得られると認識している」である[44]。

また、李登輝が『産経新聞』のインタビューを受けた時、「接触せず、交渉せず、妥協せず」という三不政策にこだわらず、前提条件を設けずに北京との対話を回復し、常に話し合うといった関係を維持するとの見解を明らかにした[45]。

さらに、象徴的かつ実質的意義を考えた上で、策略グループは蕭萬長・行政院長に、台湾政府において最も正式な態度表明の場の一つである立法院における行政院長の施政報告（所信演説に相当）で重要な発表を行わせた[46]。1998年2月20日、蕭萬長は施政報告で、「私は、第二回辜汪会談は海峡両岸の平和の強化および国家の民主統一への起点になるものと認識している。一歩一歩対話を進めていき、とくにこれまでの交流において発生している両岸人民の権利と利益に影響を与える問題は、双方合意のうえ協議の優先事項とすべきである」と明言した[47]。

この報告には2つの意味がある。第1に、本来、両岸の間における多くの問題は政治が絡んでいる。そのため、大陸が「これまでの交流において発生している両岸人民の権利と利益に影響を与える問題は、双方合意のうえ協議の優先事項とすべきである」という箇所を「台湾は政治交渉を受け入れた」と解釈できるのに対し、台湾はそれを「事務的交渉の再開」に留めたと解釈できる。しかも、政治交渉のテーマを大陸における民主化の推進とすることもできる。第2に、台湾政府は、このような各自別な解釈ができる内容によって辜振甫の大陸訪問への道を開こうと考えていた[48]。つまり、台湾側は大陸側の解釈に関して関知、および肯定もしくは否定もせず、ただ交渉が前進すればよいと考えていた。

そこで4日後の2月24日、海協会は海基会に、辜振甫の大陸訪問を歓迎し、政治交渉における予備交渉を行うついでに経済的、事務的交渉を再開するという公文書をファックスによって送った。これは1995年6月海協会が両岸の対話、交渉を中止して以来はじめて正式な公文書を送り、対話再開の意欲を示したものであった。

3. 分　　　析

ほとんどの関係者らは、蕭萬長の報告によって大陸は正式に態度を示したと評価した[49]。因みに、大陸側の解釈に関して関知、および肯定もしくは否定もせず、ただ交渉が前進すればよいという曖昧性を創造したと考えられる。このよう

な曖昧性によって対話再開につながったと言えよう。

そこで、この方針決定は高層会議レベルの策略グループが指導力を発揮し、政府レベルの大陸政策を決定して打ち出したものであるとの指摘ができる。このように総統府、国安会、行政院における大陸政策の専門家を集めたため、専門家の力を合わせて問題を対処したと言ってもよい。

しかしながら、策略グループの決定に参与していない行政院長は、法的には最高行政機関首長であるものの、この事例において単なる執行者に過ぎないかのように見えた。さらに、陸委会主任委員は大陸政策主管機関の首長であるものの、この調整プロセスにおいては単なる一人の参加者に過ぎなかった。そのため、高層会議レベルにおける調整、協議の体制では、最高行政機関首長と政策主管部門の首長は、政策過程における地位が下がったように見えた。ただし、陸委会の政策過程における地位が下がってきたように見えた原因としては、大陸政策が多くの分野に関連したことも挙げられる。したがって、陸委会よりさらにレベルが高い調整・協議のメカニズムができれば、陸委会の地位が下がってきたように見えたことも、当然であると指摘できる。

また、総統府のスタッフと諮問職、国安会の諮問スタッフが策略グループの中に合わせて7人いた。これに対し、党の幹部はこの調整グループに入っていなかった。したがって、策略グループは総統府がイニシアチブを握ったものであると言えた。また、李登輝が党の大陸政策への関与をできる限り抑えたかったことも考えられる。

第3節　方針3―海基会の人事調整―

1. 方針の意義

既述したように、邱進益の秘書長更迭は代表的な事例であるが、陸委会と海基会の衝突は派閥によるものだけではなく、組織的・機能的立場の相違も反映していたとされている。また、歴代の海基会秘書長が「使命感」に基づき陸委会の権限を超えた行動を取ってきたことは、両者がしばしば衝突した主な原因であると思われていた[50]。そのため、対話、交渉再開の前に、決定者と執行者におけ

る衝突をどのように回避し、意志を一致させるかということは、台湾政府にとって、解決しなくてはならない課題であろう。

　しかしながら、総統府から陸委会副主任委員に、さらに邱進益の辞任によって海基会秘書長に転任した焦仁和は、李登輝と黄昆輝・陸委会主任委員の信頼を得たと思われていた。にもかかわらず、焦仁和が辜汪会談もしくは焦唐会談のような両岸におけるハイレベル対話を推進すべきだということを提案した時、陸委会からの批判を浴びる結果となった。そして、1995年、蕭萬長が陸委会主任委員に就任した直後、海基会と海協会の交渉が行われた。その際、交渉の際に焦仁和を中心とした海基会交渉団の現場における対処が把握できないと陸委会は海基会を批判した[51]。このように、両岸の交渉・対話では、再び大陸政策主管機関である陸委会と現場の執行者である海基会における衝突が起こってしまい、歴代の秘書長のように焦仁和もまた、極めて短い期間で信頼を失ってしまったものと考えられる。そのため、「辜汪会見」をめぐる政策過程では、焦仁和に代わって李登輝および政府が信頼できる人物を海基会秘書長に充てることが、必須の課題になったと言うことができる。

2. 政策決定

　政治交渉の開始を対話再開の条件として要求するという大陸の態度が次第に明らかになってきたため、策略グループは、前述の事例における行動のみならず、大陸政策決定と執行のメカニズムにおいて徹底的に人事調整に踏み込まないと、新たな状況に対応できないことになるであろうという問題提起をした。そこで、総統の裁決に従い、焦仁和を僑務委員会主任委員（華僑事務を担当する閣僚）に転任させ、元陸委会副主任委員であった許恵祐・国民党中央委員会秘書処主任を海基会副理事長兼秘書長に転任させることになった[52]。

　本来、行政院は許柯生・陸委会副主任委員に海基会秘書長を兼任させる計画を練っていた。許柯生は駐米代表処経済組長、経済部国際貿易局副局長、経済部常務次長（事務次官に相当）を歴任したため、経済貿易をめぐる交渉の経験が豊富であった。さらに、蕭萬長に信頼されていたと言われる。そのため、行政院が海基会を指揮しようとするならば、許柯生は適任であると言われた[53]。また、兼任について言及されたが、1993年焦仁和のように、許柯生を海基会秘書長に転

任させるかもしれないこともマスコミに取り上げられた[54]。海基会の主要人事はマスコミを騒がせる大問題となったのである[55]。

ところが、辜振甫は、政府官僚である許柯生が海基会秘書長を兼任するという人事提案が、海基会理事会における民間人理事からの批判を招きかねないことに配慮し、改めて許恵祐の転任案を支持した。また、許柯生が陸委会副主任委員として海基会秘書長を兼任すれば、両岸が政府間の公式的な交渉となるが、当時の情勢からみれば公式的な交渉の段階に入るのはまだ早いという台湾政府の配慮もあった。そして、高層会議では、第一副主任委員が海基会秘書長を兼任すれば、ほかの副主任委員は海基会を指揮することができない恐れがあるということも提起された[56]。

そこで、総統府内の考えに従って、行政院は許恵祐の人事を受け入れたのである[57]。許恵祐は、海基会法律服務処処長、海基会副秘書長、陸委会副主任委員を歴任したが、1997年の南投県長選挙で敗北した後、国民党中央委員会秘書処主任に就任した。両岸交渉において、許恵祐は、台湾側の権益を損ないかねない主張に対して大陸が譲歩しない場合には、交渉を決裂させてもかまわないという強硬な交渉態度を取ることで知られていた。唐樹備をはじめ、大陸側の海協会の歴代交渉代表は、許恵祐が苦手だったとしている。このため許恵祐は李登輝の信頼を得ていたと言われている[58]。

一方、立法院が「受託処理大陸事務財団法人監督条例」を修正したことによって、陸委会の官僚の海基会における兼任が承認された[59]。まもなく詹志宏・陸委会企画処処長を海基会副秘書長に、謝福源・陸委会法政処副処長を海基会法律服務処処長に兼任させる人事が実施されたのはこのためである。このため、海基会と陸委会の実質的一体化が進んだことを意味し、後に「海陸一家」と言われるようになった。

3. 分　　　析

このような人事調整は、最初から海基会には交渉の人材もしくは台湾政府のトップに信頼される人がいないからなのではないかとマスコミに批判された[60]。また、焦仁和の交代はトップが彼の交渉態度を信用しなくなったことによる結果だとされている[61]。

より正確に表現するなら、このような調整は、政策決定機関とされている陸委会と政府の代わりに現場において政策を執行する海基会との統合が行われたことを意味していたと言えよう。要するに、これはかつて起こった陸委会と海基会における委任関係をめぐる衝突を避けるため、台湾政府が陸委会と海基会の人事統合を行った結果、海基会が民間機関としての政府代理人から、委託する側の陸委会とほぼ一体化したということである。

　ただし、陸委会副主任委員が海基会秘書長を兼任するという提案が反対された理由からみれば、政治交渉の段階に入るかどうかについて、台湾においてまだコンセンサスができていなかったため、台湾政府はしばらくこの問題についての議論を回避したかった可能性もある。また、陸委会と海基会における組織・機能的立場の相違、およびそれをめぐる人事問題の複雑さについてもさらに明白になった[62]。

第4節　方針4―「辜汪会見」における各目標の決定過程―

1. 方針の意義

　前述のように、「辜汪会見」を行う前に、台湾は、大陸および米国から接触回復をするようプレッシャーを受けていた。このように当事者以外の国際的なプレッシャーがあったため、両岸関係における自らの立場をどのように対外的にアピールするかということが、「辜汪会見」における台湾側の主たる課題となったのである。そこで、台湾政府は、「民主」と「対等」を「辜汪会見」のスローガンとして、民主主義および中華民国の主権が中華人民共和国に属さないという会見方針によって台湾の存在をアピールした。そのため、この会見方針の決定過程が重要であったことは言うまでもない。ここではその会見方針の決定過程を分析する。

2. 政策決定

（1）「民主主義の宣伝」の決定過程

　1998年10月18日、辜振甫および許恵祐、張栄恭・国民党陸工会主任、詹志宏の海基会訪問団のメンバーは北京の釣魚台国賓館において江沢民と面会した。この面会において、江沢民に対して辜振甫は台湾の民主化の成果を提起し、議論を主導したのである。江沢民は大陸での直接民主主義の推進は無理であると反論したものの、台湾の民主化の成果についてあえて反論しなかった。この内容は実質的に民主化の意義を議論したとされているため、この面会は台湾のジャーナリストらに高く評価された[63]。

　ところが、民主主義の宣伝については当初から策略グループで決まっていたわけではなかった。民主主義を宣伝するオプションには、汪道涵に年末に予定されている台湾の選挙視察を要請するという案があった。ところが、胡志強は選挙視察の際、汪道涵がほかの政党の候補を応援するような状況が発生すると国民党の選挙に悪影響を与えるかもしれないという憂慮を表明した。張京育は、訪問の目的を選挙の視察に制限すれば、大陸側は受け入れることができないであろうと憂慮し、汪道涵の台湾訪問における目的を設定しないほうがよいと考えていた。これに対し、これを提案した許恵祐は台湾における民主化の成果を目立たせる方が大切だと主張した。このように、各機関における合意が形成されなかったため、この提案は策略グループにおいて裁決されなかったのである。しかし、李登輝が大陸訪問において「民主」を積極的に打ち出す案に支持を与えたため、この計画は最終段階で復活したのである[64]。ただし、汪道涵の台湾訪問は李登輝の「特殊な国と国の関係」発言に大陸が反発したことで、実現しなかった。

（2）「ポツダム宣言の提起」の決定過程

　国安会のスタッフは、1945年に日本に無条件降伏を迫ったポツダム宣言によって台湾が中華民国に帰属することになった事実を明らかにすることができるという主旨を、辜振甫に発言させるよう策略グループで提言した[65]。そこで、10月14日の第一回の「辜汪会見」において、汪道涵が前述の「一つの中国」の新解釈を提起したのに対し、辜振甫はポツダム宣言を提起し、台湾の主権は中華

民国に属することをアピールし、大陸の主張に反論した[66]。
　しかしながら、李登輝はポツダム宣言およびそれを明言するタイミングを事前にすべての訪問団メンバーに知らせたわけではない。どのレベルまでこの提案について知っていたかについて、筆者は訪問団メンバーにインタビューを行ったが、事前に知っていたという証言は得られなかった[67]。さらにポツダム宣言提起の提案は、蔡英文が座長として、のちに「特殊な国と国の関係」について提案した国安会グループ会議レベルの「強化中華民国主権国家地位」研究グループによる成果であったという[68]。そのため、ポツダム宣言提起案に関して事前に詳しい経緯を知っていたのは、恐らく辜振甫、許恵祐、蔡英文のみだったと考えられる。

3．分　　　析

　訪問団の会見方針は、国安会による工作レベルの次官会議が計画草案をまとめてから策略グループを通じ、国安会秘書長を経て総統に上げられた。総統が承認してから、国安会秘書長は高層会議を開き、総統の承認に従って閣僚レベルの調整を行った。その調整がさらに総統に承認されてから、国安会は細かいところを陸委会および海基会に計画させた[69]。このような国安会が中心となった決定プロセスを図3-2のようにまとめることができる。
　この決定プロセスにおいて、陸委会は法的な主管機関であり、主任委員がハイレベルの調整に参加したとされるが、単に低レベルの政策決定に関与したにすぎなかった。そのため、陸委会は前述で提起した調整の機能だけではなく、決定機関としての機能も低下していたものと考えられる。また、国安会が調整と協議の

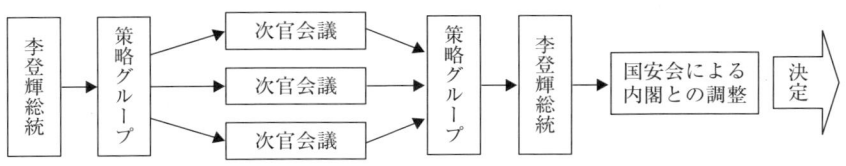

（注）① 矢印は政策決定の流れを示したもの
　　　② 策略グループは高層会議レベルにあたるもの
図3-2　「辜汪会見」における国安会を調整の中心とした政策決定のプロセス
（筆者作成）

役割を担ったため、国安会のスタッフは、主管機関である陸委会より主導的立場にあったようである。さらに、ポツダム宣言の研究については同時に運営されているグループ会議からの政策提言であった。これは、訪問団の会見方針に関する提言、調整、協議以外に、李登輝は同時に政策研究を行っている他のグループ会議に関連分野の提案を提出させたと考えられる。そして、民主主義の提案が李主導で復活したプロセスからみれば、策略グループは調整の中心であったが、重要な決定については総統の裁決に従うことになっていたことも明らかになった。また、ポツダム宣言提起の提案を一部のメンバーにしか知らせなかったことは、重要な交渉戦略であったにもかかわらず、次官会議による調整過程を経ていなかった可能性を示唆している。

次に、表 3-1 のように、訪問団メンバーは国家統一委員会の肩書を持つ人物が多く含まれている。しかもリストの序列が図 2-2 の大陸政策の決定メカニズムによる順位で決められたとされていたので、国家統一委員会の関与が大きかったという印象がある[70]。しかし、実質的には国家統一委員会の関与はかなり少なかったようだ[71]。一部の国統会メンバーは、監察委員である康寧祥・国家統一委員会委員をはじめとして、これまでの決定過程に参加していなかったが、訪問団に加わるよう急遽通知された[72]。さらに、政策決定に参与した張栄恭、蔡英文はそれぞれに国家統一委員会と陸委会の諮問職を持っていたが、それらは政策決定に関与する正式な職位ではない。政策決定の参与ルートからみれば、張栄恭は国家統一委員会のルートではなく、国安会のルートを通じて政策決定に参与し、民主主義提起に関する立案に関わった[73]。蔡英文は主権プロジェクトの座長でもあるし、国安会による交渉再開の政策決定への関与も深かった[74]。李登輝は、大陸政策および「辜汪会見」において話し合うテーマの政策決定に深く参与したスタッフの中から、政府における政策に関与する正式な職権を持っていない張、蔡を選んだと考えられる。これは、台湾と大陸の間でこれまで実施されることのなかった政府間の公式的接触と見なされることを避けるには好都合な処置であった。

このように、訪問団の主要メンバー構成は、「辜汪会見」の内容についての国安会による調整と取りまとめなどのプロセスを反映していたと考えられる。さらに、台北との連携ができない場合に備えて、辜振甫と許恵祐を中心に、李登輝の

表 3-1　1998 年海基会大陸訪問団正式メンバーリスト

名　前	職位（兼職）
辜振甫	海基会理事長（国民党中央常務委員、総統府資政）
許恵祐	海基会副理事長兼秘書長
康寧祥	国家統一委員会委員（監察委員）
張栄恭	国家統一委員会研究委員（国民党大陸工作会主任）
鮑正綱	陸委会主任秘書
呉栄義	国家統一委員会研究委員（台湾経済研究院院長）
包宗和	国家統一委員会研究委員（台湾大学政治学科主任）
詹志宏	陸委会企画処処長兼海基会副秘書長
劉徳勲	陸委会法政処処長
蔡英文	陸委会諮詢委員（政治大学教授）
謝福源	陸委会法政処副処長兼海基会法律服務処処長
何武良	海基会法律服務処科長

（出所）財団法人海峡交流基金会編、前掲書、75 頁；
　　　　当時の新聞記事より筆者作成

表 3-2　1998 年海基会大陸訪問団の参加者が制限された会合の台湾側参加者

日程、出来事	参加者
10 月 15 日辜汪二回目の会見	辜振甫夫婦、許恵祐、呉栄義、包宗和、詹志宏、蔡英文
10 月 18 日辜振甫・江沢民会見	辜振甫、許恵祐、張栄恭、詹志宏[75]

（出所）財団法人海峡交流基金会編、前掲書、76-82 頁；当時の新聞記事より筆者作成

スタッフおよび国際政治と国際経済の専門家によって適切に対応を判断できる態勢を整えていたということも推測できる。実際に蔡は正式な会談であった二回目の「辜汪会見」、張は江沢民との面会の場にも同席した（表 3-2 参照）。また、国家統一委員会には実質的に政策決定の権限がなく、象徴的な地位しかなかったことがすでに知られているが、研究委員の諮問機能も国安会より低かったことも以上の分析によって再確認された。

第5節 分　　析

　これまでの分析によって明らかになったように、「辜汪会見」においては、台湾政府の重要なスタッフと閣僚が国安会を中心とした調整に参加した。また、総統府、行政院、与党の提言だけで完結する閉鎖的な政府内部の政策決定過程に比べ、グループ会議によって政府外部の提言を広汎に取り上げ、政策決定過程の閉鎖性を回避できたことが、与野党が共に評価する成果を挙げることができた主な要因であろう。つまり、国安会を政策決定の調整、協議の中心として有効に運営したことで、台湾政府の大陸政策における組織的運営は円滑になったと言える。さらに、国安会が調整の中心部門となったため、国安会のスタッフは主管機関である陸委会より主導的立場にあったものと考えられる。同時に、93年のような政府機関と政府代理人としての民間機関の対立がなくなった要因は、海基会と陸委会の一体化にあったものと考えられる。

　しかも、全体から見て、最も重要な特徴は、トップリーダーである李登輝が、同時に政策過程における起案者、最終決定者、調整者であったのみならず、提言、政策形成、政策決定、政策執行の段階に参与したアクターとのコミュニケーションを非常に密接に行ったことである。そこで、「辜汪会見」をめぐる事例研究に基づき、国安会モデルを図2-5から、トップリーダーが各段階のアクターとのコミュニケーションが密接である図3-3のように精緻化することができる。

　さらに、高層会議を中心に、組織におけるリーダーと構成員の関係を検討してみよう。図2-3に今までの分析を加えてみると、その関係は図3-4のようにさらにフラット組織に近いモデルであることがわかった。このような国安会を通じた組織運営のフラット化により、李登輝は「辜汪会見」をめぐる政策形成と政策決定におけるすべての調整、協議の段階で、より深く関与できるようになり、政策形成、決定、執行のプロセスのいずれのレベルにおける状況をも直接把握することができた。要するに、総統がすべての段階に関わっていただけではなく、総統と主なアクターとの密接な関係も、国安会と行政院の職権争い、および国安会内部の権限関係などの問題が「辜汪会見」において発生しなかった要因であったものと考えられる。

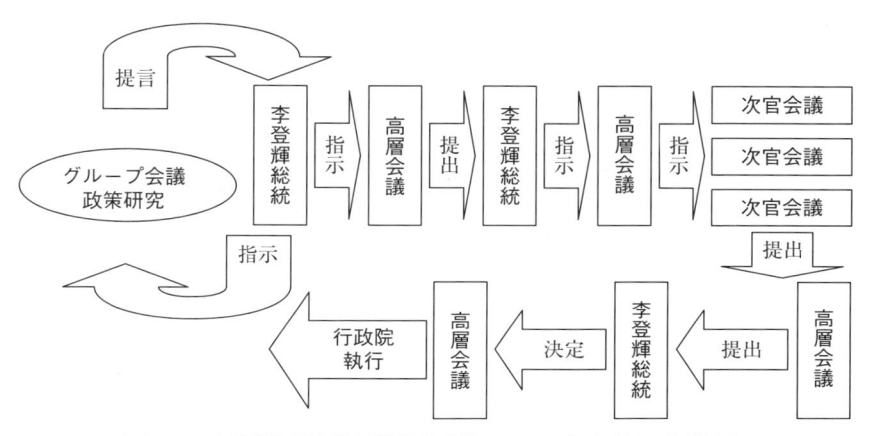

第3章 「辜汪会見」―組織的政策決定― 107

図3-3 李登輝初代直接民選総統時代における大陸政策の組織過程
（筆者作成）

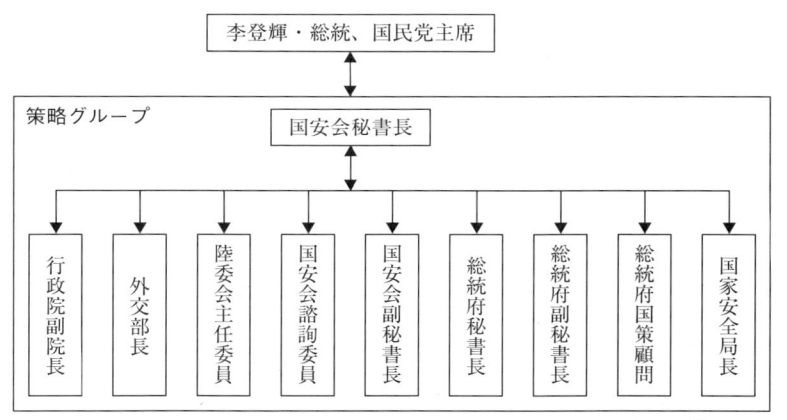

図3-4 「辜汪会見」における高層会議メンバーの関係図
（筆者作成）

（注）矢印は上下関係を示すものではない。国安会秘書長は座長にあたる[76]。

　しかも、すでに提起したように、ほかの政策分野でもそれぞれのレベルにおける会議が存在し、フラット化により李登輝に密接にコミュニケーションをとっていたものと考えられる。そのため、策略グループのメンバーのみならず、政策過程におけるほかの個人は、図3-4のように、異なる政策分野の会議に参加することによって李登輝と密接な関係を維持できたものと考えられる。つまり、政策決

定に関与する個人は、参加する会議が多ければ多いほど、李登輝と直接接触し、コミュニケーションをとる機会が多くなるのである。また、「辜汪会見」の事例において、国安会秘書長は高層会議の座長であるが、構成員を命令もしくは指揮するのではなく、構成員における調整と協議を行った。したがって、各会議では、構成員の関係は上下関係ではなかった。

小 括

　本章が取り上げた事例を通じて検討した結果、いずれの方針の政策決定過程も、第2章で提起した国安会モデルの通りに行われたことがわかった。そのため、本章では、「辜汪会見」をめぐる4つの方針の政策決定過程を明らかにした上で、第2章で提起した国安会モデルの精緻化を行い、図2-3を図3-4に、図2-5から図3-3にまとめることができた。李登輝は初代直接民選総統時代で、図3-3と図3-4の形で大陸政策の決定過程を運営してきたと考えられる。辜汪会見の事例は、李登輝政権におけるいわば組織的政策決定過程の「モデルケース」であると言うことができる。

　ところが、本事例が「モデルケース」であるため、3つの問題点を分析することができない。まず、前述のように、辜汪会見のような国家主権と安全保障に関する重大テーマでなければ、トップリーダーがそこまで積極的に関与するとは限らないと考えられる。本章が扱った4つの方針の政策決定過程においては、トップリーダーが積極的に関与した。しかし、関係者を集めて問題に対処した高層会議においてもコンセンサスが得られないことがあった。李登輝の関与によって政策過程におけるコンセンサスに達したが、トップリーダーが積極的に関与すると限らなければ、コンセンサスとしてまとまらないどころか、各関係者をめぐる衝突が起こるとも考えられる。なぜなら、李登輝が立ち上げた国安会モデルは、台湾の政策過程における職権問題を根本的に解決したものではなく、総統のリーダーシップによって政策過程における組織的な調整と協議を行うものだったからである。

　次に、本章が扱った事例において、国安会スタッフは政策提言だけでなく、政策決定の段階にも参加し、強い影響力を果たしたように見える。例えば、政策提言の中心であり、国安会スタッフがリードしたグループ会議には強い影響力が

あった。国安会スタッフは政策決定の中核であり、高層会議レベルに当たる策略グループにおいても中心的地位を占めていた。しかし、たとえ国安会スタッフの提案であったとしても、いかなる政策提言も、必ず政府がそれを受け入れるとは限らない。また、国安会と行政院閣僚の間に存在していた職権問題が解決したわけでもない。そのため、政策過程における諮問スタッフと行政院閣僚の関係は政策決定運営の安定性に影響を与えているものと考えられる。つまり、対立が起こった時、リーダーがどのように調整と協議を行うのかが、非常に重要なポイントなのである。

そして、本章で取り上げた辜汪会見の事例において、トップリーダーが政策決定過程における組織的調整に極めて密接に参与した理由は、国安会による政策提言と調整・協議のスタートが総統から発していたことにあると指摘した。しかしながら、政策決定に必要な時間的余裕も大きな要因であったことも指摘されなければならない。なぜなら、辜汪会見をめぐる事例も緊急な対応を必要とする危機管理の事例ではないからである。1997年10月に海協会から焦仁和・海基会副理事長兼秘書長へのシンポジウム招聘は、突発的な事件であったかもしれないが、李登輝がすでに政治交渉について備えるためのグループ会議を立ち上げていたため、グループ会議の提言に基づいて対応してきた。換言すると、李登輝は政策決定を行うための十分な時間を与えられただけでなく、政策アジェンダについても十分に掌握していた。もしも、危機管理のように調整・協議の時間が少ない場合なら、辜汪会見のように、トップリーダーが閣僚、スタッフの意見を集約し、コンセンサスをまとめるができるか疑問である。

この3つの問題点からみれば、辜汪会見をめぐる方針の政策決定がうまくいったカギは、トップリーダー個人の優れた対応に集約したと言ってもいい。当時の台湾では、李登輝というトップリーダーに極端に依存した政策決定がなされていたのである。もしこの視点からみれば、「モデルケース」であったはずの辜汪会見が逆に政策決定論の組織過程における事例の中でも珍しいケースになってしまう可能性さえある。したがって、トップリーダーの行動が国安会モデルで運営された台湾の大陸政策決定過程にどのような影響を与えたかについて、さらに事例研究を積み重ね、検証を進めなくてはならないのである。

注

1) 山本勲「中台関係――二〇世紀末の推移と新世紀の展望」国分良成編『グローバル化時代の中国』（財団法人日本国際問題研究所、2002年）、253-255頁。宋鎮照「解析中共対台談判策略和台湾因応之道」『共党問題研究』第24巻第7期（1998年7月）、4-15頁。黄嘉樹、劉杰『両岸談判研究』（北京、九洲出版社、2003年）、157-159頁。邵宗海『両岸関係』（台北、五南、2006年）、208-209頁。
2) 「堅持「一国両制」方針、推進祖国平和統一」『人民日報』1997年9月14日。
3) 例えば、張慧英、前掲書、136-140頁。David M. Lampton, *Same Bed, Different Dreams: Managing U. S.-China Relations, 1989-2000* (Berkeley: University of California Press, 2001), pp. 102-103. 王銘義前掲『対話與対抗――台湾與中国的政治較量』、199-200頁。若林正丈前掲『台湾の政治――中華民国台湾化の戦後史』、227-228頁。
4) 小島朋之『現代中国の政治―その理論と実践』（慶應義塾大学出版会、1999年）、401頁。鄒景雯前掲『李登輝執政告白実録』、183-184頁。
5) 王銘義前掲『不確定的海峡――当中華民国碰上中華人民共和国』、306-312頁。黄天才、黄肇珩『勁寒梅香――辜振甫人生紀実』（台北、聯経、2005年）、270-272頁。方鵬程、前掲書、154-194頁。
6) 陸委会と海基会の対立について、第2章を参照。
7) 与野党の「辜汪会見」への評価については「辜汪会晤後的両岸関係座談会」『交流』第42号（1998年12月1日）、13-21頁、を参照。「辜汪会見」における政府の対応への評価は、鄒景雯前掲『李登輝執政実録告白』、205-219頁、を参照。
8) この研究における「回復」は、注1と同じ理由によって本来の意味の回復ではなく、別枠の接触がなされたことになっている。吉崎知典、道下徳成、兵藤慎治、松田康博、伊豆山真理「交渉と安全保障」『防衛研究所紀要』第5巻第3号（2003年3月）、119-126頁。
9) 丁樹範「一九九六年三月以後美国、台湾與中共関係的発展」『中国大陸研究』第41巻第12期（1998年12月）、77-91頁。
10) 林文程『中共談判的理論與実務――兼論台海両岸談判』（高雄、麗文、2000年）、167-228頁。
11) 柳金財「中共対辜汪会晤的策略、意図與我方因應之道」『共党問題研究』第24巻12期（1998年12月）、6-16頁。
12) 程長志『中共如何談判』（台北、時英、1999年）、295-303頁。
13) 黄嘉樹、劉杰、前掲書。
14) 辜振甫の役割を強調した記述と研究は以下を参照。王銘義前掲『対話與対抗――台湾與中国的政治較量』、198-199頁。黄天才、黄肇珩、前掲書、277-283頁。邵宗海、前掲書、288頁。李登輝の役割を強調した作品は、以下を参照。張慧英、前掲書、189-210頁。鄒景雯前掲『李登輝執政告白実録』、205-219頁。
15) 例えば、張慧英、前掲書。鄒景雯前掲『李登輝執政告白実録』。蘇起、前掲書。丁渝洲、

前掲書。鄒景雯前掲『李登輝給年輕人的十堂課』。李登輝前掲『最高指導者の条件』。
16) 松田康博前掲「台湾——国家安全会議」、97-133頁。
17) 「接受美国有線電視新聞網（CNN）駐曼谷分處主任 Tom Mintier 專訪」行政院新聞局編『行政院連院長八十五年言論集』（台北、行政院新聞局、1997年）、520-522頁。
18) 「親臨中華民国第九任総統、副総統慶祝就職典禮第一会場講話」行政院新聞局編『李総統八十五年言論選集』（台北、行政院新聞局、1997年）、126-135頁。
19) 行政院大陸委員会「両岸大事記」
〈http://www.mac.gov.tw/ct.asp?xItem=64694&ctNode=6501&mp=1〉（アクセス日：2011年5月30日）。
20) 鄒景雯前掲『李登輝執政実録告白』、205頁。
21) 「李登輝欽点辜振甫内幕　蘇志誠、張栄恭聯手『回応』海協会」『財訊』第189号（1997年12月）、100-102頁。鄒景雯前掲『李登輝執政実録告白』、205-206頁。筆者の元李登輝大陸政策スタッフへのインタビュー（2007年9月、於台北）。
22) 鄒景雯前掲『李登輝執政実録告白』、297頁。
23) 筆者の元国安会スタッフAへのインタビュー（2007年9月、於台北）。
24) 筆者の元李登輝大陸政策スタッフへのインタビュー（2007年9月、於台北）。
25) 「李登輝欽点辜振甫内幕　蘇志誠、張榮恭聯手『回應』海協会」『財訊』第189期（1997年12月）、100-102頁
26) 筆者の元李登輝大陸政策スタッフへのインタビュー（2007年9月、於台北）。
27) 「李登輝欽点辜振甫内幕　蘇志誠、張榮恭聯手『回應』海協会」『財訊』第189期（1997年12月）、100-102頁
28) 筆者の元行政院閣僚Aへのインタビュー（2007年9月、於台北）。鄒景雯前掲『李登輝執政実録告白』、206頁。
29) 「海協指出、両会應先進行負責人間的交流溝通」『新華社』1997年11月11日。
30) 「唐樹備：先焦唐後辜汪」『中央日報』1997年11月12日。
31) 「海協決定延期召開"跨世紀両岸経済関係展望研討会"」『新華社』1997年11月13日。
32) 山本勲『中台関係史』（藤原書店、1999年）、304-306頁。邵宗海、前掲書、208-209頁。
33) 「汪道涵析両岸統一問題」『文匯報』1997年11月17日。日本語訳：「覇権主義が見え隠れする北京の主張」『中華週報』第1838号（1997年12月4日）、7頁。
34) 「汪道涵籲盡速進行焦唐会談」『聯合報』1997年12月2日。
35) 汪道涵「一年春事早耕耘」『両岸関係』第7期（1998年1月）、1頁。人民日報も全文を掲載した。「汪道涵在《両岸関係》雑誌発表新年祝詞 一年春事早耕耘」『人民日報』1998年1月2日。
36) 「汪道涵：沒有拒絶辜振甫訪大陸」『聯合報』1998年1月27日。
37) 鄒景雯前掲『李登輝執政実録告白』、207頁。
38) 「邁向充満希望的新世紀——1998年新年講話」『人民日報』1998年1月1日。
39) 陳雲林「発展両岸関係是我們共同的願望」『両岸関係』第7期（1998年1月）、4-5頁。

40)「首都各界記念江沢民主席重要講話発表三周年」『人民日報』1998年1月27日。
41)「裴利：中共願無条件復談」『中央日報』1998年1月18日。
42) 鄒景雯前掲『李登輝執政実録告白』、206-207頁。
43) 筆者の元国安会スタッフAへのインタビュー（2007年9月、於台北）。
44) 中華民国総統府「総統府新聞稿——総統主持第五屆国家統一委員会第一次会議閉幕典禮」。日本語訳：「李登輝総統が語る大陸政策の基本理念」『中華週報』第1841号（1997年12月25日）、4-5頁。
45)「台湾総統　中国と対話再開用意」『産経新聞』1997年12月20日。
46) 筆者の元行政院閣僚A、元行政院閣僚B、元国安会スタッフA、元李登輝大陸政策スタッフへのインタビュー（2007年9月、於台北）。
47)「在立法院第三屆第五会期施政報告（口頭報告）」行政院新聞局編『実践国家現代化——行政院蕭院長八十七年言論選集』（台北、行政院新聞局、1999年）、54-55頁。日本語訳：「蕭万長・行政院長施政方針演説前文㊦　経済、治安、外交、両岸に基本方針示す」『中華週報』第1851号（1998年3月19日）、6頁。
48) 筆者の元行政院閣僚B、元国安会スタッフA、元李登輝大陸政策スタッフへのインタビュー（2007年9月、於台北）。筆者の元国安会スタッフBへのインタビュー（2010年5月、於台北）。
49) 筆者の元行政院閣僚A、元行政院閣僚B、元国安会スタッフA、元李登輝大陸政策スタッフへのインタビュー（2007年9月、於台北）。
50)「両岸談判　改由『技術官僚』上陣」『自由時報』1998年2月2日。「両岸復談前夕調離談判隊伍　焦仁和無奈與尷尬」『中国時報』1998年2月3日。
51) これについて、欧陽聖恩、前掲書および方鵬程、前掲書を参照。
52) 鄒景雯前掲『李登輝執政実録告白』、207-208頁。筆者の元行政院閣僚A、元行政院閣僚B、元国安会スタッフA、元李登輝大陸政策スタッフへのインタビュー（2007年9月、於台北）。筆者の元国安会スタッフBへのインタビュー（2010年5月、於台北）。
53)「誰接海基会？高層腹案二選一」『中国時報』1999年2月3日。「海基会人事　総統府支持許恵祐出線」『自由時報』1998年2月4日。
54)「接任海基会秘書長　双許大熱門」『中国時報』1999年2月2日。
55) このほかにも、蘇起や林碧炤の名が挙げられたことがある。特に邱進益が総統府副秘書長、焦仁和が陸委会副主任委員から海基会秘書長に転任したケースがあったため、陸委会副主任委員を歴任し、現職の総統府副秘書長蘇起は海基会秘書長に転任するかもしれないと言われた。「接任海基会秘書長　双許大熱門」『中国時報』1999年2月2日。「海基会秘書長人選未定」『聯合報』1998年2月2日。
56)「李登輝一声令下　許恵祐重回談判桌」『新新聞周刊』第571号（1998年2月15日～2月21日）、21頁。
57)「海基会人事　総統府支持　許恵祐出線」『自由時報』1998年2月4日。「総統府強勢干予、

許恵祐出任海基会秘書長」『中国時報』1998年2月5日。「許恵祐　将接任海基会秘書長」『聯合報』1998年2月5日。「李登輝勢力進駐海基会、両岸春暖花不開」『商業周刊』第534号（1998年2月16日）、22-23頁。ただし、最初から許恵祐と決定しており、許柯生という人事案がなかったという証言も得られた。筆者の元国安会スタッフBへのインタビュー（2010年5月、台北）。

58）何栄幸「両岸談判　改由『技術官僚』上陣」『自由時報』1998年2月2日。「李登輝一声令下　許恵祐重回談判桌」『新新聞周刊』第571号（1998年2月15日～2月21日）、21-22頁。鄒景雯前掲『李登輝執政実録告白』、209頁。方鵬程、前掲書、435-443頁。

59）「継続併案審査陳水扁委員等二十一人擬具『財団法人海峡交流基金会監督条例草案』、行政院函請審議及林濁水委員等二十人擬具之『受託処理大陸事務財団法人監督条例草案』案」『立法院公報』第2961期（1998年4月1日）、83-110頁。

60）例えば、「重整談判隊伍　趕不上復談脚歩」『聯合報』1998年4月16日。

61）「両岸談判　改由『技術官僚』上陣」『自由時報』1998年2月2日。「両岸復談前夕調離談判隊伍　焦仁和無奈與尷尬」『中国時報』1998年2月3日。

62）陳水扁政権下では、劉徳勲、游盈隆は陸委会副主任委員として海基会秘書長を兼任していたが、游盈隆は第一副主任委員であった。「海基会通過劉徳勲兼秘書長」『聯合報』2004年7月30日。「游盈隆　任海基会副董事長」『中国時報』2005年8月12日。

63）例えば、鄒景雯前掲『李登輝執政実録告白』、214-219頁。王銘義前掲『対話與対抗——台湾與中国的政治較量』、224-226頁。

64）鄒景雯前掲『李登輝執政実録告白』、212-213頁。鄒景雯「辜汪会晤　我民主牌　険胎死腹中」『自由時報』1998年11月2日。

65）筆者の元行政院閣僚A、元行政院閣僚B、元国安会スタッフAへのインタビュー（2007年9月、於台北）。ポツダム宣言第8条は、「『カイロ』宣言ノ条項ハ履行セラルベク又日本国ノ主権ハ本州、北海道、九州及四国竝ニ吾等ノ決定スル諸小島ニ局限セラルベシ」ということである。またカイロ宣言では、「日本国ヨリ千九百十四年ノ第一次世界戦争開始以後ニ於テ日本国カ奪取シ又ハ占領シタル太平洋ニ於ケル一切ノ島嶼ヲ剥奪スルコト竝ニ満洲、台湾及澎湖島ノ如キ日本国カ清国人ヨリ盗取シタル一切ノ地域ヲ中華民国ニ返還スルコトニ在リ日本国ハ又暴力及貪慾ニ依リ日本国ノ略取シタル他ノ一切ノ地域ヨリ駆逐セラルヘシ」ということである。国立国会図書館「憲法条文・重要文書——ポツダム宣言」『憲法の誕生』〈http://www.ndl.go.jp/constitution/etc/j06.html〉（アクセス日：2011年5月30日）。

66）財団法人海峡交流基金会編『辜汪会談与辜汪会晤』（台北、財団法人海峡交流基金会、2001年）、97-99頁。王銘義前掲『対話與対抗——台湾與中国的政治較量』、214-222頁。

67）康寧祥が新新聞周刊のインタビューを受けた時、自らは辜振甫がポツダム宣言について明言する前に何も知らなかったと述べた。「康寧祥掲密：辜振甫先説重話　唐樹備才会発飆」『新新聞周刊』第607号（1998年10月25日～10月31日）、40-42頁。また、訪問団メンバーA、訪問団メンバーBによると、彼らもこれについて事前に知らなかったという。筆者の訪問団

メンバーA、訪問団メンバーBへのインタビュー（2007年9月、於台北）。

68) 「両国論『主権小組』研究結晶 去年辜振甫在大陸提及波茨坦宣言 也是這個幕僚小組的研議結論」『自由時報』1999年7月14日。ただし、のち主権プロジェクトは、ポツダム宣言を使わないほうがよいとも提言したという。王銘義前掲『対話與対抗――台湾與中国的政治較量』、238頁。

69) 筆者の元行政院閣僚B、元国安会スタッフAへのインタビュー（2007年9月、於台北）

70) 例えば、「国家統一委員会成員比重不小 隠約宣示統一意涵：名單適度表達善意姿態」『中国時報』1998年10月10日。「辜汪会 我参訪団12成員名單公布」『聯合報』1998年10月10日。「辜汪会晤 海基函告海協参訪行程」『中央日報』1998年10月10日。「辜汪会参訪団名單公布 民進党落空」『自由時報』1998年10月10日。「辜江会名單排序蔵露玄機」『新新聞周刊』第606号（1998年10月28日～10月24日）、34-35頁。

71) 筆者の元行政院閣僚A、元国安会スタッフA、訪問団メンバーBへのインタビュー（2007年9月、於台北）。

72) 国家統一委員会の肩書を持つメンバーの中で、康寧祥は出発直前、訪問団メンバーBは出発の1ヶ月前に通知された。「康寧祥掲密：辜振甫先説重話 唐樹備才会発飆」『新新聞周刊』第607号（1998年10月25日～10月31日）、40-42頁。筆者の訪問団メンバーBへのインタビュー（2007年9月、於台北）。

73) 筆者の元国安会スタッフA、元李登輝大陸政策スタッフへのインタビュー（2007年9月、於台北）。

74) 鄒景雯前掲『李登輝執政実録告白』、223頁。元国安会スタッフAへのインタビュー（2007年9月、於台北）。

75) 民主化のプロセスにおける代表的な野党の政治家で、のち民進党の結党にも力を尽くした康寧祥の出席が大陸側に断られていた。康寧祥は『新新聞周刊』のインタビューに対し、自らの訪問団における役割は（筆者注：民主化のプロセスで貢献した野党政治家として）民主化の象徴であると述べた。前掲記事「康寧祥掲密：辜振甫先説重話 唐樹備才会発飆」。財団法人海峡交流基金会編、前掲書、80-82頁。

76) 1999年1～2月、李登輝政権の国家安全保障政策スタッフの改造が行われ、丁懋時は総統府資政、殷宗文は国安会秘書長、張京育は国策顧問、蘇起は陸委会主任委員、一時期政府から離れて学界に復帰していた林碧炤は総統府副秘書長、丁渝洲・軍事情報局長は国家安全局長、胡為真・国家安全局副局長は国安会副秘書長に転任した。林碧炤は本来国安会副秘書長として「辜汪会見」の政策過程に参加していたが、1998年9月に学界に復帰した。ただし、李登輝の意向によって同時に国安会で無給の諮詢委員を兼任し、政策過程に参加していた。「両岸新定位 林碧炤扮推手」『中国時報』1999年7月25日。

第4章

「戒急用忍」
―再選後の初の国家戦略レベルの政策決定―

問題の所在

　本章は、大陸との経済交流の制限を定めた「戒急用忍」政策を事例として、初代直接民選総統時代における李登輝総統の政策過程ネットワークの運営実態を明らかにすることを目的としている。

　「戒急用忍」の全文言は「戒急用忍、行穏致遠（急いではならず、忍耐をもって慎重に進め）」である。第3次台湾海峡危機以後、台湾政府の対大陸政策の基調は、大陸に対話再開を呼びかけると同時に、大陸との経済交流を推進するというものであった。行政院も経済交流推進関連政策の実施やその法制化を図っていた。しかし、1996年8月14日に行われた国民大会の演説において、李登輝は一転して8月14日に行った国民大会の演説で、「中国大陸を後背地としてアジア太平洋オペレーション・センター（亜太営運中心）[1]を建設するという論調は検討を要する」と提起し、台湾の個別企業の対大陸投資が自国への有効投資に占める割合、および台湾の対外投資における対大陸投資の割合を規制することを検討すべきだと発表した[2]。その上9月14日に李登輝は初めて「戒急用忍」という用語を発表した[3]。さらに、10月21日に李登輝は改めて「根留台湾（台湾に根を残す）」という概念を強調し、「戒急用忍、行穏致遠」という政策の全体像を提起したのである[4]。

　これまで李登輝政権が打ち出した大陸政策の中において、「戒急用忍」にはいくつか非常に重要な意義がある。第1は、李登輝政権が打ち出した大陸政策全体における「戒急用忍」の意義である。「戒急用忍」は単なる大陸政策の領域にと

どまらず、台湾の大企業における大陸への投資規制を意味しているため、台湾経済全般の発展戦略に関わるため、国家のあり方や進路を決める国家戦略レベルの政策なのである。しかも、「戒急用忍」は、李登輝が総統に再選された時、つまり初代直接民選総統としてあらためて当選した直後に、打ち出した最初の国家戦略レベルの政策である。したがって、李登輝初代直接民選総統時代における大陸政策を論じようとすれば、「戒急用忍」は避けることのできない、最重要テーマとなる。

第2は、「戒急用忍」が台湾の大陸政策全般に与えた影響である。蔣介石政権以来、台湾は大陸への投資を全面禁止していたが、1970年代末以降、大陸から「改革開放」および「平和統一政策」による開放圧力を受けるようになった。さらに1987年の大陸渡航解禁にともない台湾住民の大陸里帰りが解禁されたことによって、台湾と大陸の経済・貿易における相互依存が次第に強まっていった[5]。しかも、1995、96年の第3次台湾海峡危機以後、大陸と台湾においては政治関係が冷え込んだにもかかわらず、経済関係は深化する構図を形成していったのである。このような構図において、初代直接民選総統時期の李登輝政権と後継の民進党政権は「戒急用忍」に類似した経済安全保障の視点から、台湾の大企業の大陸への投資を規制する政策をとり続けた[6]。そのため、いわゆる「政冷経熱」[7]の構図から両岸関係を論じる時、「戒急用忍」は政治分野のみならず経済分野においても影響力のある政策オプションであり続けている。

第3は政策を転換したタイミングに関した意義である。前述したように、改革開放以来、台湾と大陸の経済・貿易における相互依存が強まっていった。台湾政府は警戒していたのも言うまでもないが、「戒急用忍」以前、あくまで投資を分散するようという政策および呼びかけを行っただけであり、香港もしくは他国を経由していた間接貿易を規制もしくは反対しようとしていなかった。ところが、第3次台湾海峡危機の後に、「戒急用忍」を行い、規制を始めた。さらに、すでに序章で提起したように、これまで台湾では、大陸との経済交流を規制すべきか、自由化すべきかという議論は、「戒急用忍」から展開してきたということである。そのため、第3次台湾海峡危機により、第3次台湾政府は、はじめて規制する政策方針を行うことに踏み込んだと言える。

これまでの先行研究においては、経済の視点から「戒急用忍」の是非を検討

した研究成果が最も多い。ここで、「戒急用忍」そのものだけでなく、「戒急用忍」に近い経済安全保障の視点を用いた研究、およびそれに反論した研究も挙げたい。その中から大きく３つの視点を取り出すことができる。

一つは大陸との経済交流を安全保障の観点から規制すべきであるという伝統的な視点である。林向愷・台湾大学経済学科教授、張清溪・台湾大学経済学科教授、陳水扁政権で経建会主任委員を務めた陳博志、陳水扁政権で行政院副院長を務めた呉栄義はこの視点に基づいて「戒急用忍」を支持する[8]。また、実務主義外交の「南向政策[9]」もしくは台湾の東南アジア外交政策の研究では、一地域への投資が集中しすぎるとリスクが高くなるため、投資を分散する必要があるという「戒急用忍」に近い視点もよく用いられる[10]。そして、ジャーナリストのゴードン・チャン（Gordon G. Chang、章家敦）、スタッドウェル（Joe Studwell）、何清漣らが提起した、中国が政治的思惑から経済に干渉する国であること、および政治腐敗による影響が投資のリスクを高めることという主張もまた、しばしば経済安保を主張する台湾の研究者によって紹介されてきた[11]。

もう１つは経済安保とは逆に、台湾の経済発展のために大陸を利用しようという視点である。これは、大陸への投資を制限するのではなく、むしろ逆に大陸への投資を推進すべきであるという主張をともなう。アジア太平洋オペレーション・センターの提言者とされる徐小波弁護士、于宗先・元中華経済研究院院長は、大陸の資源、人口、市場を利用し、台湾の経済を成長させることができると提起した[12]。于宗先、馬英九政権で国安会副秘書長、陸委会副主任委員を務めた高長・中華経済研究院研究員、史惠慈・中華経済研究院研究員、馬英九政権で経済部長を務めた尹啓銘は、大陸への投資による両岸の産業協力を通じて両岸の経済をともに発展させるべきであると主張した[13]。また、高長、冷則剛・国立政治大学国際関係センター研究員（当時）は経済自由化の視点に基づき、規制の効果が低いため両岸における経済交流を広げるべきであるという主張を提起した[14]。ケストナー（Scott L. Kastner）・メリーランド大学助教授も政府の規制が経済交流を止めることができないという仮説を立て、李登輝政権から陳水扁政権までの時期を中心に、1949年以来両岸の政治と経済関係を分析した。ケストナーは、両岸における経済の相互依存によって中国は台湾に影響力が与えやすくなるが、このような政策も中国の利益を損なうことになるし、台湾への影響もそ

れほど強いものではなかったとしている[15]。李登輝政権期で国安会諮詢委員を務めた廖光生、邵宗海は、台湾との経済交流によって中国大陸の民主化を推進することができると主張した[16]。このほか、経済安全保障の視点を否定しないものの、陳水扁政権で陸委会副主任委員を務めた童振源・国立政治大学教授、徐淑敏・台北市立教育大学准教授はコヘイン（Robert O. Keohane）とナイ（Joseph S. Nye）が提出した相互依存理論に基づき、大陸には台湾に対して経済管制を行う力も条件もないため、台湾は両岸経済関係において脆弱性など存在しないと主張した[17]。法務部が関わっている『展望與探索』雑誌の研究員である夏楽生は、「戒急用忍」をはじめ、李登輝政権から陳水扁政権にかけて台湾が行った大陸への規制政策について検討した結果、その規制の効果が非常に限られていたため、規制に否定的な態度を示し、政府はどのように大陸へ投資するかについて正面から取り組み、包括的に対応すべきだと主張した[18]。

最後は、経済安保と経済交流の推進におけるバランスをどのように取るかという視点から分析が行われた研究である。呉重礼・国立中正大学助教授と厳淑芬も経済安保の視点を否定しないものの、産業別によってケースバイケースで規制政策をとるべきだと主張した[19]。また、高長と徐東海、蔡学儀・醒吾技術学院准教授は経済安保の視点を認めたものの、経済発展とのバランスをどのように取るかについて議論を行った[20]。序論で提起した両岸経済関係についての先行研究の中で、林徳昌・国立中山大学教授、周添城・国立台北大学教授、高長、邵宗海・国立政治大学教授、ボルト（Paul J. Bolt）・米国空軍軍官学校教授、米国政府で経済分野の研究員であったK・サター（Karen M. Sutter）などの研究者も2つの異なる政策目標のバランスをどのように取るかという点を議論した[21]。特に、高長は、両岸の政治対立からみれば、「戒急用忍」のような規制を行う必要があるかもしれないが、両岸の経済依存からみればタイミングをつかんで解除したほうが、台湾の産業発展にとってよかろうというコメントも出している[22]。

このように、台湾にとって大陸からの自律性維持という安全保障上の政策目標と、経済発展を維持するという国家目標の両立はグローバリゼーションの時代において、きわめて重要な国家戦略であり、多くの議論を引き起こしてきた。

ところが、国家戦略レベルの政策であるにもかかわらず、2002年に監察院は、「戒急用忍」の政策決定過程に行政院が関与しなかっただけではなく、執行につ

いての調整も積極的に行わなかったという是正報告を発表した。また、同報告においては、関連政策およびその執行において不備があるとも指摘された[23]。

しかし、前述した李登輝本人の回顧録やジャーナリストの手による一連のノンフィクションによると、李登輝は初代直接民選総統時代で組織的に政策決定を行ったということである[24]。つまり、監察院の指摘は、「戒急用忍」に関する政策決定過程はこれまでの通説とは完全に相違しており、台湾政府が組織的な決定過程を経て打ち出した政策ではなかったことを示唆している。したがって、「戒急用忍」の正否が重要であるが、どのように決定されたのかという政策過程への検討も無視できないと考えられるのである。

また、これまで「戒急用忍」を政策過程の視点から検討した研究成果は、本章の元となっている拙稿「李登輝総統の大陸政策決定過程——『戒急用忍』を事例として」のみである。しかしながら、当時はまだ李登輝の大陸政策決定モデルとしての「国安会モデル」を十分に検討させていなかったため、「戒急用忍」の政策過程を実証分析したものの、理論的に分析する作業が不足していた[25]。したがって、「戒急用忍」の決定過程を分析することを通じて国安会モデルの当否を再検討するのは、李登輝初代直接民選総統時代の大陸政策決定過程を明らかにするための重要な作業なのである。

本章は、まず第1節で、李登輝が初代直接民選総統に当選した時、台湾政府が取った大陸政策、特に貿易・投資を中心とした経済政策の基調を概観した上で、李登輝のスタッフによる「戒急用忍」の政策提言の視点との異同を比較・分析する。第2、第3節では、李登輝が政策基調の変更を発表してから、「戒急用忍」の発表に至るプロセスを分析する。第4節では、「戒急用忍」の法制化プロセスを分析する。最後に、「戒急用忍」の決定過程において国安会モデルがどこまで適用可能であるかについて分析する。

第1節　李登輝政権既存大陸政策の基調と「戒急用忍」の政策提言

本節では、初代直接民選総統に当選した直後に李登輝政権が取った大陸政策の基調および「戒急用忍」を提言したとされている関係者の考え方を概観した上で、「戒急用忍」の提言について分析する。

1. 李登輝初代直接民選総統就任初期における大陸政策の基調

第3章で提起したように、初代直接民選総統に当選してから、李登輝は両岸の対話再開を推進したが、大陸側はこれについて消極であった。しかしながら、大陸の武力による威嚇で両岸の政治関係は冷え込んでいた一方で、台湾の財界は経済交流のさらなる推進と三通（直接の通信・通航・通商）の開放を台湾政府に提案しようとしていた。

政界と強いつながりを持つ辜濂松・工商協進会理事長は、「政府と財界は協力し、大陸へ投資すべき」であると提言した[26]。台湾セメントの会長でもある辜振甫・海基会理事長は、両岸のコンセンサスである「経済交流による両岸関係の推進」が可能であるとの見解を発表した[27]。長栄（エバーグリーン）グループの総裁で、李登輝の親友でもある張栄発は、より直截に三通の開放を公に呼びかけた[28]。また、王永慶・台湾プラスティック・グループ会長も同じように三通の開放を呼びかけた[29]。さらに、台湾プラスティック・グループは実際に福建省漳州の発電所への投資の計画を立案した[30]。国民党の中央常務委員でもある高清愿・統一グループ会長も武漢の発電所へ投資する意欲を示した[31]。

財界の呼びかけに対し、江丙坤・経建会主任委員は、政府が「アジア太平洋オペレーション・センター」の一環として、オフショア海運センターを整備する意向を示した[32]。張京育・陸委会主任委員は「大陸は台湾出身の企業、ビジネスマン（以下、台商）を引き寄せようとしている」と憂慮した[33]。だが、陸委会と経済部は、台湾プラスティック・グループが米国もしくはほかの国における子会社、関連会社を通じて資金を大陸へ送り込むことができるため、王永慶の大陸投資計画を完全に阻止することは不可能であることを認めざるを得なかった[34]。これは、ほかの企業も同じ手法を用いれば、政府の規制を上回る対大陸投資が可

能であることを意味する。

　それゆえ、大陸と台湾以外の第三地を結ぶ貨物の中継基地として整備された「域外転送センター」以外に、張京育は、大陸との経済交流を行うために「経済貿易特区（以下、経貿特区）」の整備を計画していると発表し、李登輝もこの構想を支持した[35)]。

　また、行政院各部は両岸経済交流についての法制化を進めた。大陸から台湾への間接輸入を緩和するため、経済部は1996年7月1日からの「農産品―准許間接輸入大陸物品項目表」、「工業産品―不准輸入大陸物品項目表」[36)]の実施を発表した。また、7月中旬、大陸への投資を開放するための「在大陸地区従事投資或技術合作准許類及禁止類行業項目」[37)]の修正を公表した。さらに、7月下旬に、内政部は「大陸地区土地及営建専業人士來台従事土地或営建専業活動許可弁法」[38)]、法務部は「大陸地区法律専業人士来台従事法律相関活動許可弁法」[39)]を公表した。

2. 大陸との経済交流の慎重論

　アジア太平洋オペレーション・センターをはじめ、大陸との経済交流を含めた経済政策は、総統府ではなく、行政院の経済部門がリードして推進してきたものであると理解されている[40)]。しかしながら、政界においても、すでに大陸への投資について憂慮した慎重論があった。

　1992年6月、陸委会の委員会会議では、宋心濂・国安局長、邱進益・総統府副秘書長、内閣の政策について研究、立案、監察を主管する孫得雄・行政院研究発展考核委員会主任委員（閣僚）は、国家安全保障を理由として、サービス業の対大陸間接投資案に反対を表明した[41)]。経済部は1993年から「南進政策」、「南向政策」という東南アジア諸国連合（Association of Southeast Asian Nations, ASEAN）を重点的な投資対象とする経済政策を推進したが、その重要な目的とは、台湾企業の対大陸投資熱を冷ますことであった[42)]。そして、辜振甫は、1993年の辜汪会談の直前に、台湾の代表的政論雑誌である『新新聞周刊』のインタビューを受けた際、政府は大陸との経済交流を抑制する必要はないが、秩序を維持した上で制度化を推進すべきだと明言した。さらに、辜振甫は台湾企業の大陸投資には反対しないものの、大陸において台湾企業の投資権益が保障されて

いないため、台湾企業は慎重に計画すべきだとも述べた[43]。この発言からみれば、辜振甫は両岸経済交流に反対はしないが、大陸における台湾企業の投資権益が保障されない限り、投資リスクが高いままであることを憂慮しており、両岸経済交流の制度化推進を重要な政策目標としていたことがわかる。

そこで、タイミングの点から見れば、第3次台湾海峡危機が台湾の対大陸政策が転換したきっかけだと言えるが、すでに両岸の政府が海基会と海協会を通じて接触・交渉を始めたばかりの時期から慎重論が議論されている。しかし、総統府側は警戒感を拭いきれなかったものの、行政院が打ち出したアジア太平洋オペレーション・センターを中心とした経済交流の方針を止めようとはしなかったのである。したがって、当時総統府は、アジア太平洋オペレーション・センターについて反対していなかったが、必ずその方針を完全に支持していたとも言えない微妙な立場にあった。

3. 「戒急用忍」の提言

これまで、研究者が李登輝へ提出した報告書が「戒急用忍」に転換した最重要の要因であったという見解がある[44]。そのため、第2章で言及した大陸政策スタッフ・グループおよび梁国樹・元中央銀行総裁（日本銀行総裁に相当）をはじめとした経済政策スタッフ・グループが「戒急用忍」の提言に関わったと考えられている。

（1）大陸政策スタッフ・グループによる提言

1992年、大陸政策スタッフ・グループは、「反乱鎮定動員時期」の解除をめぐる両岸間交流についてどのような対応をとるかという課題に関する研究を行った。李登輝に提出された政策提言の中には、「戒急用忍」と「南向政策」などの経済安保に基づく対大陸経済交流の政策主張が盛り込まれた。その提案の大枠は政策目標と具体的な政策方針に大別される。まず、政策目標は、台湾の政治安全保障と経済的利益を確保することである。次に、具体的な政策方針は4つある。第1は台湾内部の投資環境の改善である。第2は、ASEANを投資対象とした経済政策、つまり後の南向政策の推進である。第3は、後の「戒急用忍」に相当する対大陸投資制限政策である。第4は、ビザと法律関係などの対大陸経済交流

に伴う関連事項である[45]。

　大陸政策スタッフ・グループの中で、張栄豊は「戒急用忍」を提案した中心人物と見なされている[46]。張栄豊は中華経済研究院研究員を務める中国大陸経済の専門家であり、李登輝政権期に国家統一委員会研究員、同委員会研究委員、国安会諮詢委員を経て、第一期陳水扁政権では国安会副秘書長（2003年6月まで）にまで上り詰めた。張栄豊は早くも1980年代に大陸への直接投資におけるメリットを認めていたものの、大陸の政治的不透明性および両岸の主権問題に起因するリスクが無視できないことを指摘していた[47]。1996年8月にも、台商は大陸への投資が多すぎると述べ、李登輝の見方を支持した[48]。

（2）経済・財政政策スタッフ・グループによる提言

　一方、李登輝の経済・財政政策スタッフ・グループもまた、大陸政策スタッフ・グループに類似した提言を1995年の年始で李登輝に対して行った。これは異なる政策分野を担当するスタッフ・グループが互いに連携した結果であったように見えるかもしれない。しかし、筆者によるインタビュー調査では、「戒急用忍」をめぐって2つのスタッフ・グループにはそうした連携関係が存在しないことが明らかになった[49]。つまり、李登輝の大陸政策および経済政策のブレインは異なった時期で同じことを憂慮し、経済安保に基づく政策を李登輝に提案したのである。

　経済・財政政策スタッフ・グループのコーディネーターであった梁国樹は、第一商業銀行と交通銀行などの大手銀行の会長、中央銀行副総裁、総裁を歴任したエリート金融官僚であり、長い間李登輝の経済・金融政策スタッフとしての役割を担っていた。梁国樹以外では、薛琦（後に経建会副主任委員）、劉泰英（後に国民党投資事業管理委員会主任委員）、許嘉棟、朱雲鵬・中央研究院中山人文社会科学研究所研究員、陳昭南（後に中央研究院院士、中央銀行理事）、陳博志・台湾大学経済学科教授もこのスタッフ・グループに参加した。この私的経済・財政政策スタッフ・グループは李登輝に経済と財政政策についての報告書を度々提出していたとされる[50]。

　旧暦の1995年新年の前に、梁国樹は陳博志が執筆した2冊の報告書を李登輝に提出した。その報告書は、行政院が推進するアジア太平洋オペレーション・セ

ンターをめぐる大陸への経済依存について指摘がなされていた。さらに、「台湾はすでに他国より大陸の経済市場に進出しているため、大陸の市場をこれ以上利用する必要がない」、「大陸に台商の資金を脅迫のための『人質』とさせないためにも、投資を他国へ分散させたほうがよい」、「産業高度化を進めるため、台湾国内の投資環境を改善すべき」などの主張を提言した[51]。これは「戒急用忍」の理論的枠組みだと言われる[52]。ただし、同報告書には、民間企業による大陸への投資を意図的に規制する必要はないことも書かれていた[53]。

　ところが、報告書が提出された後、梁国樹は病気で3月に中央銀行総裁の職を辞任した。その後梁国樹は国安会諮問委員として招聘されたものの、着任する前の7月頃に死去した[54]。また、梁国樹の死がきっかけで、陳博志は李登輝のスタッフ・グループからしばらく離れた。そのため、当時李登輝がこの提言を受け入れたかどうかについて、陳博志の証言から確認することができない[55]。

　このスタッフ・グループのほかに、国策顧問を兼任した施振栄・エイサー会長は、国内の投資環境改善および大陸への投資額の警戒ライン設置を李登輝に提言したため、マスコミによって李登輝へ影響を与えた人物として報道された[56]。

（3）「両岸関係グループ」：政策研究と提言

　正確なタイミングは不明であるが、後に李登輝は国安会で「戒急用忍」を提言する「両岸関係グループ」を立ち上げ、政策研究を行わせた[57]。これは、国安会の運営を始めた李登輝が大陸政策スタッフ・グループの提案および経済・財政政策スタッフ・グループの提案を受け入れ、さらに研究を行わせるため立ち上げられたものであると考えられる。これまで「戒急用忍」に関する報道および筆者が独自に行ったインタビュー調査によると、行政院閣僚の中でこのグループの存在について事前に知っていた者はいなかった。そのため、「両岸関係グループ」は内閣が関与しておらず、研究者を中心としたグループ会議に当たるものであろう。前述した張栄豊は、1996年に国安会諮問委員に就任し、総統の命令を受けてグループ会議を開く権限および総統に直接に政策提言を行う権限を持ち、「両岸関係グループ」をリードし、正式な提案を取りまとめたと考えられている。したがって、これまでの「戒急用忍」に関する提言もまた、「両岸関係グループ」がまとめて李登輝に提出したのであろう。

要するに、李登輝が持っていた2つのスタッフ・グループは、それまで行政院が推進してきた対大陸政策基調と異なった考え方を持っていた。また、李登輝はスタッフ・グループの新しい考えを受け入れ、行政院が関与しないまま新たな政策方針の立案を諮問スタッフに行わせたのである。しかし、行政院が推進したアジア太平洋オペレーション・センターをはじめとした一連の経済政策の決定過程、および李登輝の諮問スタッフ、行政院の閣僚の態度からみれば、李登輝が国安会の運営を始める前に、総統府と行政院の間に対大陸の経済政策についての全般的な調整と協議が行われなかったようである[58]。したがって、政策転換の重要な時期において、陸委会と経建会など、政策の調整・協議を担当する行政院の部・委員会は、全般的な大陸政策をめぐる調整と協議における機能もしくは役割が限られていたものと考えられる。

第2節 李登輝総統の国民大会における演説をめぐる政策転換

前述したように、台湾政府が両岸間の経済交流を推進させるであろうと思われていた時期に、李登輝は一転して1996年8月14日に行った国民大会の演説で、「中国大陸を後背地としてアジア太平洋オペレーション・センターを建設するという論調は検討を要する」と提起し、台湾の個別企業の対大陸投資が自国への有効投資に占める割合、および台湾の対外投資における対大陸投資の割合を規制することを検討すべきだと発表した[59]。これは就任当初公表した政策方針と正反対のものであり、大きな方針転換であった。

しかしながら、経済政策における主管部門の責任者である王志剛・経済部長は8月9日から、連戦・副総統兼行政院長は8月12日からそれぞれパラグアイ、ドミニカに外遊中であったため、李登輝演説の際には台湾を不在にしていた[60]。さらに、陸委会、経済部、経建会のいずれの内閣の関連部会も「両岸関係グループ」の研究について事前に参与させられていなかった[61]。このため、留守を預かる行政院閣僚らは、李登輝の発言について、政策転換ではないとして対応するしかなかったのである。

1. 行政院の「政策転換ではない」という対応方針

　徐立徳・行政院副院長は当初、まだ李登輝の演説の内容を読んでいないと述べ、具体的なコメントを避けた[62]。徐立徳は16日になって李登輝の発言は行政院の政策と一致していると述べた[63]。江丙坤も李登輝の演説は行政院のそれまでの政策と一致すると述べ、自分の知る限りのアジア太平洋オペレーション・センターの計画においては、大陸を台湾の唯一の後背地とするという内容は述べられておらず、かつての「南向政策」も同じ考え方によるものだとマスコミの取材に説明した[64]。その一方で、江丙坤は蔡兆陽・交通部長と一緒に、域外転送センターと経貿特区の計画を予定通りに進めると明言した[65]。蔡兆陽は、三通への目標は変わらないが、安全保障のため推進を遅らせざるを得ないとも述べた[66]。張京育は、陸委会は経済政策の責任機関ではないが大陸政策の変化はないと述べた。高孔廉・陸委会副主任委員も陸委会のスポークスマンとして、大陸は唯一の後背地ではないと述べ、一方で李登輝が大陸への投資を止めようとするはずがないと発言した[67]。辜振甫は大陸へ投資する前に、台湾への投資を先にすべきという物事の順番に注意しなくてはならないと述べた[68]。帰国した連戦も、大陸市場や両岸の経済・貿易関係は決してアジア太平洋オペレーション・センターの必要条件ではないと述べている[69]。

　本来江丙坤は積極的に両岸経済関係の開放を主張する経済政策の閣僚として知られていたが、大陸への投資を沈静化しようとするため打ち出した二回の「南向政策」における計画と執行の主な担当者でもあった[70]。江丙坤は、経済部長、後に経建会主任委員としてアジア太平洋オペレーション・センターの計画および執行を手掛けている[71]。また、徐立徳はかつて「アジア太平洋オペレーション・センターは経済自由化を目指すため、必ずしも両岸関係に関わるとは限らない」と発言したことがある[72]。そのため、李登輝発言が、政府全体として政策転換を表したわけではないという説明には一定の説得力があったと言えよう。

2. 大陸投資規制をめぐる台湾政府内の混乱

しかしながら、政策転換ではないと説明したものの、行政院は政策転換のような行動を取った。徐立徳は江丙坤、張京育、張昌邦・経済部政務次長（副大臣に相当）を召集し、経建会の下において大陸への投資の規制の基準について計画することを決定した[73]。さらに、帰国した王志剛は李登輝と面会した際、李登輝が投資規制の基準を制定するよう指示しなかったと述べた[74]。また、経済部工業局（経済産業省の経済産業政策局、産業技術環境局、製造産業局における工業、産業の業務を主管する経済部の内部部局、以下、工業局）の尹啓銘局長は、マスコミの質問に応じた際、投資制限の検討を行っていると発言した。だが、張昌邦の指示を受け、尹啓銘は規制の検討を行うことはないと述べ、自分の前言を撤回した[75]。ほかにも、経建会が大陸ビジネスの資金の台湾投資を開放する政策の討議を取りやめたという報道もあった[76]。

次に、徐立徳による調整と協議が終わった時、王志剛、張昌邦、外国人の台湾投資と台湾企業の海外投資を主管する経済部投資審査委員会（以下、投審会）は、経建会を中心に投資規制について計画をたてると発表した[77]。しかし、江丙坤は工業局が規制についての計画を担当することになり、その調整における結論は李総統の講演についてさらに検討を行っただけだと述べた[78]。また、規制についての担当が経建会から陸委会へ移されたと報道されたが、張京育は、大陸政策の転換はないが、経建会および経済部は主管機関として対策を考えるのではないかと言い、陸委会の役割を明確には説明しなかった[79]。

ここで、行政院関係者のコメントにおいて、投資規制を制定するかどうかについての説明が一致していなかっただけではなく、行政院が規制をめぐる調整と協議を行ったにもかかわらず、まず規制を制定するかどうか、次に関連閣僚の誰が規制を制定するかということへの認識も異なっていたことが明らかになった。

しかも、李登輝が提起した規制に対し、行政院内部において次第に否定的な意見が出てきた。江丙坤は規制をすれば企業はほかの方法を用いて大陸への投資ができると発言した。李高朝・経建会副主任委員は規制にも限界があると述べ、台湾にとって最もよい対大陸の投資比率を計算するのは不可能であると認めた[80]。経建会内部の報告書においても、政府は両岸の経済・貿易交流を規制することな

ど不可能であると指摘した[81]。経済部中小企業処（以下、中小企業処）と工業局も規制について否定的な態度を示した。中小企業処処長は、政府が新たな規制基準を決めても、労働集約型の産業を中心とした中小企業は中国への投資を止めようとはしないと述べた[82]。工業局の副局長2人はそれぞれに、規制は不可能であり、制限について立案せよという指示はなかったなどと述べ、規制はむしろさらに緩和していくはずであると発言した[83]。

ところが、行政院各部門の対応に混乱が見られたにもかかわらず、総統府が政策調整を行った形跡はなかった。しかも李登輝の規制に関する発言と行動には矛盾があった。1996年8月19日、李登輝は許遠東・中央銀行総裁に、大陸への資金規制に関して研究せよと指示した[84]。ただし、20日の工商建研会との面会において、李登輝は大陸への投資を阻止したり、投資比率を設定したりするつもりはなく、ただ台商の大陸への依存度が高くなると投資のリスクも高くなることを心配しているだけだと述べたのである[85]。

したがって、以上の混乱および李登輝自身の態度からみれば、李登輝が政策転換の意向を示した段階で、すでに総統府と行政院との調整が欠如していたものと考えてよいであろう。

3. 大陸と台湾財界の対応

（1）大陸の態度

李登輝の演説に対し、大陸側は台商を引き寄せる政策をやめようとしなかった。8月20、21日、大陸政府は「台湾海峡両岸間航運管理弁法」、「台湾海峡両岸間貨物輸送代理業管理弁法」などの三通に関する法律を公表し、直接通航の開放を台湾政府に呼びかけた[86]。また、海協会をはじめ、国務院台湾弁公室（以下、国台弁）、大陸の外交部と交通部も台湾政府が三通を妨害したり、対話の雰囲気を破壊したりしているという批判を続けていた[87]。

ただし、大陸に台湾政府との対話を再開する意向はなかった。8月16日、唐樹備・海協会副会長は、台湾が提起した域外転送センターおよび経貿特区などについて、否定的な態度を示したのみならず、これまでの交渉で成果が出ていないから、海基会と海協会の対話を再開しなくてもよいとまで明言した[88]。

（2） 台湾財界の対応

　台湾と大陸政府の政策に対し、台湾財界の態度は分かれた。辜濂松は、大陸への投資のリスクに注意しなくてはならないと述べた[89]。辜振甫も三通について、国家安全保障などの問題に注意しなければならないため、慎重に計画すべきだと主張した[90]。

　これに対し、大陸に投資しようとしている財界の要人は、李登輝発言に否定的な態度を示しただけではなく、経済交流をさらに進めるべきであるとさえ主張した。「台湾海峡両岸間航運管理弁法」が公表された時、高清愿は早めに直接通航すべきだと述べ、両岸の工商業と海運業の代表に直接通航についての交渉を任せたほうがよいと明言した[91]。また、政府が武漢発電所への投資を明確に断ろうとすれば中止せざるをえないが、そうでなければ中止するつもりはないという態度を示した[92]。孫道存・工商建研会名誉会長は、大陸が公表した法律によって台商は三通から直接に利益が得られると述べた[93]。直接通航に賛成する海運業者である陽明海運と長栄海運は速やかに大陸に申請を提出した[94]。王永慶に至っては規制の効果とアジア太平洋オペレーション・センター政策をめぐる大陸への投資などに関する台湾政府の不明確な対応を公に批判した[95]。ほかにも遠東、福懋、利華、怡和、嘉裕などの大手紡織業は大陸への投資をやめるつもりはないという態度を示した[96]。林坤鐘・中日グループ総裁も、大陸への投資を規制するのは不合理だと述べた[97]。

　このように政府の対応が混乱していただけではなく、大陸もそれを無視して経済交流をさらに整備し、推進しようとしていた。しかも、台湾財界の中でそれを支持する要人は決して少なくなかったのである。それだけではなく、高清愿が理事長である工総は大規模な経済視察団を組織して大陸に視察訪問したのである。

第3節　政策方針が確認された段階―「戒急用忍」の発表―

1. 工総による経済視察団の大陸訪問

（1） 工総経済視察団による成果

　工総は政府との繋がりが強い工業団体として知られている[98]。また、この視察団は第3次台湾海峡危機以来、台湾から大陸への最大規模の経済視察団であり、政府との繋がりが強い財界、官僚、学界のメンバーが多かった。例えば、団長の高清愿と李成家・中小企業協会名誉理事長は海基会の理事である。副団長の林坤鐘は行政院顧問である。許文彬・総統府国策顧問、高辛陽・経済部主任秘書、郭婉容・行政院政務委員の娘である劉憶如・台湾大学財経学科教授も視察団のメンバーであった。その上、李登輝が大陸との経済交流を再検討すべきという旨の演説を行ったにもかかわらず、工総視察団は大陸へ訪問した。そのため、大陸は工総の視察団を重視し、海協会ではなく国台弁に視察団の接待を直接担当させた。経済事務を担当した李嵐清・国務院副総理、王兆国・国台弁主任も視察団が北京に着いた初日にすぐ視察団との会合を行った。何よりも江沢民までもが視察団と面会した。これは第3次台湾海峡危機以来はじめて台湾の重要商工団体の関係者が江沢民との面会が実現したのである[99]。

　高清愿は積極的に李嵐清、王兆国の台湾訪問およびアジア太平洋経済協力会議（Asia-Pacific Economic Cooperation）で江沢民と李登輝の首脳会談を行うべきだと提案した[100]。また、工総と大陸の全国工商連合会（以下、工商連）は台商権益保護協定についての協議を提起し、政治的な理由によって機能していない海基会と海協会の代わりに、工総のような民間団体に経済についての交渉を任せようと提案した[101]。高清愿は例として、工総と工商連が投資保証協定の交渉を行うことを挙げた[102]。視察団も天津のペイント業者への投資に合意したという成果を達成した[103]。高清愿の率いる統一グループも大陸における投資を増加する計画を立案した[104]。

（2）「以商囲政」戦略で大陸に取り込まれた経済視察団

　「以商囲政」および「以経促政」とは、米中国交正常化以後大陸が台湾に対してとってきた「平和統一政策」の一部である。「以商囲政」というのはビジネスで政治を包囲するということである。企業を利用して政府に圧力をかけようとするという「以商逼官」も「以商囲政」と類似の意味を持っている。また、「以商囲政」と同じ意味で、経済界の支持を得、政界への「三通」開放圧力を期待した戦略は「以経促政」と呼ばれている[105]。

　李登輝が大陸への投資を規制する発言をしたばかりであるにもかかわらず、工総による視察団は大陸における投資について大陸政府と話し合い、投資についてのコンセンサスに達した。つまり、大陸にとって、対大陸投資制限に言及した李登輝を台湾内部で孤立させ、自らの政策を宣伝するための格好のチャンスになっただけでなく、「以商囲政」、「以商逼官」、「以経促政」を進めるチャンスでもあると言えるだろう。

　李嵐清は視察団との会合において再び三通の開放を台湾政府に呼びかけた[106]。視察団が北京に到着した時、沈国放・外交部スポークスマンも世界のマスコミに対し、台湾政府は三通を開放し、両岸の貿易を規制しないようにと呼びかけた[107]。王兆国は、必要な交渉もしくは必ず合意できることがあれば台湾訪問を拒否しないと明言した[108]。また、直航、すなわち直航便を就航させるため、王兆国は、「権宜旗」（便宜旗、都合のよい旗）によって通航に関する両岸政府が互いの国旗を認めない争いによる「旗幟問題」を解決すると提案した[109]。経叔平・工商連主席は両岸の工商界は協力し、農業、中国の西北の開発およびハイテク産業の発展を推進することができるのではないかと工総の提案に応じた[110]。さらに、江沢民は視察団と面会し、政経分離の態度を強調し、「江沢民八項目提案」に基づいて両岸の経済貿易交流を強めるようにと求めたのである[111]。

　このような中で、大陸側は視察団と対話しながらも、台湾政府と直接に対話するつもりはないという態度を示した。沈国放は、台湾当局が「二つの中国」を推進しているため、中国は海基会、海協会による三通についての交渉を拒否すると明言した[112]。汪道涵も対話の回復はしばらく無理であると述べた[113]。その上、大陸が工総と工商連を海基会と海協会の代わりとして新たな対話のパイプとしようとしていることが、台湾のマスコミに報道された[114]。ここで、大陸は台湾政

府が認めた海基会を相手にしないことで、台湾政府を差し置き、大陸で投資しようとしている商工団体を相手にしようとしているように見えた。

しかも、視察団のメンバーが台湾の海基会を批判したことも報道された。副団長の林坤鐘は、大陸との交渉の効率が低下した点からみれば海基会は自らの機能を果たしていないと発言したのである[115]。また、大陸の権宜旗の提案に対し、高孔廉はそれぞれの国旗を掲げたほうがよいという陸委会の態度を示したが、工総側は大陸の権宜旗の提案は善意であると認め、原則にこだわる陸委会を批判した[116]。

これら一連の流れの中で、工総の視察団は大陸の政策宣伝の道具となり、「以商囲政」戦略によって大陸に取り込まれたと見なされてもおかしくない。視察団のメンバーによる海基会への批判報道は、工総視察団のそうしたネガティブなイメージを強めたとされている。その結果、工総視察団が大陸の「以商囲政」の道具となったという疑いは政界と財界において徐々に広がってしまった。

2. 行政院の工総視察団をめぐる「以商囲政」への対応

前述の李登輝の演説への対応が混乱していたこともあり、行政院の閣僚による大陸の三通についてのコメントは最初から明らかに不一致が目立った。徐立徳、江丙坤、蔡兆陽、王志剛などの経済政策の担当閣僚は、大陸が公表した直航に関する法律は台湾のアジア太平洋オペレーション・センターに対する善意の表明であると評価した[117]。空運と海運などを主管する交通部航政司も大陸資金が50％を超えた船の域外運航センターに停泊する計画を練っていると公表した[118]。連戦も、細かいところに問題はあるものの同様に大陸の善意として評価すると発言した[119]。さらに、連戦は主権に対する論争を控え、経済貿易を両岸における交流の中軸とすべきであると述べた[120]。

経済部門の楽観主義に対し、陸委会は大陸の政治的目的を経済問題に絡ませるやり方に対して警戒すべきだという態度を示した。張京育は大陸が「台湾海峡両岸間航運管理弁法」を公表した時に早速「通航を政治に絡ませるべきではない」と批判した[121]。

このように、行政院各部門の対応は当初ばらばらであった。しかしながら、彼らは工総視察団の訪問とその経過が明らかになるにつれ、大陸への対応について

その言動を次第に一致させていったのである。

（1） 対大陸投資抑制方針への転換

投審会は陸委会の委員会会議において「大企業の大陸への投資が早められている」と報告した。そのため、委員会会議は、リスクを考えた上で台商の大陸への投資を抑制すべきだという結論に達した[122]。また、張京育は経済部および交通部と協議し、大陸との経済交流を抑制するという保守的な方針に合意した[123]。この協議によって、特別に審査する必要のある大陸への投資申請案の審査が閣僚レベルで行われることになった。さらに、大陸への投資はあくまでも漸進的に推進させるという保守的な政策方針を決めた[124]。交通部も域外転送センターを増設する計画を中止し、地点は高雄のみに止まった[125]。経済部は「台湾地区與大陸地区貿易許可弁法」を公表したが、両岸関係が緊張緩和しない限り、これが最後の開放措置となるとまで明言した[126]。ここで、はじめて行政院内部の意見が一致したのである。

（2） 海基会による工総視察団への反論と行政院の海基会支持

辜振甫は公権力に関する交渉について、両岸は海基会、海協会のパイプを通じて行うべきだと明言した[127]。さらに、効率の観点から交渉もしくは対話の結果を評価するのは間違っていると代表団の批判に対して反論した。また、大陸側が対話を遅延させ、台商を利用して政府に圧力をかけようとしているため、台商がその手に乗らないようにと改めて忠告したのである[128]。

王志剛は高清愿の提案に対し、民間による交渉には限界があるため、大陸側は海基会と海協会の対話を再開することで投資保証協定の交渉をすべきだと述べた[129]。陸委会も、大陸が既存の準公式チャネルとして尊重せず、台湾政府から授権されていない組織を新たなチャネルとして構築しようとするのは現実離れしていると批判し、大陸がどのような機関に任せても、台湾政府は海基会にしか対大陸との交渉は任せないという立場を表明した[130]。許恵祐・陸委会副主任委員は、どれほど大きな商業的利益があるとしても、それをわれわれが生存するために堅持すべき尊厳より優先することはないと明言し、海基会を支持した[131]。

（3） 行政院内の対応の混乱—対大陸経済交流は保守か開放か—

　ところが、陸委会による調整と協議で閣僚らが大陸との経済交流を抑制するという保守的方針が決定された同じ日に、経建会が行政院の「提昇国家競争力小組」へ提出した「提昇国家競争力計画」においては、対大陸投資を規制しないこと、大陸から台湾への投資活動をさらに開放することなどの内容が盛り込まれた[132]。要するに、「提昇国家競争力計画」における開放という結論は、陸委会を中心とした行われた協調と協議による結論とは完全に異なったのである。

　しかし、江丙坤は「提昇国家競争力計画」における対大陸投資規制の基準については陸委会が主導権を握っていると発表した。李高朝も「提昇国家競争力計画」は陸委会の主張を中心に、経建会、経済部が一部の内容を加えたものだと説明した。これに対し、傅棟成・陸委会経済処処長は、前述の経済交流の保守的方針についての説明をすることなく、単に大陸への経済交流を抑制することはしないということと、規制の基準を設定するのが困難であるということのみを認めた[133]。王志剛は、大陸への投資を促進もしなければ、規制もしないという態度を示した[134]。

　そのため、行政院の各担当閣僚は政策の方針が開放か保守かという態度を明らかにしなかったのみならず、政策についての調整もコンセンサスに達していなかったとしか言いようがない。当時のマスコミも、閣僚は総統府の意向がわからないため保守と開放という相矛盾した2種類の方針を行政院に提出したのではないかと指摘した[135]。

3. 台湾財界における工総視察団への態度

　台湾の財界においては、大陸との経済交流を支持する声があったが、他方で工総の海基会批判を支持しないという声もあった。工総視察団が達したコンセンサスに対し、長栄海運と陽明海運は権宜旗による直航に賛成した[136]。さらに、多くの大企業および商工団体の対大陸投資計画・交流計画が発表された。中華海峡両岸企業交流協会は大陸における発電所および病院の建設に投資すると発表した[137]。中国石油化学工業開発株式会社、奇美企業、台湾プラスティック・グループなどの台湾の大手石油化学企業はすでに大陸への投資を行っていたと報道された[138]。また、両岸のデパート業界の交流も始まった[139]。商総は年末に大陸

への視察を計画していた[140]。工商建研会もまた11月に大陸を視察することを発表した[141]。ほかにも米国、デンマークの海運業者と企業界の要人が、台湾政府に大陸への投資および通航を早めに開放するようにと苦言を呈した[142]。

しかし、経済交流を進めるという工総のコンセンサスを共有しても、商総の会議では、工総視察団が海基会に対して加えた批判は、大陸の「以商逼官」戦略に利用されたものにすぎず、工総は工業以外の台商を代表することができないという批判さえ出されたのである[143]。つまり、台湾の財界は大陸との経済交流強化に賛成しても、必ずしも工総の海基会への批判を支持することにつながらなかったのである。

4. 明白になった李登輝総統の対大陸投資に関する態度

このように政府の対応が混乱している時、李登輝総統はようやく自らの工総への不満および大陸への投資についての考え方を明示した。李登輝は当初から、大陸が工総視察団を利用して台湾内部を分裂させようとしていると述べ、大陸の対台湾政策を批判したが、視察団への批判は避けていた[144]。しかし、彼はすでに経建会に、投資規制についての計画を立案するよう指示していた。江丙坤は李登輝の指示を受けたものの、経建会の責任は政策決定ではなく調整であるし、大陸への投資を規制するのは経済の論理に反することだと考えたため、薛琦・経建会副主任委員に、経建会の立場についての見解をまとめるよう指示を出した[145]。

さらに、李登輝は9月12日に工総が主催した全国経営者大会第三回大会の開幕式に本来出席する予定であったが、11日に急遽出席しない旨を工総に伝えた。これは工総への不満を示したシグナルであると見なされた。しかも連戦、王志剛、辜振甫、辜濂松などの政府・財界の要人も開幕式に出席しなかった[146]。また、黄昆輝・総統府秘書長が代読した李登輝の挨拶文においては、「根留台湾（台湾に根を残す）」の主張が強調された[147]。

開幕式以後、政府要人たちも相次ぎ態度を表明した。辜振甫は台商の大陸への投資を調整すべきだと述べ、政経分離によって両岸関係に対応するのは不合理だと大陸を批判した。江丙坤は「大陸への投資のスピードを抑えなければならない」と述べた[148]。張京育は、大陸が武力の威嚇をやめないと両岸間の経済交流は進まないと発言し、大陸への投資リスクに憂慮を表明した[149]。呉伯雄・国民

党秘書長は、企業界は大陸の「以商囲政」に取り込まれないようにすべきであると述べた[150]。王志剛は規制の基準を設置しないと述べたが、大陸への投資を勧めないと再度説明した。江丙坤も王志剛と同じ立場を示した[151]。焦仁和・海基会秘書長は大陸の「以商囲政」に気をつけなければならないと発言した[152]。

　李登輝が全国経営者大会の開幕式に出席しなかったことによって、高清愿のみならず、財界全体も李登輝の不満のシグナルに気づかされていった。開幕日に統一グループは武漢における発電所建設の投資を取り消したと発表した[153]。また経営者大会において、統一グループを中心に、「投資台湾運動」を推進することが発表された[154]。そして、統一グループはこれより大陸への投資を自粛することを発表した[155]。

　李登輝の工総への不満表明によって、台湾政界と財界は、総統との摩擦を避けるために大陸への投資について自粛したとも考えられるし、「以商囲政」および大陸へ投資するリスクが無視できないという李登輝の見方を受け入れたと解釈することもできる。いずれにせよ、李登輝が主導したことで、政界と財界においては、大陸投資を沈静化すべきだという雰囲気が形成されたと言える。

5.「戒急用忍、行穏致遠」の発表

　前述した経建会の報告書がまだ提出されていない9月14日の時点で、李登輝は全国経営者大会の閉幕式に出席し、初めて「戒急用忍」を発表した[156]。さらに、10月21日の国家統一委員会第11回委員会会議において、再び「根留台湾」を強調し、「戒急用忍、行穏致遠（急いではならず、忍耐をもって慎重に進め）」というスローガンを正式に提起した[157]。

　2回の発言において、李登輝は原則を表現するスローガンを提起しただけであり、自らの考え方を国民に具体的に説明したわけではなかった。しかしながら、10月2日、李登輝はついに「大陸における投資で得た利益が台湾に還元された例はない」と述べ、大企業の大陸投資によって台湾において流通する資金が失われるため規制すべきだという自分の考え方を明示するに至った[158]。また、3日、李登輝は大陸が意図的に台湾の資金を吸い込もうとしていると述べ、台商が大陸における投資から得た利益を台湾へ還流させないと、台湾は産業が空洞化し、大陸との交渉材料を失う恐れがあると述べた[159]。

「戒急用忍」という言葉は、「両岸関係グループ」に参加した軍の出身者が提言したものであるという[160]。しかしながら、単に抑制もしくは規制を意味する「戒急用忍」のみであれば、政策は偏狭にすぎると思われるため、李登輝は「慎重に進む」を意味する「行穏致遠」を加えたほうがよいという別の大陸政策のスタッフからの提言を受け入れた[161]。そこで、政策の正式な名称が「戒急用忍、行穏致遠」となったとされる。

第4節　法制化の段階
―「戒急用忍」をめぐる関連政策および法制化の整備―

　李登輝が行った9月14日の演説以後、財界において、台湾プラスティック・グループ、遠東、力覇、裕隆、味全などの大企業は、政府が投資環境を改善するのであれば、台湾における投資を増加させるという条件を付けて政府の政策を支持する態度を示した[162]。大陸視察を計画していた商総と工商建研会はともにそれを取りやめた[163]。ここで、大企業と政府の足並みはそろい、大陸投資熱は沈静化したかのように見えた。
　総統府も台湾における対大陸の経済政策について台湾内部でのコンセンサスを強化するため、1996年末に行われる予定だった国家発展会議で両岸関係を討議するセクションで経済についての項目を入れたのである[164]。行政院は李登輝の「戒急用忍」発言に関与していなかったが、法的な政策決定、および執行機関として具体的な措置を提起しなくてはならなかったため、大陸および経済政策を担当する閣僚は、具体的な関連政策を次々に提起し始めた。本節では、「戒急用忍」の法制化はどのように行われたのかについて、検討を加えたい。

1. 関連政策の提起

（1）経済政策
　経済部は、大陸に投資を集中すればリスクが高まるので、対外投資を東南アジアへ分散したほうがよいというコメントを発表し、「南向政策」を続け、東南アジアをアジア太平洋オペレーション・センターの後背地とする意向を示した[165]。また、王志剛は大陸への投資における審査の基準を高める意向を示した[166]。投

審会も大陸の態度によって企業への審査の基準を調整するつもりであると発表した[167]。そして、経済部は経貿特区において対大陸経済交流の開放について制限を課すと発表した[168]。

江丙坤は、台湾に残っていては発展しにくい中小企業に対し、大陸への投資は徐々に緩やかに開放し、規制するつもりはないが、大企業の大陸への投資は制限すると述べた[169]。また、大陸への依存度が高すぎるため東南アジアもしくは台湾との外交関係のある国が多い中南米へ投資を分散させようと提起した[170]。

陸委会はこれまでの「戒急用忍」の決定過程におけるいずれの段階にも関与していなかったが[171]、張京育はいくつかの関連政策を提起した。まず1997年の香港の大陸返還をめぐって、台湾と香港の輸送については現状を維持したいと述べた[172]。さらに、大陸にある台商協会を通じて台商に協力する体制を作ろうと明言した[173]。そして、台湾と大陸との経貿関係を徐々に発展させるようにしたいと述べたのである[174]。

(2) 大陸政策

陸委会は改めて大陸に対話再開を呼びかけたが、大陸が提示した「中国とは即ち中華人民共和国である。台湾は中国の一省である」という条件を受け入れるのは不可能だと明言した。辜振甫も、大陸が主張する「一つの中国」を受け入れるのは不可能だと述べた[175]。次に、連戦、張京育、辜振甫は、陸委会や経済部や海基会による大陸に投資する台商との会合で、大陸の「以商囲政」を指摘し、ほかの国へ投資を分散したほうがよいと台商に呼びかけた[176]。

(3) 行政院における経済政策をめぐる閣僚間の論議

しかし、経済部の経貿特区における大陸への規制についての政策方針に対し、江丙坤は、経貿特区を当時の香港と同じようにし、大陸との経済・貿易についてすべて開放すべきであると提起した[177]。また、経済部と経建会の方針に対し、陸委会は段階的に大陸との経済交流を開放すべきだと提起した[178]。結局、江丙坤と張京育が協議したにもかかわらず、経貿特区において大陸との経済交流をどのように規制するかについてのコンセンサスは得られなかった[179]。

また、投審会は元々制限基準があるため、さらに規制を課す必要はないと主張

した[180]。さらに許嘉棟・中央銀行副総裁も、実際に台、中、港の資金は台湾へ流入してくるという李登輝と異なった考え方を提起した[181]。

したがって、経済政策の主管部門においては、規制についての基本的な考え方および具体的な政策について、まだコンセンサスに達していなかったし、李登輝の考え方についても各部門でそれぞれ異論があったのである。

2. 国家発展会議におけるコンセンサスおよび「戒急用忍」の法制化

このように行政院内部で投資規制に関する合意が達成されなかった一方で、1996年12月下旬に行われた国家発展会議で、新党が途中で出席を拒否して会議から退出するというハプニングがあったものの、それ以前の段階で、国民党、民進党、新党という台湾の主要政党は両岸関係の分科会においてすでに大陸政策についてのコンセンサスに達していたのである[182]。

特に経済貿易関係の方策において、「政府は国内企業の対大陸投資に対し、政策性を持った計画を立て、順次に進めなければならない。また大型企業の対大陸投資については、審査を慎重におこない、合理的な規範を設定しなければならない」[183]という見解は、李登輝の「戒急用忍」についての発言と基本的に同じ考え方であった。大陸派と見なされた新党の代表さえ大陸への投資を合理的に規制すべきだ主張し、この考えを支持したため、出席拒否を実行に移す前に文書に署名したのであった[184]。したがって、李登輝の「戒急用忍」に関する主張は国内の広範なコンセンサスを獲得したと言うことができるのである。

このコンセンサスにより、台湾政府は「戒急用忍」の法制化を進めなくてはならなくなった。しかしながら、これまで行政院においては、大陸投資の審査基準を制定することについて、反対の声があったばかりでなく、誰が審査を担当すべきかという論議もあった。

そこで、李登輝の調整によってこれらの論議が収束させられることになった。李登輝は経済建設委員会に、投資制限の基準および執行に関わる諸問題についての研究を行うように指示を下した[185]。経建会による研究の結論に基づき、李登輝は「戒急用忍」政策の法制化および執行を経済部に担当させることを決めた[186]。

それを受けて王志剛は、大陸の経済問題の専門家として著名な陳博志と朱雲

鵬・中央研究院中山人文社会科学研究所所長など、6名の研究者に規制の基準についての研究を委託した。特に、陳博志は「戒急用忍」の理論的枠組みを提言した本人であったことが、招聘された理由であったとされる[187]。

ところが、陳博志は、具体的な産業もしくは企業の投資を規制するのは難しいことを理由に、両岸関係と台湾の経済発展などの要因に基づいたマクロ経済の指標から、長期政策として毎年動態調整を行うことを提言した。さらに、各産業、各企業の台湾経済への影響を採点する形をとって許認可を決めるべきであると主張した。これに対し、経済部はその複雑な考え方を実際に執行するのが困難であることを理由に、明白な基準を決定することを望んだが、審査の時は採点方式をとることを陳博志に提案した[188]。

ここで、経済部は、研究者との協議および研究者たちが提出した研究結果に基づき、さらに財界の意見をくみ上げた上で「在大陸地区従事投資或技術合作審査原則」を制定し、1997年7月15日に公表し、その実施を始めた[189]。その中で、5,000万米ドルを基準として、各投資計画はこの基準を超えてはならないという条文が注目を集めた。さらに、経済部は状況の変化に合わせて内容を修正する方針も決めた[190]。また、それに先立つ3月18日に、経済部、法務部、陸委会は、台湾企業が大陸へ直接投資する際の違法行為に対し、合同で取締を始めていたのである[191]。

ただし、上限を5,000万ドルとしたため、「在大陸地区従事投資或技術合作審査原則」は、事実上中小企業を制限するものではなく、大企業だけを制限するとなった[192]。しかも、条件次第では5,000万ドルを超える投資が全くできないわけではなく、主管機関は、両岸関係および台湾国内の経済発展を基準として、5,000万ドル以上の案件も審査することが明記された[193]。

また、「在大陸地区従事投資或技術合作審査原則」は「在大陸地区従事投資或技術合作許可弁法」第七条に基づいて制定された法規命令であり、立法院において採決される法律ではなく、行政機関がその行為、組織に関する基準を一般的・抽象的な法規範として定める「行政立法」である[194]。これらは、長期的政策のために制定したものであるが、煩雑な立法過程を避け、柔軟に両岸関係と経済発展などの状況に対応することを眼目としたため、「在大陸地区従事投資或技術合作審査原則」を修正する行政立法の形をとったのである[195]。

そのため、「在大陸地区従事投資或技術合作審査原則」は単なる大陸への投資を制限する法規ではないことが明らかとなった。これは行政立法の形をとる柔軟性を持つ長期政策を明文化したものとなったのである。

第5節　分　　析

ここで、国安会モデルおよび以上の「戒急用忍」の提言から法制化までの決定過程への検討を通じて、その政策過程の特徴について分析を加えたい。従来の「戒急用忍」の決定過程研究を図式化すると、それは図4-1のようにまとめることができる。本節では、図4-1および第3章の図3-10の国安会モデルを比較しながら分析を進める。まずは実施された調整と協議の実態から、国安会モデルおよび既存のメカニズムについて検討を始め、その次は、「戒急用忍」に関与した各アクターの果たした役割について分析する。

1．国安会モデルおよび既存の調整メカニズムにおける問題点

本章の検討であきらかとなったように、「戒急用忍」の決定過程においては、国安会におけるグループ会議レベルの政策研究が存在したとはいえ、高層会議および次官会議による討議プロセスが完全に欠落していた。それだけではなく、閣僚レベルにおける経済政策の調整、協議機関である経建会、大陸政策の調整と協議機関である陸委会、閣僚間の協議、院レベルで相互調整・協議等々がなんとか機能したものの、それぞれの対応をまとめあげる役割はどの機関にも果たせなかった。結局、政府における調整と協議をせずに方針を発表した李登輝が、実際の調整と協議を行ったことにより、閣内不一致の混乱は収まり、さらに法制化までが実施されるに至った。

確かに、8月14日に李登輝が政策転換の意向を明示した時から法制化の段階における李登輝自らの調整に至るまでの間、行政院閣僚たちのちぐはぐな対応や混乱状態からみれば、国安会による協議・調整がなかった、もしくは機能しなかったことは明らかである。さらに言えば、総統の命令や指示が下されない限り、国安会は勝手に政策調整を行うことができない。総統のリーダーシップが発揮されない限り、国安会は、能動的に調整を行うことができず、あくまで受動的

であり続けたという問題点が浮かび上がる。

次に、行政院における行政院会と陸委会の委員会会議、経建会の委員会会議、大陸工作策画小組なども、各部門間の調整・協議の機能を持っている。ただし、「戒急用忍」の決定過程において、副院長レベルおよび閣僚間で調整と協議がたびたび行われていたものの、投資規制を実施するかどうかのみならず、どの部門がそれを担当するかについてさえも、終始まとめることができなかったのである。したがって、行政院レベルにおいては、大陸投資規制のような重大政策、もしくは国家戦略レベルの方針をまとめる機能には大きな限界があったと言わざるを得ない。

2.「戒急用忍」の決定過程に関与したアクター

「戒急用忍」の事例からみれば、政策過程ネットワークにおける政策提言スタッフの影響力は行政院の各主管機関より強かったとさえ思われる。確かに、李登輝の政策スタッフ・グループ、「両岸関係グループ」による提言が、従来の積極的な大陸政策の基調を保守的な方向へと転換したため、諮問スタッフは主管部門よりも大きな影響力を有していたのかもしれない。しかしながら、李登輝が大陸政策を急遽転換してから新たな政策方針が固まる段階までは関与していなかったにもかかわらず、法制化の段階に至ると、経建会による李登輝への報告書がその調整に影響を与えたし、経済部もまた経済政策の決定機関としての機能を果たしたのである。そのため、経済政策の主管機関は政策転換の初期段階において何ら役割を果たさなかったように見えるものの、法制化の段階においては法律に裏付けられた職権を行使して、政策決定に影響を与えたのである。言い換えるならば、「戒急用忍」の決定過程をみれば、国安会スタッフおよびグループ会議の役割は、政策提言に限定されていたと判断してよいのである。

これに対し、大陸政策の要となるはずであった陸委会は終始一貫して、主導的な役割を果たすことができなかった。陸委会は政策転換から法制化の段階まで多くの行動と発言をしたが、実際に政策決定に関与していなかったし、李登輝による調整にも関与していなかった。そのため、陸委会は「戒急用忍」の決定過程において、大陸政策に関する調整・協議の機能が低下していたと言ってもよい。また、大陸政策に関連する貿易・投資政策の決定過程においても、陸委会は経建会

より調整・協議の機能が低かったのである。

小　括

　本章では、「戒急用忍」を事例として李登輝がどのように政策過程を運営して政策を行ったかを検討した。本事例では、李登輝は大陸政策および経済政策のスタッフ・グループによる関連提言を受け入れて立ち上げたグループ会議がまとめた政策提言を受け入れたが、行政院の主管部門との調整と協議を経ることなくにその提言に基づいた政策変更を発表してしまった。財界には李登輝の意向に反して大陸への投資を増加しようとした勢力が存在していたし、行政院の主管部門においても、李登輝主導の政策変更に対して異論があったが、結果的に財界と政界はこの政策変更支持に転換した。しかし、主管機関との調整を跳ばした政策変更であったため、主管部門の閣僚達は政策の細部について終始コンセンサスを形成することに失敗した。ここで、トップリーダーである李登輝が調整と協議に乗りだし、政策は細部に至るまでコンセンサスに達することが可能となったのである。さらに、「戒急用忍」の主管部門である行政院経済部は、政府外部の研究者を招聘して法制化を実施した。以上のように、本章で行った「戒急用忍」の決定過程への検討を、第2章と第3章による分析と照合すると、それは図4-1のようにまとめられる。

　「戒急用忍」の決定過程からみれば、李登輝は大陸との経済交流についてどのように対応するかという政策アジェンダを早くから配慮しており、政策スタッ

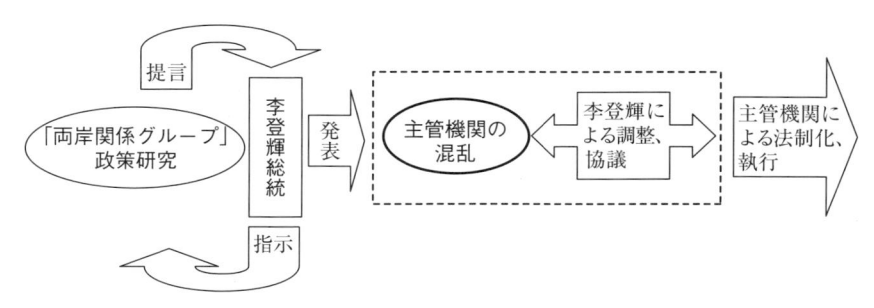

図4-1　「戒急用忍」の政策決定過程
（出所）図3-3および拙稿「李登輝総統の大陸政策決定過程――『戒急用忍』を事例として」『日本台湾学会報』第10号（2008年）の図4（114頁）に基づき作成。

フ・グループに作業を行わせていたのだが、行政院内での調整と協議を行わずに政策変更を発表してしまったため、政府内部で混乱を招いてしまった。そのため、「戒急用忍」は、戦略的な政策方針であったかもしれないが、台湾政府による組織的な検討を積み上げた政策であったとは言いがたい。

　また、最終的に李登輝が政府内部で起きた混乱を抑えたことから、制度的な調整と協議のメカニズムが機能不全に陥った際に、李登輝がその最終的な調整・協議の役割を果たさなければならないことも明らかになった。結果として、このような政策決定過程は、李登輝がスタッフ・グループからの政策提言を受け、自らの調整で政府内部の混乱を抑え、政策を推進したという点で、国安会モデルの一類型に属しているように見える。しかしながら、「戒急用忍」の決定過程における混乱の根源は、そもそも政府内部における調整と協議を行わずに、政策の変更を発表した李登輝本人にある。

　ただし、そもそも国安会モデルは李登輝のリーダーシップに極端に依存する政策過程運営モデルであり、法律上の裏付けを持つ制度的な政策決定モデルではない。要するに、台湾の政治体制において、最高行政首長でもない李登輝が政府内の調整と協議を抜きに強引に政策を変更しようとしても、制度的にそれを止める者は存在しないし、止める根拠もないのである。言い換えるならば、李登輝初代直接民選総統時代の大陸政策決定過程の運営において、政策提言がなされてから政府内で正式に政策決定がなされるまでの段が、もっとも不安定な段階であることを、「戒急用忍」の事例は示唆しているのである。

　さらに、総統によるこのような独断的手法は、閣僚に反感を買わせるだけでなく、諮問スタッフと閣僚との間で対立を招きかねない。例えば、「戒急用忍」をめぐる政策決定過程に参加していなかった当時の蘇起・行政院新聞局長は後に、李登輝が行政院主管機関を無視して対外政策を推進できることを指摘した際に、「戒急用忍」を実例として挙げたことがある。さらに、蘇起は国安会の諮問スタッフの権限が行政院主管機関を越えており、彼らが事実上政策決定の実権を握っていたと批判している[196]。換言すると、「戒急用忍」の事例において、最終的に李登輝による調整と協議で政策過程に起こった混乱を抑えたものの、元来存在していた諮問スタッフと閣僚の間の職権上の紛争をさらに深刻化させたものと考えられるのである。

したがって、国安会モデルによる政策決定過程が安定的に運営されるかどうかは、まさにトップリーダーが政策提言を政策決定へと推進させるプロセスにおいて、国安会スタッフと行政院閣僚との間をいかにして調整・協議するのかという手法にかかっている。このことが、政策過程が円滑に運営されるかどうかだけでなく、スタッフと閣僚の間をめぐる権限問題による対立を抑えるカギでもあったと言えるのである。

注
1) アジア・太平洋地域における製造、海運、航空、金融、情報通信、メディアの6分野に関するセンターを建設し、台湾の産業構造をハイテク、高付加価値へと向わせようとするもの。
2) 「在第三屆国民大会国是建言後講話」行政院新聞局編前掲『李総統八十五年言論選集』、210-212頁。
3) 「親臨第三屆全国経営者大会講話」行政院新聞局編前掲『李総統八十五年言論選集』、226-231頁。
4) 「国家統一委員会第十一次全體委員会議閉幕致詞」行政院新聞局編前掲『李総統八十五年言論選集』、261-265頁。
5) これについての先行研究は以下の通りである。若林正丈「中台関係――交流拡大のなかの緊張統合に向かう経済のベクトル・収斂しない政治のベクトル」『国際問題』第403号（1993年10月）、17-30頁。駒形哲哉「中台経済交流の実態と『統合・競合』の両岸関係」井尻秀憲編著『中台危機の構造――台湾海峡クライシスの意味するもの』（勁草書房、1997年）、155-186頁。松田康博「中国の対台湾政策――1979～1987年」『国際政治』第112号（1996年5月）、123-138頁。呉新興『整合理論与両岸関係之研究』（台北、五南、1995年）、6-10頁。
6) 序章を参照。
7) 政治は冷たいが経済は熱いという意味である。2000年代の日中関係を表現する際にしばしば用いられた表現である
8) 陳博志「促進経済發展的主要策略」『国家政策雙周刊』第124号（1995年10月）、2-3頁。陳博志「台商対大陸資佔GDP2%出口更高達総値24%　我対大陸経貿依頼度瀕臨警線」『中国時報』1996年9月20日。林向愷「由政治経済観点看両岸経貿活動是否應予規範」『現代学術研究』第9号（1999年6月）、1-49頁。林向愷「台商投資中国対国内経済的衝撃」『現代学術研究』第12号（2002年12月）、19-80頁。張清溪「台、中経貿的風険」群策会輯作『台湾経済的迷思与出路――群策会『全民経済発展会議』実録』（台北、財団法人群策会、2006年）、92-104頁。陳博志「両岸経貿必須謹慎」『政策月刊』第51号（1999年10月）、11-13頁。陳博志「避免台湾被中国経済発展辺縁化的策略」『現代學術研究』第12号（2002年12月）、1-13頁。陳博志「対中国大陸的整体策略――釐清『戒急用忍行穏致遠』政策意涵　還原『積極

開放有効管理」政策真諦」『台湾経済研究月刊』第 25 巻第 4 号（2002 年 4 月）、137-145 頁。陳博志『台湾経済戦略――従虎尾到全球化』（台北、時報文化、2004 年）、91-120 頁。呉栄義『WTO 時代――当前台湾経済的省思与展望』（台北、時報文化、2002 年）、97-116 頁。

9) ASEAN 諸国を対象として国際貿易の場を開拓する政策である。1993 年末経済部が「南進政策」を提示したが、1994 年連戦によって「南向政策」と改名した。「経部決推動対外投資南進政策」『聯合報』1993 年 8 月 7 日。「南進政策　連揆正名為推動以東協為対象的南向政策」『中国時報』1994 年 1 月 11 日。

10) 李登科「南向政策与務実外交政策之研究」『国際関係學報』第 12 号（1997 年 10 月）、103-134 頁。陳鴻瑜「従南向政策論台湾与東南亞之関係」『東南亞季刊』第 3 巻第 1 号（1998 年 1 月）、1-19 頁。林継文、羅致政「零和或双贏？両岸経貿交流新解」『人文及社会科学集刊』第 10 巻第 1 号（1998 年 3 月）、33-77 頁。

11) Gordon G. Chang, *The Coming Collapse of China*（New York: Random House, 2001）. Joe Studwell, *The China Dream: the Quest For the Last Untapped Market on Earth*（New York: Atlantic Monthly Press, 2002）. 何清漣『中國的陷阱』（台北、台湾英文新聞、2003 年）。

12) 徐小波「台湾推動亞太営運中心対台港合作関係之意義」葉明德等『一九九七過渡与台港関係』（台北、業強、1996 年）、63-79 頁。于宗先『大陸経済台湾観』（台北、五南、2000 年）、103-154 頁。

13) 于宗先「海峡両岸経済的競争性与互補性」『経済學家』1996 年第 1 号（1996 年 1 月）、28-34 頁。高長「論両岸経貿関係之競争与相輔」『台研両岸前瞻探索』第 13 号、（1999 年 1 月）、3-27 頁。史恵慈「両岸産業分工個案研究――石化業」（台北、財団法人中華経済研究院、2002 年）。尹啓銘『台湾経済転捩時刻』（台北、商周文化、2004 年）。

14) 高長『台海両岸三地間接貿易的実証分析』（台北、行政院大陸委員会、1994 年）。冷則剛「従美国対南非的経貿管制探討我対大陸的経貿政策」『中国大陸研究』第 41 巻第 4 号（1998 年 4 月）、17-38 頁。

15) Scott L. Kastner, *Political Conflict and Economic Interdependence Across the Taiwan Strait and Beyond*（Stanford, Calif.: Stanford University Press, 2009）.

16) 廖光生「大陸市場経済的発展与両岸関係」廖光生編著『両岸経貿互動的穏憂与生機』（台北、允晨文化、1995 年）、81 頁。邵宗海「従政治角度看両岸経貿関係」『理論与政策』第 12 巻第 1 号（1998 年 2 月）、24-40 頁。

17) 童振源「台湾與『中国』経済関係――経済與安全的交易」『遠景季刊』第 1 巻第 2 号（2000 年 4 月）、31-81 頁。童振源『全球化下的兩岸經濟關係』（台北、生智、2003 年）。徐淑敏『敏感性与脆弱性――互頼理論下的両岸関係』（台北、時英、2005 年）。相互依存論については、コヘインとナイの著作を参照。Robert O. Keohane, and Joseph S. Nye, *Power and interdependence: world politics in transition*（Boston: Little, Brown, 1977）.

18) 夏楽生「論大陸経貿政策演変及影響――従『戒急用忍』、『積極開放、有効管理』到『積極

管理、有効開放」』『展望与探索』第4巻第3号（2006年3月）、86-101頁。

19）呉重礼、厳淑芬「『戒急用忍』或『大胆西進』？――我国対於大陸投資的影響因素評估」『問題与研究』第38巻第7号（1999年7月）、43-62頁。呉重礼、厳淑芬『我国大陸経貿政策的分析――論両岸経貿互動対於台湾地区経済発展之影響」『中国行政評論』第10巻第2号（2001年3月）、135-166頁

20）高長、徐東海「両岸経貿発展趨勢与因応対策剖析」『理論与政策』第11巻第4号（1997年9月）、98-109頁。蔡学儀「両岸三通之発展与分析」『展望与探索』第2巻第2号（2004年2月）、34-50頁。

21）林徳昌「海峡両岸的経貿投資与政経互動関係」『中国大陸研究』第40巻第2号（1997年2月）、6-20頁。周添城「両岸経貿発展的戦略思考」『理論与政策』第11巻第4号（1997年9月）、86-97頁。高長『両岸経貿関係之探索』（台北、天一、1997年）。邵宗海「従政治角度看両岸経貿関係」『理論与政策』第12巻第1号（1998年2月）、24-40頁。高長「論両岸経貿之競争与相輔」『台海両岸前瞻』第13号（1999年1月）、1-28頁。Paul J. Bolt, "Economic Ties across the Taiwan Strait: Buying Time for Compromise," *Issues & Studies*, vol. 37, no. 2（March/April, 2001）, pp. 80-105. Karen M. Sutter, "Business Dynamism across the Taiwan Strait," *Asian Survey*, Vol. 42, No. 3（May/June, 2002）, pp. 522-540.

22）高長『大陸経改与両岸経貿関係　三版』（台北、五南、2002年）、319-322頁。

23）監察院とは、中華民国の最高の監察機関であり、同意、弾劾、糾弾および会計監査権を行使する。また、行政院および各部会の所管事項に応じ、監察院で若干の委員会を設置することができる。委員会の調査、決議で是正報告を提出し、行政院および各部会に改善を促すことができる。「中華民国憲法」第90、96、97条。「監察院財政及経、内政及少数民族、教育及文化三委員会為行政院、対於『戒急用忍』政策、係我国近六年来大陸投資、両岸交流之最高指導原則、然該院却在『戒急用忍』之政策過程上欠席、且在執行相関措施上、也未建立較有効的管理機制、致相関部会欠乏共識、歩調不一。另随金融業務愈趨国際化与自由化、行政院却未能採取積極有効的措施、肇致本国金融産業面臨辺縁化之虞等、均有違失、爰依法糾正案」『監察院公報』第2395号（2002年12月4日）、36-46頁。

24）例えば、張慧英、前掲書。鄒景雯前掲『李登輝執政告白実録』。蘇起、前掲書。丁渝洲、前掲書。鄒景雯前掲『李登輝給年輕人的十堂課』。李登輝前掲『最高指導者的条件』。

25）拙稿「李登輝総統の大陸政策決定過程――『戒急用忍』を事例として」『日本台湾学会報』第10号（2008年5月）、97-118頁。

26）「辜濂松建議　政商結合投資大陸」『聯合報』1996年3月26日。

27）「辜振甫：加強経貿是両岸最大交集点」『聯合報』1996年5月31日。

28）「張栄発籲加速開放三通」『聯合報』1996年8月15日。「推動両岸三通　張栄発促加速」『工商時報』1996年8月16日。

29）「王永慶：政府応該三通」『聯合報』1996年3月30日。

30）「王永慶昨簽訂漳州電廠合約」『聯合報』1996年5月29日。「王永慶：投資漳州電廠　将以

台塑名義向政府申請」『聯合報』1996 年 6 月 1 日。
31) 「統一也想赴武漢設電廠」『聯合報』1996 年 6 月 1 日。
32) 「江丙坤：亜太営運中心可能不作」『聯合報』1996 年 3 月 23 日。
33) 「張京育盼台商作政府堅定後盾」『聯合報』1996 年 4 月 25 日。
34) 「漳州設廠案 投審会了解中」『聯合報』1996 年 5 月 24 日。
35) 「張京育：規画設立両岸経貿特区」『中国時報』1996 年 6 月 26 日。「接見国際青年商会中華民国總会中区区会全體分会会長及会務執行人員講話」行政院新聞局編前掲『李総統八十五年言論選集』、186-188 頁。
36) 「『農産品――准許間接輸入大陸物品項目表』及『工業産品――不准輸入大陸物品項目表』」行政院経済部『経済部公報』第 28 巻第 21 号（1996 年 7 月 21 日）、17-91 頁。
37) 「公告増列及修正『在大陸地区従事投資或技術合作准類及禁止類行業項目』」行政院新聞局『行政院公報』第 2 巻第 29 号（1996 年 7 月 17 日）、22-40 頁。
38) 「訂定『大陸地区土地及営建専業人士來台従事土地或営建専業活動許可弁法』」行政院内政部『内政部公報』第 2 巻第 2 号（1996 年 8 月 16 日）、1-12 頁。
39) 「訂定『大陸地区法律専業人士來台従事法律相関活動許可弁法』」行政院法務部『法務部公報』第 194 号（1996 年 8 月 31 日）、36-37 頁。
40) 筆者の元国安会スタッフ B へのインタビュー（2010 年 5 月、於台北）。
41) 「宋心濂怒斥、邱進益掣肘、黃昆輝難堪」『新新聞周刊』第 277 号（1992 年 6 月 28 日～7 月 4 日）、14-19 頁。
42) 同注 9。
43) 「辜振甫将成為第一個到大陸的国民党中常委」『新新聞周刊』第 284 号（1992 年 8 月 16 日～8 月 22 日）、27-29 頁。
44) 筆者の元行政院閣僚 D へのインタビュー（2007 年 3 月、於台北）。「李登輝急踩煞車 財経官員昏頭転向」『工商時報』1996 年 8 月 15 日。
45) 筆者の張栄豊・元国安会諮詢委員へのインタビュー（2010 年 5 月、於台北）。
46) 王銘義「張榮豊功成身退？」『中国時報』2003 年 5 月 30 日。
47) 張栄豊「海峡両岸通商不可一廂情願」『財訊』第 76 号（1988 年 7 月）、150-151 頁。張栄豊「中国大陸経済改革与両岸経済交流之関係」廖先生編著『両岸経貿互動的隠憂与生機』（台北、允晨文化、1995 年）、13-33 頁。張栄豊『台海両岸経貿関係』（台北、業強、1997 年）。なお、出版日は 1997 年であったが、『台海両岸経貿関係』は 1989 年頃完成した研究である。
48) 「張栄豊：当時我在国外」『工商時報』1996 年 9 月 2 日。
49) 筆者の陳博志・元行政院経済建設委員会主任委員へのインタビュー（2009 年 3 月、於台北）。筆者の張栄豊・元国安会諮詢委員へのインタビュー（2010 年 5 月、於台北）。
50) 「譲社会保留一個説実話的人」『新台湾新聞周刊』第 303 号（2002 年 1 月 12 日～1 月 18 日）、23-24 頁。張炎憲主編『李登輝総統訪談録 4――財経産業』（台北、国史館、2008 年）、44-50 頁。筆者の陳博志・元行政院経済建設委員会主任委員へのインタビュー（2009 年 3 月、於

台北)。なお、新新聞の記事では、財政スタッフ・グループの召集人は劉泰英であったというが、おそらく梁国樹がなくなった以後のことだと考えられる。「李登輝私人智嚢団大換血」『新新聞周刊』第497号（1996年9月15日〜9月21日）、15-19頁。
51) 梁国樹『梁国樹財経政策建言集2——国際経貿政策建言』、191-205頁。梁国樹『梁国樹財経政策建言集3——経済発展政策建言』（台北、遠流、1998年）、171-178頁。張炎憲主編『李登輝総統訪談録4——財経産業』（台北、国史館、2008年）、179-184頁。
52) 筆者の陳博志・元行政院経済建設委員会主任委員へのインタビュー（2009年3月、於台北）。
53) 梁国樹『梁国樹財経政策建言集2——国際経貿政策建言』、195頁。
54) 同第二章注26。
55) 筆者の陳博志・元行政院経済建設委員会主任委員へのインタビュー（2009年3月、於台北）。
56) 「李登輝用施振榮的脳控制了王永慶的脚」『新新聞周刊』第494号（1996年8月25日〜8月31日）、74-76頁。李登輝が国民大会において講演した時、施振栄は資源を有効に利用し、台湾においてさらに投資すべきだと述べ、李登輝の発言への支持を明示した。「企業界應対内做更高階投資」『聯合報』1996年8月18日。
57) 李登輝『最高指導者の条件』（PHP研究所、2008年）、108-109頁。張炎憲主編『李登輝総統訪談録4——財経産業』（台北、国史館、2008年）、180頁。
58) 筆者の元行政院閣僚C、Dへのインタビュー（2007年3月、於台北）、筆者の元行政院閣僚Bへのインタビュー（2007年9月、於台北）。筆者の陳博志・元行政院経済建設委員会主任委員へのインタビュー（2009年3月、於台北）。筆者の張栄豊・元国安会諮詢委員へのインタビュー（2010年5月、於台北）。
59) 同注2。
60) 王志剛は国際会議への出席のため、8月9日にパラグアイを訪問した。連戦はドミニカ大統領就任式に列席するため8月12日に米国を経由しドミニカに入った。さらに、実務外交を推進するため、ドミニカにおける予定が終わった後、マスコミに次のスケジュールを明らかにすることなく、ウクライナへ飛び、22日台湾に帰国した。
61) 筆者の元行政院閣僚C、Dへのインタビュー（2007年3月、於台北）、筆者の元行政院閣僚Bへのインタビュー（2007年9月、於台北）。
62) 「徐立徳不願発表意見」『中国時報』1996年8月15日。
63) 「徐立徳：無関大陸政策改変 也非政策転彎」『中国時報』1996年8月16日。「李総統談話『与行政院政策一致』」『聯合報』1996年8月16日。「大陸政策不変 府院歩伐一致」『中央日報』1996年8月16日。
64) 「徐立徳：無関大陸政策改変 也非政策転彎」『中国時報』1996年8月16日。
65) 「境外航運中心 経貿運営特区 按原計画進行」『工商時報』1996年8月16日。
66) 「李総統談話『与行政院政策一致』」『聯合報』1996年8月16日。「大陸政策不変 府院歩

伐一致」『中央日報』1996 年 8 月 16 日。
67)　「李総統談話『与行政院政策一致』」『聯合報』1996 年 8 月 16 日。
68)　「辜振甫：計画有優先順序　張京育：投資重点在台湾」『自立早報』1996 年 8 月 16 日。
69)　「継続努力参与聯合国　発展亜太営運中心　大陸市場不是必然条件」『中央日報』1996 年 8 月 23 日。
70)　「経部決推動対外投資南進政策」『聯合報』1993 年 8 月 7 日。「経部将成立小組推動南進政策」『中国時報』1993 年 11 月 24 日。陳瑞瑜、前掲論文、2-3 頁。
71)　王純瑞『拼命三郎——江丙坤的台湾経験』(台北、聯経、2003 年)、251-279 頁、299-300 頁。
72)　「蕭萬長：規画境外航運中心兼顧経済需要与現実　徐立徳：亜太営運中心旨在建立開放自由経済体制　大陸並非決定成敗関鍵」『中国時報』1995 年 1 月 6 日。
73)　「大陸投資訂指標　苦了経建会」『聯合報』1996 年 8 月 16 日。
74)　「李総統：投資大陸比率没有要設限」『経済日報』1996 年 8 月 21 日。
75)　「我対大陸政策　王志剛今起向企業界説明」『聯合報』1996 年 8 月 22 日。
76)　「李総統一席話　放寛陸資来台案　緊急叫停」『中国時報』1996 年 8 月 16 日。
77)　「赴大陸投資上限　将依産業別制訂」『工商時報』1996 年 8 月 18 日。「赴大陸投資設限　誰訂指標？」『聯合報』1996 年 8 月 20 日。
78)　「赴大陸投資設限　誰訂指標？」『聯合報』1996 年 8 月 20 日。
79)　「李総統一席話　放寛陸資来台案　緊急叫停」『中国時報』1996 年 8 月 16 日。「李総統談話『与行政院政策一致』」『聯合報』1996 年 8 月 16 日。
80)　「大陸投資訂指標　苦了経建会」『聯合報』1996 年 8 月 16 日。
81)　「両岸経貿由市場主導　政府難禁止」『工商時報』1996 年 8 月 17 日。
82)　「赴大陸投資　中小企業不回頭」『聯合報』1996 年 8 月 17 日。
83)　「王志剛：没提到大陸投資設限」『聯合報』1996 年 8 月 21 日。
84)　「資金外流大陸　央行研究控管」『経済日報』1996 年 8 月 20 日。
85)　「王志剛：没提到大陸投資設限」『聯合報』1996 年 8 月 21 日。「李総統：無意限制大陸投資」『自由時報』1996 年 8 月 21 日。「李総統：投資大陸比率没有要設限」『経済日報』1996 年 8 月 21 日。
86)　「交通部發布《台湾海峡両岸間航運管理弁法》」『新華社』1996 年 8 月 20 日。「黄鎮東指出、両岸直航應堅持"一個中国、雙向直航、互惠互利"原則」『新華社』1996 年 8 月 20 日。「黄鎮東強調、交通部関于両岸航運的管理弁法与"境外航運中心"本質不同」『新華社』1996 年 8 月 20 日。「外経貿部發布《関于台湾海峡両岸間貨物運輸代理業管理弁法》」『新華社』1996 年 8 月 21 日。「促進両岸三通又一重大舉措　外経貿部部長助理發表談話希望台湾當局盡早取消人為障礙」『人民日報』1996 年 8 月 22 日。
87)　例えば、「黄鎮東指出、両岸直航應堅持"一個中国、雙向直航、互惠互利"原則」『新華社』1996 年 8 月 20 日、「唐樹備表示、現在是両岸進行政治談判的時候了」『新華社』1996 年 8 月

第 4 章　「戒急用忍」―再選後の初の国家戦略レベルの政策決定―　*151*

　　　 21 日、「台辦發言人敦促台湾當局盡早開放両岸直接雙向"三通"」『新華社』1996 年 8 月 22 日、
　　　 新華社評論員「評論：台湾當局阻撓"三通"徒勞無益」『新華社』1996 年 8 月 26 日。
 88)　「中共：台湾当局仍『我行我素』」『聯合報』1996 年 8 月 18 日。
 89)　「節省運輸成本　業界楽観其成」『中央日報』1996 年 8 月 22 日。
 90)　「辜振甫：直航須一歩一歩来」『中央日報』1996 年 8 月 22 日。
 91)　「高清愿：儘快推動両岸直通　王又曽：政府方面不会接受」『聯合報』1996 年 8 月 21 日。
 92)　「大陸政策改変　企業投資計画不変」『聯合報』1996 年 8 月 18 日。
 93)　「節省運輸成本　業界楽観其成」『中央日報』1996 年 8 月 22 日。
 94)　「航商指中共作法覇道　測試作用大」『中央日報』1996 年 8 月 21 日。
 95)　「亜太営運中心腹地　不能依頼大陸　也不能放棄大陸」『工商時報』1996 年 8 月 16 日。
 96)　「紡織業登陸計画　継続前行」『経済日報』1996 年 8 月 20 日。
 97)　「大陸政策改変　企業投資計画不変」『聯合報』1996 年 8 月 18 日。
 98)　「昔日紅頂商人換緑帽」『新新聞周刊』第 841 号（2003 年 4 月 17 日～4 月 23 日）、64-69 頁。
 99)　「江沢民：両岸政治分岐不応干擾経済合作」『聯合報』1996 年 8 月 30 日。「江沢民：両岸関
　　　係『此時無声勝有声』」『自由時報』1996 年 8 月 30 日。「江主席会見高清愿等台湾知名人士指
　　　出海峡両岸同胞同根同源台湾企業家在祖国大陸発展事業具有明顕優勢」『人民日報』1996 年 8
　　　月 30 日。
100)　「高清愿将促請江沢民与李登輝会面」『聯合報』1996 年 8 月 28 日。
101)　「高清愿建議由対口工商団体協商」『中央日報』1996 年 8 月 29 日。
102)　「恢復協商時機　辜振甫建議秋節前後」『中央日報』1996 年 9 月 1 日。
103)　「台湾東方、天津麗華油漆廠簽約」『中央日報』1996 年 9 月 7 日。
104)　「統一企業拡大在大陸投資」『中国時報』1996 年 9 月 6 日。
105)　松田康博前掲「中国の対台湾政策――1979～1987 年」、123-138 頁。山田辰雄、小島朋
　　　之、小此木政夫編著『現代東アジアの政治』（放送大学教育振興会、2004 年）、197-198 頁。
106)　「京台経済合作研討会在京開幕　李嵐清指出両岸経済関係進一歩発展是大勢所趨」『人民
　　　日報』1996 年 8 月 29 日。
107)　「外交部發言人希望台湾當局対大陸提出的建議作出積極反應」『新華社』1996 年 8 月 27 日。
108)　「解決両岸通航問題　中共建議採用方便旗」『自由時報』1996 年 8 月 30 日。
109)　「解決両岸通航問題　中共建議採用方便旗」『自由時報』1996 年 8 月 30 日。「『方便』通
　　　航　可化解僵局」『中央日報』1996 年 8 月 30 日。外国船はある国の港湾に入港する際、必ず
　　　船籍の国旗を掲げることが定められており、両岸においては、どの旗を掲げて相手の港湾に
　　　入港するかという問題が、直航問題における重要な議題であった。
110)　「大陸促両岸工商広汎合作」『中央日報』1996 年 8 月 29 日。
111)　「江沢民：両岸政治分岐不応干擾経済合作」『聯合報』1996 年 8 月 30 日。「江沢民：両岸
　　　関係『此時無声勝有声』」『自由時報』1996 年 8 月 30 日。「江主席会見高清愿等台湾知名人士
　　　指出海峡両岸同胞同根同源台湾企業家在祖国大陸発展事業具有明顕優勢」『人民日報』1996 年

8月30日。
112)「江沢民会見我工商領袖　動作頻頻」『中央日報』1996年8月30日。
113)「両岸高層短期恐難会談」『中央日報』1996年9月4日。
114)「伝中共擬另設両岸対話機構」『中国時報』1996年9月2日。「陸委会：涉公権力事務要由海基会進行」『聯合報』1996年9月2日。「海陸両会反対另闢両岸協商窓口」『聯合報』1996年9月3日。「海陸両会　反対両岸另設対口単位」『自由時報』1996年9月3日。「両岸協商　白手套還不能脱」『中央日報』1996年9月3日。
115)「林坤鐘厳批海基会功能不彰」『聯合報』1996年9月5日。
116)「陸委会：方便旗是不得已作法」『中央日報』1996年8月31日。「辜振甫：以陸委会説法為準」『工商時報』1996年9月1日。
117)「我官員大致肯定　陸委会低調回応」『聯合報』1996年8月21日。「交通部長：両岸通航已有交集」『自由時報』1996年8月21日。「経済部強調　直航三原則：対等、安全、尊厳」『中央日報』1996年8月21日。「台中港月底可望為境外航運中心」『聯合報』1996年8月22日。
118)「交通部有意開放：陸資逾五成可泊境外航運中心」『聯合報』1996年8月27日。
119)「中共公布通航弁法　值得重視」『中央日報』1996年8月23日。
120)「連戦：擱置主権　以経貿交流為主軸」『中国時報』1996年9月1日。
121)「張京育：両岸直航問題　短期難解決」『自由時報』1996年8月21日。
122)「陸委会決研商控制台商赴大陸投資熱」『中国時報』1996年9月8日。「投審会建議拡大与台商溝通」『聯合報』1996年9月8日。
123)「経部：両岸経貿降温程度将可確定」『聯合報』1996年9月8日。
124)「大陸経貿政策穏健発展不躁進」『聯合報』1996年9月10日。「審核単位将提升至部会層級」『中央日報』1996年9月10日。
125)「増設境外航運中心？交通部喊停」『中国時報』1996年9月10日。
126)「両岸経貿将簡化限制」『聯合報』1996年9月10日。
127)「両岸協商　白手套還不能脱」『中央日報』1996年9月3日。「海陸両会反対另闢両岸協商窓口」『聯合報』1996年9月3日。「海陸両会　反対両岸另設対口単位」『自由時報』1996年9月3日。
128)「両岸協商　我須堅持原則」『中央日報』1996年9月6日。
129)「恢復協商時機　辜振甫建議秋節前後」『中央日報』1996年9月1日。
130)「陸委会：中共另設対口単位　不切実際」『自由時報』1996年9月2日。「両岸須透過海基会」『自由時報』1996年9月4日。
131)「商業利益不能超越国家尊厳」『中央日報』1996年9月6日。
132)「台商大陸投資　政府不擬設限」『中国時報』1996年9月10日。
133)「対大陸経貿策略　保守？前進？」『聯合報』1996年9月11日。
134)「両岸経貿　政策寛鬆　大陸投資整体考量」『中央日報』1996年9月11日。
135)　徐碧華「『前進版』応是備胎」『聯合報』1996年9月11日。

第4章　「戒急用忍」―再選後の初の国家戦略レベルの政策決定―　153

136)「陸委会：方便旗是不得已作法」『中央日報』1996年8月31日。
137)「両岸企業交流協会也擬進軍大陸電力市場」『聯合報』1996年8月28日。
138)「深耕大陸通路　石化大廠卡位」『中国時報』1996年9月4日。
139)「両岸百貨業者　廿日交流」『中央日報』1996年9月13日。
140)「商総決組団年底参訪大陸」『中央日報』1996年9月6日。
141)「工商建研会組団十一月訪問大陸」『中央日報』1996年9月12日。
142)「外輪業者進一歩要求『直航』両岸」『聯合報』1996年9月13日。
143)「商総会議砲轟工総大陸行言論」『中国時報』1996年9月6日。
144)「李総統：中共『対台政策的另一套』已開始」『自由時報』1996年8月31日。
145) 筆者の元行政院閣僚Ｃへのインタビュー（2007年3月、於台北）。
146)「李連『破例』不出席全国経営者大会」『自由時報』1996年9月12日。「呉伯雄：経営者大会明閉幕　李総統一定来」『中国時報』1996年9月13日。「李総統重視『企業根留台湾』」聯合報1996年9月13日。
147)「李総統明将出席閉幕礼」『中央日報』1996年9月13日。「李総統重視『企業根留台湾』」『聯合報』1996年9月13日。
148)「江丙坤：該対大陸投資放慢脚歩了」『中国時報』1996年9月13日。
149)「陸委会：勿貿然赴大陸投資」『自由時報』1996年9月13日。
150)「呉伯雄：経営者大会明閉幕　李総統一定来」『中国時報』1996年9月13日。「李総統重視『企業根留台湾』」聯合報1996年9月13日。「李総統明将出席閉幕礼」『中央日報』1996年9月13日。
151)「両岸恢復協商後　経貿政策再開放」『聯合報』1996年9月13日。「江丙坤呼籲　赴大陸投資脚歩放慢」『自由時報』1996年9月13日。
152)「陸委会否認放慢脚歩説　促防中共笑臉」『中国時報』1996年9月14日。「両岸関係和平穏定　経貿才能大幅開展」『中央日報』1996年9月14日。
153)「統一武漢電廠投資叫停」『中国時報』1996年9月12日。
154)「高清愿発起投資救台湾」『中央日報』1996年9月12日。
155)「統一企業将自制　放緩赴大陸投資」『聯合報』1996年9月14日。
156)「親臨第三届全国経営者大会講話」、行政院新聞局編前掲『李総統八十五年言論選集』、226-231頁。
157)「国家統一委員会第十一次全體委員会議閉幕致詞」行政院新聞局編前掲『李総統八十五年言論選集』、261-265頁。
158)「李登輝：対外投資比率応設限」『聯合報』1996年10月3日。
159)「台資有去無回　李総統憂心成無底洞」『中国時報』1996年10月4日。
160) 張炎憲主編『李登輝総統訪談録4――財経産業』（台北、国史館、2008年）、180頁。筆者の張栄豊・元国安会諮詢委員へのインタビュー（2010年5月、於台北）。また、蘇志誠・総統府弁公室主任が演説稿をまとめている時、偶然に「戒急用忍」という熟語を見つけたので

演説稿に加えた説もある。鄒景雯『伝略蘇志誠——九十年来最具争議的権力人物』（台北、四方書城、2002年）、63-67頁。
161) 筆者の元李登輝の大陸政策スタッフへのインタビュー（2006年9月、於台北）。また、張栄豊も、戒急用忍という言葉は抑制する意味を持つと誤解されやすいと指摘した。筆者の張栄豊・元国安会諮詢委員へのインタビュー（2010年5月、於台北）。
162) 「響応投資台湾運動　企業界起而行」『工商時報』1996年9月16日。
163) 「天気太冷　企業界大陸考察暫緩　戒急用忍　商総建研会打退堂鼓」『中央日報』1996年9月16日。
164) 「大陸政策　近期有重大整合、宣示」『自由時報』1996年9月15日。
165) 「経済部将続推動南向政策」『聯合報』1996年9月15日。
166) 「国内経済及国家安全応兼顧」『中央日報』1996年9月15日。
167) 「投審会籲台商観察政治気候」『聯合報』1996年9月15日。
168) 「経貿特区規画　大陸排除適用」『中国時報』1996年10月4日。
169) 「経建会：両岸貿易持続放寛　大企業赴大陸大型投資将管制規範」『中国時報』1996年9月15日。
170) 「江丙坤：対大陸投資近上限」『聯合報』1996年10月1日。
171) 筆者の元行政院閣僚Bへのインタビュー（2007年9月　於　台北）。
172) 「交部不授権　両岸航運団体協商生変」『聯合報』1996年9月17日。
173) 「連戦籲台商根留台湾　分散投資」『聯合報』1996年10月1日。
174) 「台商応兼顧国家利益　勿受中共分化利用」『中央日報』1996年10月20日。
175) 「張京育：海協会応採具体行動」『中国時報』1996年9月24日。「恢復両岸会談　我盼海協会与海基会連繫」『聯合報』1996年9月24日。「海陸両会籲大陸方面以行動恢復協商」『中央日報』1996年9月24日。
176) 「連戦籲台商根留台湾　分散投資」『聯合報』1996年10月1日。「連戦籲勿落入中共以民逼官　以商囲政圈套」『中央日報』1996年10月1日。
177) 「江丙坤：経貿特区一定要包括大陸」『聯合報』1996年10月5日。
178) 「経貿特区　規画対大陸階段開放」『中央日報』1996年10月5日。
179) 「経貿特区規画　必須納入両岸事務」『中国時報』1996年10月8日。
180) 「大陸投資熱急遽降温　投審会認不必再設限」『聯合報』1996年10月5日。
181) 「両岸三地資金是浄流入台湾」『聯合報』1996年10月5日。
182) 新党は12月27日の会議の途中から国家発展会議への出席を拒否した。
183) 「『国家発展会議』総合記録　下」『中華週報』第1807号（1997年4月10日）、付録11頁。
184) 筆者の陳博志・元行政院経済建設委員会主任委員へのインタビュー（2009年3月、於台北）。
185) 筆者の元行政院閣僚Cへのインタビュー（2007年3月、於台北）。
186) 筆者の元行政院閣僚Cへのインタビュー（2007年3月、於台北）、筆者の元行政院閣僚

Dへのインタビュー（2007年3月、於台北）。元行政院閣僚Dによると、経済部は李登輝による経済部と経建会の調整に従ったというが、元行政院閣僚Cによると、経建会は直接調整には参与せず、李登輝は経建会の報告に基づいて経済部に指示したのではないかという。

187) 筆者の元行政院閣僚Dへのインタビュー（2007年3月、於台北）。筆者の陳博志・元行政院経済建設委員会主任委員へのインタビュー（2009年3月、於台北）。また、委託された六人は陳博志、朱雲鵬、許松根・中央研究院経済研究所研究員、王塗發・国立中興大学経済学科教授、鍾俊文・東呉大学国際貿易学科教授、朱正中・台湾経済研究院第二所所長であるという。「台商赴大陸投資『合理規範』是什麼？政府要経済學者迷霧中找明燈」『工商時報』1997年3月22日。

188) 筆者の陳博志・元行政院経済建設委員会主任委員へのインタビュー（2009年3月、於台北）。

189) 「公告修正『在大陸地区従事投資或技術合作審査原則』(86.7.15)」『行政院公報』第3巻30号（1997年7月23日）、19-22頁。

190) 筆者の元行政院閣僚Dへのインタビュー（2007年3月、於台北）。例えば、98年6月17日に公表した修正条文においては、許可類（准許類）の審査基準に知的財産権について加えた。「公告修正『在大陸地区従事投資或技術合作審査原則』(87.6.17)」行政新聞局『行政院公報』第4巻24号（1998年6月17日）、49-53頁。

191) 「違規投資大陸　各部会聯合査処」『聯合報』1997年3月19日。

192) 筆者の元行政院閣僚Cへのインタビュー（2007年3月、於台北）。

193) 「公告修正『在大陸地区従事投資或技術合作審査原則』(86.7.15)」『行政院公報』第3巻30号（1997年7月23日）、19-22頁。

194) 筆者の投審会および立法院に対する電話調査（2007年3月、於台北）。「在大陸地区従事投資或技術合作審査原則」、「在大陸地区従事投資或技術合作許可弁法」の主管機関は投審会である。さらに、「在大陸地区従事投資或技術合作許可弁法」は「台湾地区与大陸地区人民関係条例」第三十五条第三項に基づいて制定された法規命令である。

195) 筆者の陳博志・元行政院経済建設委員会主任委員へのインタビュー（2009年3月、於台北）。

196) 蘇起の指摘については、『危険辺縁——従両国論到一辺一国』の関連章節を参照。蘇起、前掲書。

第5章
「特殊な国と国の関係」発言とその善後策

問題の所在

　本章では、1999年7月9日に李登輝総統が発表した「特殊な国と国の関係」発言がもたらした米中台関係の変化と、その変化に台湾政府がどのように対処したかを事例として、李登輝の大陸政策決定過程を検証することを目的している。

　1995、96年に発生した第3次台湾海峡危機以後、米、中、台はそれぞれに悪化した台湾海峡をめぐる他国との関係を修復しようとした。台湾は、海基会と大陸側の海協会による対話および事務的交渉の再開を図ろうとした[1]。これに対し、大陸は事務的交渉を再開しても、両岸における政治的対立を解消することができないとの立場をとり、「一つの中国の原則の下で、両岸の敵対状態を終わらせる」ことについての政治交渉を推進しようとしていた。しかも、米国のクリントン政権も米中関係を修復するため、米国の「一つの中国と一つの台湾」と「二つの中国」を支持しない、「台湾独立」を支持しない、主権を要件とする国際機関への台湾加盟を支持しないという「三つのノー」を公の場で繰り返し明言した。また、すでに、クリントン政権の高官やクリントン政権との良好な関係を有している研究者が、早くから現状維持を図るため両岸の間で有効期間を数十年とする「枠組み合意」もしくは「暫定協定」を締結するという提案を提起しており、両岸対話の推進を計ろうとしていた[2]。これらは台湾への圧力を高める行動であった。

　このように、1998年2月に両岸の事務レベルの対話は再開し、1998年10月には「辜汪会見」が実現したが、「三つのノー」、「暫定協定」、「政治交渉」のい

ずれもが、台湾にとって米、中が一方的に圧力をかける政策であると感じられたのである。あたかもこの圧力に反撃するかのように、1999年7月9日、ドイツ対外公共放送「ドイチェ・ウェレ」の取材に対して、李登輝は「特殊な国と国の関係」発言を発表した[3]。

それまで李登輝は「中国の統一」に繰り返し言及し、台湾独立の主張を危険なものとして遠ざけてきた。ところが、これは、台湾と大陸との関係を「特殊な国と国の関係」であると表現することで、台湾の国家主権を強調し、大陸の怒りを招くことが必至な発言であり、対話回復を求める圧力をかけてきた米、中に対する一種の「反撃」であったと見なされている。

「特殊な国と国の関係」発言によって、大陸は1999年10月に予定されていた汪道涵・海協会長の台湾訪問を取りやめ、回復したばかりの海基会と海協会による交流と対話の中止を一方的に通告した。江沢民が推進しようとした両岸の政治交渉は、結局彼が引退しても実現しなかった[4]。クリントン政権が両岸のバランスを取ろうとした政策は、「自分たちは何も悪いことはしていない」と考える台湾からの反発を招き、他方で暫定協定および「特殊な国と国の関係」発言に対する米国の立場も大陸に疑念抱かせる結果に終わった[5]。換言すると、「特殊な国と国の関係」発言は、米中の両岸関係における思惑への反発という現象であったのみならず、両者の思惑に打撃を与えた政策でもあったのである。そのため、米中関係における台湾問題からみれば、「特殊な国と国の関係」発言とは、クリントン政権および江沢民体制が1995年以後からとってきた対台湾政策が失敗に終わったことを如実に表す象徴的な発言だったのである。

従来の先行研究では、「特殊な国と国の関係」の発表における原因とタイミング、およびその影響を重視したものが多い。第1は大国関係の視点から検討した研究である。若林正丈・東京大学教授、高木誠一郎・防衛庁防衛研究所第二研究部部長、ネイサン（Andrew J. Nathan）・コロンビア大学教授、ランプトン（David M. Lampton）・ジョンズ・ホプキンス大学教授、ロンバーグ（Alan D. Romberg）・ヘンリー・スティムソン・センター特別研究員、伊藤剛・明治大学教授、松田康博・防衛庁防衛研究所主任研究官、羅致政・東呉大学教授と宋允文・台湾シンクタンク研究員、R・サター（Robert G. Sutter）・ジョージタウン大学客員教授等は、米中関係の流れ、特に台湾が受けていたプレッシャーに関する

議論から「特殊な国と国の関係」の発表における原因とタイミングを論じた[6]。楊潔勉・上海国際問題研究所所長、楚樹龍・現代中国国際関係研究所研究員、呉心伯・上海復旦大学教授は、「特殊な国と国の関係」における米国というアクターの役割について分析した[7]。李家泉・中国社会科学院台湾研究所研究員、楊永明・国立台湾大学教授、林佳龍・国立中正大学教授と郭臨伍・国安会研究員、中川昌郎・京都外国語大学教授、ロイ（Denny Roy）・アジア太平洋安全保障研究センター研究員、三船恵美・駒沢大学教授は国際システムと台湾内政の要因から「特殊な国と国の関係」の発表を分析した[8]。この視点の研究では、台湾は米中両国からプレッシャーを受けていたため、李登輝が「特殊な国と国の関係」を発表したと捉えた。

第2の視点は「一つの中国」をめぐる議論を中心とした研究である。石之瑜・国立台湾大学教授、張文生・アモイ大学副研究員、包宗和・国立台湾大学教授、童振源・国立政治大学国際関係センター助研究員と陳碩廷、薛化元・台湾大学教授、R. ブッシュ・ブルキンス研究所上席研究員は両岸における「一つの中国」をめぐる議論から「特殊な国と国の関係」発言について分析した[9]。許世銓・元中国社会科学院台湾研究所所長、張春英・中南財経政法大学教授、R. ブッシュとオハンロン・ブルキンス研究所上席研究員、黄嘉樹と劉杰は両岸における政治交渉に対応するため「特殊な国と国の関係」発言を発表したと捉えた。その中で、許世銓、黄嘉樹と劉杰、張春英は「特殊な国と国の関係」を李登輝による分離主義政策のピークとして捉えた[10]。この視点においては、国際システムにおける「一つの中国」をめぐる議論が台湾に不利であるため、李登輝はその議論をはねのけるため「特殊な国と国の関係」発言を発表する決意を固め、それを実行したと考えた。また、以上の先行研究のほとんどは原因、タイミング、およびその影響を同時に論じたものであるが、林正義・中央研究院欧米研究所研究員、潘錫堂・淡江大学教授、楊開煌・東呉大学教授、童振源・国立政治大学教授は、発表の原因とタイミングではなく、むしろ「特殊な国と国の関係」発言が台湾内外に与えた影響を中心に議論を展開した[11]。

第3の視点は民主化の視点である。薛化元、小笠原欣幸・東京外国語大学准教授は「特殊な国と国の関係」を李登輝が取った両岸統一と台湾独立における中道の政策であるとしている[12]。若林正丈は、「特殊な国と国の関係」発言により、

北京からの憲政と非難、それに応答する米国の強い反応を惹起したというのが、この時（筆者注：1999年7月）から第二段階「憲政改革」過程（筆者注：第一段階は1991年から）の特徴となったと指摘した[13]。

ほかにも当時の関係者による証言に基づいて分析した実証研究がある。例えば、李登輝は、「中国政府は1999年10月1日の国慶節で建国50周年の記念として、『一国両制度』で台湾を香港なみに併合しなければならないと宣言しかねない動きがあった。この宣言をすれば、台湾としては窮地に追い込まれてしまう」と考えたうえで、「特殊な国と国の関係」を宣言したという[14]。直接に李登輝へのインタビューを行った天児慧・早稲田大学教授、井尻秀憲・東京外国語大学教授は、この李登輝の証言に基づき、「特殊な国と国の関係」の発表時期とその目的は大陸の企図を打ち破るための先手であるとして捉えた[15]。また、当時の台湾政策の責任者として米国の対処に参与したR. ブッシュは、台湾政府との接触や交渉に関わる自らの経験およびインタビューに基づいて陳水扁政権までの両岸関係について分析した。さらに、のちにR. ブッシュは、李登輝が指摘した大陸の企図とは、2000年3月に発表された『「一つの中国の原則と台湾問題」白書（一個中国的原則与台湾問題白皮書）』の骨子案かもしれないとも指摘している[16]。

確かに、当時ベオグラードの中国大使館「誤爆」事件で悪化していた米中関係や、大陸との対話再開をすることを避ける台湾に対する圧力が高まっていた米中台関係の現実からみれば、先行研究による分析の結果は、「特殊な国と国の関係」発言の発表について合理的な説明を尽くしていると言える。しかしながら、「特殊な国と国の関係」発言の発表は政府の政策過程を経ていなかったことがすでに関係者による証言で明らかにされている。つまり「特殊な国と国の関係」発言の発表は台湾政府の政策決定プロセスから逸脱した政策だったのであり、政府が組織的に決定した発言だったわけではない。

台湾政府が想定する通常の大陸政策決定過程から逸脱した政策であるため、1999年7月に「特殊な国と国の関係」を発表した原因とタイミングについては、政府資料が公表されない限り、当面の間関係者による回顧録、ジャーナリストの取材による新聞記事やノンフィクションに基づいて立論するしかない。しかしながら、これらの材料にはジャーナリストや政治家による記憶違い、自己弁護、誇

張、政治的思惑などが含まれている場合があり、使用には慎重な判断が必要とされる[17]。

また、初代直接民選総統時代の大陸政策決定過程において、いかなる理由で混乱、対立が起こった時でも、李登輝は最高決定者として自ら調整と協議を行い、コンセンサスをまとめたことがすでに明らかになっている[18]。しかし、これらの回顧録、新聞記事、ノンフィクションによると、「特殊な国と国の関係」発言がなされた後、台湾政府でその後に派生した状況に対してどのように対処するかについて内部対立が起こったことが明らかにされている。つまり、「特殊な国と国の関係」発言に関連する政策決定は、明らかに李登輝初代直接民選総統時代における大陸政策決定モデルに合致しない事例である。特に国安会モデルと照らし合わせると、台湾政府が「特殊な国と国の関係」発言関連で行った対処は、一種の「反面教師」としての事例であるとさえ考えられる。ただし、この政策決定過程については、いまだ実証的な検証がなされていないのである。

そこで、本章では、国安会モデルを用いて、「特殊な国と国の関係」発言の発表およびその後の対処について検討し、その政策過程の運営の特徴を分析することを目的としている。第1節で、「特殊な国と国の関係」の政策形成、決定、発表を分析する。第2節で「特殊な国と国の関係」発言への対処、第3節では政策決定過程における対立と混乱について分析し、そして第四節でこの政策決定過程全体について総合的な分析を行う。

第1節 「特殊な国と国の関係」の政策提言とその公表

1. 政策研究グループの成立

「特殊な国と国の関係」に関する政策研究は、台湾の存在が国際社会から無視されたという李登輝の焦りによって始まったと考えられている。

1998年頃、台湾の主権国家としての地位や国際人格が国際社会から認められていないため、李登輝は殷宗文・国家安全局長に、外国の国際法専門家を招き、台湾は中華人民共和国の一部ではないということを法律上の見解を通じて証明するよう指示を出した。殷宗文は欧州との業務交流が控えていたため、そのついで

に、この分野で評価が高いバチカン大学やカイロ大学の法律専門家を友人から紹介してもらうと李登輝に報告した。帰国後、殷宗文は中華民国の歴史と現状についての背景資料を台湾から外国の国際法専門家に提供する必要があると提言した。この提言を受け入れた李登輝は国安会の中に、「強化中華民国主権国家地位」研究グループ（以下主権グループ）を立ち上げた。

しかしながら、外国の国際法専門家の協力を得ることが難しかったため、プロジェクトの推進は順調に進まなかった。そのため、張栄豊・国安会諮詢委員の提案と推薦で、国内の研究者を招聘することとなり、蔡英文・政治大学教授（後の国安会諮詢委員）を座長として招聘した。張栄豊・国安会諮詢委員、陳必照・国安会諮詢委員、林碧炤・総統府副秘書長はその顧問を務めた[19]。後年、李登輝はその著書『台湾の主張』の中で、国際社会における台湾の主権について、「総統を引退する前に、世界中の国際法学者に呼びかけて、法制面からも揺るぎのない解釈を打ち出しておきたいと考えている」[20]という考え方を明らかにしていたが、それはこうした経緯を示唆していたであろう。

つまり、この段階において、主権グループは国安会スタッフを中心としたグループ会議にあたり、李登輝の考え方を実行する準備を整えるための研究プロジェクトを実施していたものと考えられる。

2. 研究成果の提出と討議

主権グループによる最初の研究成果は、1998年10月の「辜汪会見」で台湾の主権が中華民国に属することをアピールするため、辜振甫が汪道涵との会見でポツダム宣言に言及するという形で日の目を見た[21]。

1999年2月に着任した殷宗文・国安会秘書長の承認を得た蔡英文は、同年5月に李登輝に研究報告書を提出した。さらに、蔡英文は研究報告書に基づいた憲法改正の覚書も李登輝に提出した。研究報告書の詳しい内容は未だ公表されていないが、これまで発表された各種の回顧録やノンフィクションによれば、「はじめに」の部分で1991年以来の憲法改正により、両岸の位置づけはすでに少なくとも「特殊な国と国の関係」となったことを明言したものとなっている。

このプロジェクトの実行は数段階を経て行われることになっているが、具体的には、憲法と法律の改正および国家統一綱領の廃止を実施しなければならない。

その中で、「一つの中国」に関する主な内容は、以下の3点である。第1に、台湾の主権国家としての地位を明確するために、「一つの中国」、「両岸統一」およびそれに関する「一つの中国をそれぞれが解釈する」、「一つの中国は中華民国である」などの政治的言説を使用しないようにすべきである。第2に、台湾は主動的に中華人民共和国の国家的承認を行うべきである。法律における「自由地区」や「台湾地区」を「中華民国」に、「大陸地区」を「中華人民共和国」に改める。第3に、大陸政策指導原則であった「国家統一綱領」の大陸政策における地位を徐々に弱めた上で、「両岸綱領」によって代わるのである。また、「統一」の代わりに「最終的解決」という言葉を使うべきである[22]。

李登輝はこの研究報告を高く評価したため、その提案を実行することを決定した。換言すると、主権グループが提出した研究報告はもはや単なる『台湾の主張』で明らかにした計画の予備作業などではなく、実行されるべき政策そのものになったのである。李登輝は研究報告を実行するため、まず国民党内部の憲法改正グループの座長でもある連戦・副総統兼国民党副主席と「特殊な国と国の関係」に基づく憲法改正について討議した[23]。また、蔡英文と張栄豊は、蘇起・陸委会主任委員、林碧炤は胡志強・外交部長に状況説明を行った[24]。

ところが、これらの大陸、外交政策の閣僚および要人たちは研究報告における一部の内容に賛成しなかった。蘇起だけではなく、辜振甫も、両岸における既存の交渉構造に過激な衝撃を与えないように、「一つの中国をそれぞれが解釈する」というあいまいさを持った政策基調を維持すべきだと主張したとされる。胡志強は、中華人民共和国を国家として承認するような過激な手段は両岸における主権的対立を煽る恐れがあると憂慮したため、賛成しなかった。ここで、政府内部におけるコンセンサスを形成するため、国安会スタッフと行政院閣僚たちは、7月中旬に再度討議することを決めた[25]。さらに、蘇起は政策の方向を確認するため、米国訪問をする前に殷宗文と面会した。殷宗文は一部の内容について保留するし、これはまだ成案ではないという態度を蘇起に示したという[26]。このように、政府内の調整や討議がまだ終わっていないにもかかわらず、1999年7月9日、李登輝は「特殊な国と国の関係」を突然発表してしまったのである。

3.「特殊な国と国の関係」の発表

　7月初め、行政院新聞局（以下、新聞局）は、インタビューを申し込んできたドイツの公共ラジオ局ドイチェ・ウェレの質問リストと、それに対して新聞局が用意した回答リストを李登輝に提出した。その最初の質問に、「北京政府は台湾を反乱している一省と見なしている」という主旨の一文があった。新聞局は「中華民国は主権独立の国であり、中共がいうところの反乱している一省ではない」という回答を用意したが、李登輝は、この回答なら「反乱している一省」という刺激的表現に対する反撃の度合いが弱すぎると考えた。そこで、李登輝は主権グループによる研究報告書を読み直した上で、報告書における一部論点に基づいて回答の内容を書き直し、「特殊な国と国の関係」という表現を書き加えたのである。

　インタビューを受ける予定だった7月9日朝、総統弁公室は黄昆輝・総統府秘書長と章孝厳・国民党秘書長に、李登輝が「特殊な国と国の関係」の発表を決めたことを通知した。その場には蘇南成・国民大会議長、陳金譲・同副議長も同席していたという[27]。

　黄昆輝はこのような回答について躊躇したため、林碧炤と張栄豊を召集して討議した。林碧炤と張栄豊は、まだ「特殊な国と国の関係」を発表するタイミングではないため、新聞局が用意した回答をそのまま用いたほうがよいと提案した。スタッフたちは、1999年9月の憲法改正後か10月に控えている汪道涵の台湾訪問の時に発表したほうが効果的であると考えていたのである。ただし、李登輝は発表を決意し、スタッフのアドバイスを受け入れずに、ドイチェ・ウェレの記者によるインタビューを受けた時、「特殊な国と国の関係」を発表した[28]。その内容の核心は以下通りである[29]。

>　「…これについては歴史と法律の両面から答えたい。中共が両岸の分権、分治の事実を受け入れず、われわれに対し武力による威嚇を続けていることが、両岸関係を根本的に改善できない主因となっている。歴史的事実として、中華人民共和国は1949年に成立して以来、中華民国が所轄する台湾・澎湖・金門・馬祖をいまだかつて統治したことはない。わが国は1991年に憲法を修正し第10条（筆者注：1997年第4回修正、現在の第11条）に追加修正を加え、憲法の及ぶ地理的範囲を台湾に限定し、中華人民

共和国の大陸統治の合法性を承認した。追加条文第1条および第4条では、立法委員と国民大会代表は、台湾人民により選出されることを明記した。1992年の憲法修正では、さらに第2条に追加条文を加え、総統および副総統は台湾住民の直接選挙によるものとし、それによって組織された国家機関は台湾住民のみを代表し、国家権力の正当性もまた台湾住民の意思に基づくものであり、大陸住民とはまったく無関係なものである。**1991年の憲法修正以後、両岸関係の位置づけは国家と国家、少なくとも特殊な国と国との関係となっており、決して合法政府と反乱団体、中央政府と地方政府といった「一つの中国」の内部的な関係ではなくなっている。…」**

しかしながら、「特殊な国と国の関係」発言は事前に国安会による政府内の調整と協議を経ておらず、完全に李登輝の独断によって決定された。そのため、その後の政策過程において対処の混乱が起こることが予想された。

第2節 「特殊な国と国の関係」をめぐる台湾政府の初動対処

1. 政府の初動対応

李登輝の発言の発表は事前に政府内の調整と協議を経ていないが、総統府、行政院、国民党の関係者はマスコミからの質問に対して「政策に変化はない」と回答した。このパターンは、前章の「戒急用忍」の事例に類似している。そのため、このような、「政策に変化はない」という対応は、台湾政府が李登輝による調整と協議を経ていない政策発表の際に対処した形であろう。

連戦は丁遠超・総統府公共事務室主任兼副総統スポークスマンを通じ、総統は現状を説明しているにすぎないと表明した。林碧炤は総統府スポークスマンとして、「政策に変化はない」、「法律事実の説明である」と説明した[30]。胡志強は、中華民国は主権が独立していると述べた[31]。

主管機関の態度も注目されていた。責任者の蘇起は外遊中であったが、陸委会は、李登輝の発言は現実を強調したにすぎないと発表した[32]。また、3人の副主任委員は「総統の発言は政策に影響を及ぼさないもの」という基調を定め、蘇起と総統府の協議を待つことにした[33]。10日に米国から帰国した蘇起はしばらく沈黙していたが、のちに中華民国は主権国家であるという既存の基調と同じであるため、大陸政策に変化はないと説明した[34]。張栄恭・陸工会主任は、李登輝

の発言は1991年から台湾の民主改革による法律事実をまとめた結論であり、民主統一の目標に変化はないと解釈して見せた[35]。章孝厳は、李登輝が「特殊な国と国の関係」の発表を告知した際に、蘇南成・国民大会議長、陳金譲・同副議長が同席していたため、李登輝は単に同発言を発表するのみならず、「特殊な国と国の関係」に関する憲法改正を図ろうとしていたと考えたが、マスコミの取材に対しては自分の考え方を明らかにすることなく、「特殊な国と国の関係」発言とは歴史的かつ法律上の事実にすぎないと述べた[36]。

さらに、「特殊な国と国の関係」の研究が、黄昆輝、殷宗文、丁懋時・総統府資政、蘇起、胡志強、丘宏達・メリーランド大学教授、国家統一委員会委員などの政府の大陸政策関係者および国際法の研究者を中心とした主権グループによる研究成果であったことも発表された[37]。しかし、丘宏達は主権グループのメンバーであることを否認した[38]。また、これまで発表された回顧録、ノンフィクション、マスコミの取材からみれば、主権グループは国際法の研究者を中心であったため、黄昆輝、殷宗文、丁懋時、蘇起、胡志強が中心メンバーではないことは明白であった[39]。

多くの先行研究では、「特殊な国と国の関係」を発表した政治的目的とは両岸間で行われる可能性のあった「政治交渉」のきっかけを潰すための政治的行動であったと解釈されている。しかし、7月9日、台湾の海基会は海協会に公文書を送り、張金城・海協会副会長兼秘書長に対して、汪道涵の台湾訪問に関する協議を行うよう要請したのである[40]。また、回顧録で李登輝が発言を決意した経緯からみれば、「反乱している一省」への反論が強調されている。その上、海基会と陸委会も李登輝の爆弾発言を事前に告知されていなかった。このため、少なくとも「特殊な国と国の関係」の発表は、秋に控えていた汪道涵の台湾訪問と連動した組織的政策ではないと考えられるのである。

しかし、台湾のマスコミが政府関係者による説明を解釈したものは、大陸からの反発を招いてしまったとされている[41]。7月10日辜振甫がマスコミのインタビューを受けた時、「両岸の間に、われわれは対等を強く主張するため、彼らが何だとすれば、われわれもそうである（他們是什麼、我們也是什麼）」と返答したが、マスコミは、こうした婉曲な表現を辜振甫が「両岸の会談と交渉は国と国の会談である」、「政治実体とは国家である」と発言したという内容に書き換えて

大々的に報道する挙に出た[42]。

さらに、7月12日午後、陸委会の記者会見で、蘇起はできる限り「大陸もしくは北京の『一つの中国』」、「われわれの『一つの中国』」という形で記者の質問に答えたが、「中共による『一つの中国』の幻を打ち破ろう（中共的一個中国的迷思我們要打破）」という発言がマスコミに、「中共」を省略されて報道されたという[43]。しかも、総統府スポークスマンでもある林碧炤も、「ある程度の二つの国」という言葉を用い、「特殊な国と国の関係」は中華民国の主権地位を保障するため提出されたと説明した[44]。

これはいずれも法的な大陸政策決定機関の担当閣僚および政府の交渉代理人である機関の責任者としての発言であった。たとえ、そこにマスコミによるミスリーディングが介在していた可能性があったとしても、「『一つの中国』の幻を打ち破ろう」にしろ、「二つの国」にしろ、台湾政府による「特殊な国と国の関係」に対する正式な解釈とされてしまったのである。このため、「一つの中国」を妥協不能な原則とする大陸だけではなく、地域の安定に強い利害と関心を有する米国も、台湾の関係者による一連の発言に強い懸念と反発を示したのであった。

2. 大陸の反応

実は、大陸は当初特に強い反発を見せなかった。唐樹備・海協会常務副会長はただ、大陸側の既存の「一つの中国」原則を主張し、両岸は今年汪道涵の台湾訪問のために有利な条件を作り出すべきだということのみを述べた[45]。ある匿名の国台弁の高官も、あくまで私的であるが、李登輝の発言は「台湾の主張」におけるものと同じであると述べたほどである[46]。つまり、当初大陸は李登輝の発言を単なる言い間違いか、一過性の発言に過ぎないとして対処する可能性があったのである。

ところが、台湾の政府関係者が発言内容に関して解釈を始めた頃から、大陸側の態度は変化を見せ、台湾への批判を始めた。中共中央台湾工作弁公室および国台弁（筆者注：両組織は同じ組織に党と政府の異なる名称をつけているに過ぎない）は、李登輝の言論を台湾独立であるとして批判し、「一つの中国」原則を明言した[47]。また、本来汪道涵の台湾訪問について変更なしという態度を示し

ていた唐樹備は、「李登輝の発言は『一つの中国原則』を乱暴に破壊した」、「辜振甫の発言は両会（筆者注：海基会と海協会）の往来、交流の基礎を乱暴に破壊した」と批判した[48]。汪道涵も、「辜振甫の発言によって、両会の接触、交流、対話の基礎を失わせたため、辜振甫にはっきりと説明してほしい」と述べた[49]。また、朱邦造・大陸外交部スポークスマン、新華社評論員、人民日報評論員による批判も国営の新華社通信によって発表された[50]。さらに、大陸政府は「特殊な国と国の関係」発言に基づく法制化を警戒する態度を示し始めた[51]。

次に、大陸側は軍事行動さえ行い、台湾を威嚇し始めた。例えば、7月15日から大陸は戦闘機を台湾海峡中間線の空域へ接近させ、第二砲兵部隊（戦略ミサイル部隊に相当）に戦備を始めさせた。また、人民解放軍は香港のマスコミを通じて、毎年恒例の対台湾軍事演習のメッセージを発表した[52]。いずれの行動も、李登輝による「特殊な国と国の関係」発言に向けられたものだと考えられた[53]。

3. 米国の態度

米国政府も「特殊な国と国の関係」の発表に関する対応を開始した。まず、7月13日、ジョンソン（Darryl N. Johnson）・米国在台協会台湾事務所所長（Director of the American Institute in Taiwan）は離任前に李登輝との面会で米国国務省からの書簡を朗読した。さらに、李登輝が「特殊な国と国の関係」について説明しているものの、ジョンソンは李登輝に対し不丁寧な態度で対応していたという[54]。

次に、ルービン（James Rubin）・国務省報道官は、李登輝の発言は両岸関係にとって有益ではないと批判し、「三つのノー」を提起し、米国の「一つの中国」政策に変化がないことを明言した。さらに、ルービンは記者の質問に対し、李登輝とジョンソンの会談について説明し、秋に控えている汪道涵の台湾訪問が予定通り開催されるよう期待すると述べ、両岸の対話が継続されるよう米国の意向を示した[55]。一方、ルービンは台湾が「特殊な国と国の関係」発言に関する説明のための特使を米国に派遣したいという提案に否定的な態度を示したのである[56]。

そして、当時大陸は軍事行動を活発化させていたが、第七艦隊の旗艦であるブ

ルー・リッジもマニラを訪問していたし、空母キティホークとコンステレーションもそれぞれ横須賀へ向かっているところであったため、大陸は台湾への軍事行動を自制するはずだと考えられていた[57]。ルービンも台湾関係法に言及し、平和的方式ではない形で台湾問題を解決しようとすれば西太平洋地域の平和と安全への脅威と見なすとまで明言した[58]。

　国務省の発言だけではなく、ホワイトハウスと国務省も同時に対応を行った。クリントンは7月18日、江沢民に直接に電話し、米国の「一つの中国」政策についての態度に変化はないと伝えた[59]。さらに、7月21日、クリントンはホワイトハウスで記者会見を開き、これまでの米国の対両岸政策をまとめるかのように、「一つの中国」、「両岸対話」、「平和解決」という台湾海峡問題に対処する三つの原則（三本柱）を発表したのである。オルブライト（Madeleine Albright）・国務長官も、ロス（Stanley O. Roth）・国務省東アジア・太平洋担当国務次官補を北京に、R. ブッシュ・米国在台協会理事長を台湾にそれぞれ派遣し、直接に両岸関係の情勢を確かめたうえで見解の相違を埋めようとしたことを発表した。なおリバソール（Kenneth Lieberthal）・国家安全保障会議アジア担当上級部長がロスの続きに北京へ派遣されたことも後になってわかった[60]。

　しかも、確証はないものの、米国が台湾を「懲罰」するという噂が何度か報道された。まず、クリントン政権は台北駐米経済文化代表処の官僚（事実上の外交官）との直接の接触を拒否するという報道がなされた[61]。また、バーガー（Samuel R. Berger）・国家安全保障問題担当大統領補佐官がレーガン（Ronald Reagan）政権から蔣経国に対して伝達した「六つの保障（The Six Assurances）」の修正を図り、台湾への武器輸出をしばらく中止する噂も流れた。そして、予定されていた国防総省による軍事訪問団の台北視察も取りやめられた。国務省はこれらの噂を否認した。R. ブッシュも、自らの台湾視察およびロスの北京視察が決まったため、米国政府は軍事訪問団のスケジュールを後回しにしたということを、後になって台湾の唐飛・国防部長に説明した[62]。ただし、蘇起はその著書『危険辺縁――従両国論到一辺一国』で、台湾への武器輸出の遅延と軍事訪問団の台北視察の取りやめを、当時米国から受けた圧力の例として挙げた[63]。

第3節 「特殊な国と国の関係」の善後策をめぐる対立

1. 政策過程における対立

　「特殊な国と国の関係」が発表された後、日時についていまだわかっていないが、殷宗文が議長として関係者を召集して対応を検討した。これは、李登輝の命令を受けた国安会秘書長が主催した高層会議のレベルである。善後策の検討を始めてまもなく、関係者「政策に変化はない」という基調もまとめた[64]。しかし、対応のプロセスにおいて、対応の基調が定められたにもかかわらず「特殊な国と国の関係」の研究報告書をめぐる行政院閣僚と主権グループの意見対立は、解消されなかった。また、陸委会と外交部は「特殊な国と国の関係」発言の解釈をめぐって対立していると伝えられた[65]。しかも、国安会は対応策の基調をとりまとめるため、7月20日に李登輝に国家安全会議を開催するよう進言したが、当日の朝9時になって、李登輝は会議を開く理由を明らかにしないと国民に不安を抱かせる恐れがあると主張し、急遽会議の開催を取りやめた[66]。

　これまでの本章記述が引用した書籍と新聞報道によれば、殷宗文、蘇起、胡志強、辜振甫などの要人と関係閣僚は既存の「一つの中国をそれぞれが解釈する」という政策基調を維持すべきだと主張した[67]。つまり、国安会の責任者、外交政策決定機関の担当閣僚、大陸政策決定機関の担当閣僚、政府の交渉代理人としての民間機構の責任者は「特殊な国と国の関係」発言が意味する両岸関係を定義する表現の質的な変化について賛成しなかったのである。これに対し、主権グループの関係者は李登輝の発言に基づくべきだと主張したと伝えられている[68]。

　7月20日に、李登輝は国際ロータリーの会見で、再び7月9日の発言に基づいて「特殊な国と国の関係」について説明した[69]。これに対し、大陸から再び批判を浴びたことは言うまでもない[70]。

　ほかにも英訳に関するトラブルがあった。李登輝が7月9日に発言したにもかかわらず、7月15日頃まで、台湾政府は「特殊な国と国の関係」の英訳を準備していなかった。その間に "state to state"、"special inter-state relation"、"two state in one nation" の英訳が伝えられていた。しかし、程建人・新聞局長が、"two state in one nation" という訳名を「決定」したことを発表したに

もかかわらず、『自由時報』は、ある総統府高官の匿名発言に基づき、"special state to state relationship" という訳名が決定され、さらに "two state in one nation" という訳語は誤解されやすいので採用しないと報道したのである。紆余曲折の末、台湾政府は最終的に "special state to state relationship" を採用した。言い換えるなら、政府スポークスマンの発言は、匿名の総統府高官発言に基づいた新聞記事によって「訂正」された形になったのである[71]。

2. 台湾政府におけるコンセンサスの形成

このように、混乱と対立が抑えられない状況で、R. ブッシュが台湾を訪問したことをきっかけとして、台湾政府の要人たちの間で「特殊な国と国の関係」とは「一つの中国はそれぞれが解釈する」という概念に基づいた言説であるというコンセンサスに達した。

R. ブッシュは台湾に到着してすぐに李登輝、連戦、蕭萬長、殷宗文、蘇起、胡志強、唐飛、辜振甫、丁懋時等とそれぞれ会談した。台湾の要人たちも R. ブッシュに対して従来の政策に変化はないと対応した[72]。

しかし、殷宗文は、R. ブッシュが各部・会で説明を聞いても「特殊な国と国の関係」発言の全貌を理解しにくいはずだと憂慮し、政府全体として R. ブッシュにブリーフィングを行うべきだと李登輝に提案した。李登輝もこれに賛成し、米国国家安全保障会議との間で定期的に行われている安全保障対話で台湾側の責任者を務めている丁懋時・総統府資政に対して、殷宗文と共同で議長を担当し、外交分野の専門家として殷宗文に協力するよう指示した。このブリーフィングは24日の夜に行われた。台湾側の参加者は殷宗文、丁懋時、黄昆輝、辜振甫、蘇起、胡志強、林碧炤、胡為真・国安会副秘書長であった。米国側の参加者は R. ブッシュおよびヤング（Stephen M. Young）・米国在台協会台湾事務所副所長であった[73]。

ブリーフィングにおいて、台湾側が「特殊な国と国の関係」発言を撤回するつもりはないと明言したのに対し、R. ブッシュは、台湾に発言の撤回をさせるつもりはないものの、「一つの中国」の定義は両岸で話し合った上で平和的に決めるべきだと主張した。最後に、R. ブッシュは、「一つの中国はそれぞれが解釈する」という言説を改めて提起したほうがよいと提案した。台湾政府の関係者もこ

の提案を受け入れ、今後「特殊な国と国の関係」という発言の意味を「一つの中国はそれぞれが解釈する」という概念に基づいて説明していくという方向にまとめた[74]。

この会合により、李登輝さえ米国の主張を受け入れた結果となったが、政府内部では対立が残っていたため、細部のコンセンサスを詰める必要があった。R. ブッシュとの会合に参加した高官のほとんどが「一つの中国はそれぞれが解釈する」という立場に戻るべきだと主張したのに対し、主権グループのメンバーは「特殊な国と国の関係」の意義を失わせてはならないと主張し、両者の意見は対立したままであった。その妥協は、7月30日辜振甫によって発表された書簡によって明らかとなった[75]。その主要な内容は以下通りである[76]。

> 「…1992年に両会は「『一つの中国』についてはそれぞれが陳述する」との共通認識を得、私が昨年大陸で関係者と会見した際にも、各自がおのおのの立場を表明し、双方の認識には異なるものがあった。だが大事なのは、双方が依然として対話と交流を通し、共通認識を求めようとしていることである。しかし、大陸側が一再ならず表明した「一つの中国」の原則は、両岸がすでに統一されていると仮定し、中華民国の存在を否定しわが方政府を地方政府とみなすものであった。わが方は、『一つの中国』とは将来のものであり、現在の両岸は対等に分治され同時に存在していると認識している。したがって、**特殊な国と国との関係をもって位置づけられるのであり**…」

大陸側はすぐこの書簡を拒否したが、8月1日に、殷宗文、黃昆輝のとりまとめで、林碧炤と蘇起を中心とした対処グループは内容をまとめ、陸委会を通じて政策説明を発表した[77]。政策説明では、大陸が「一つの中国はそれぞれが解釈する」という両岸によるコンセンサスにたびたび違反したり、否認したりしていることを指摘し、台湾は今の台湾と大陸の関係を「特殊な国と国の関係」であると位置づけ、未来の一つの中国を求めたいと明言し、「一つの中国はそれぞれが解釈する」という立場に戻るべきだと主張した。また、憲法および国家統一綱領の改正をしないことも明言した。その主要な内容は以下通りである[78]。

> 「…四、両岸は「一つの中国は各自陳述する」との共通認識に立ち戻らなければならない…大陸側は一方的にこの共通認識(一つの中国、それぞれの解釈)を放棄し、時には国際関係でそれを運用することに反対し、時にはわずか事務的な交渉においてのみそれを用い、政治交渉には用いず、また時に1992年に得たこの共通認識を否定し、

加えて最近ではわが方がそれを陳述する権利まで否定するようになった。1992 年の共通認識の構造下に、わが方は一貫として「一つの中国」とは現在ではなく、将来のものと認識してきた。両岸は現在まだ統一されておらず、対等に分治して同時に存在しており、このことから統一前には特殊な国と国との関係と位置づけられるのである。(中略) **五、現状を表現するものであって変更するものではなく平和を追求するものでありトラブルを惹起するものでもない**…既定の政策になんら変更のないことを主張してきた。政策の不変は、いわゆる憲法修正やそのほかの法改正、それに国家統一綱領の改定にも問題は存在せず、…」

しかし、この政策説明も大陸からの批判を浴びた[79]。最後に、対処グループは、「特殊な国と国の関係」発言をめぐる状況を収拾するため、国慶節祝辞で再び「一つの中国はそれぞれが解釈する」という考え方で「特殊な国と国の関係」発言の真意を説明する内容を加えた[80]。李登輝はこれによって再び、「一つの中国はそれぞれが解釈する」について言及した。その主な内容は以下通りである[81]。

「**…両岸関係については、現在国家はまだ統一されておらず、台湾海峡両岸は「一つの中国」に対しそれぞれ異なる見方をもっているとわれわれは理解している**。だがわれわれは、**両岸関係を特殊な国と国との関係と位置づけたのは、歴史的かつ法的な事実に基づくものであり、両岸はこの事実を直視し、同時にこれを基礎として建設的な対話を促進し、対等な分治と平和競争によって、将来の平和的に統一を追求すべきであると認識している**。…」

3. マスコミ・経済・軍事・情報面での対応

連戦と蕭萬長・行政院長は、政策提言の段階はもとより、発表についても全く関与していなかった[82]。この 2 人は 2000 年の総統選挙の際国民党を代表して正副総統候補として立候補する予定であり、今回の李登輝の発言について誤った対応をとると、選挙において致命的な悪影響を受けかねなかった。その上、蕭萬長は連戦の副総統立候補だけではなく、最高行政機関の首長でもあったため、「特殊な国と国の関係」発言をめぐる問題に対処する責任があった。また、7 月 12 日、総統府が憲法および国家統一綱領の改正を行わないことをマスコミに通じて発表したが[83]、他方国民大会と立法院では国民党と民進党の幹部が憲法と法律の改正を行うための調整と協議を始めた[84]。もし、「特殊な国と国の

関係」に基づいて憲法と法律の改正を行うならば、与党内部および野党との調整を行わなくてはならないため、章孝厳は与党の党務責任者としてその対処を行ったと考えられる。張栄恭は長い間李登輝の大陸政策スタッフに加え、党の大陸政策スタッフ機関の責任者も務めていたため、そうした対処に参与したものと考えられる。

　連戦は7月21日に米国の新聞雑誌『タイム』のインタビューを受けた時、李登輝は単に両岸関係の現状を述べたに過ぎず、政策を変更したわけではないと述べた[85]。連戦はR. ブッシュとの面会でも「特殊な国と国の関係」発言は台湾独立と異なる立場であることを強調した[86]。蕭萬長は7月15日の行政院会（閣議に相当）において、李登輝は両岸の位置づけを明確化しただけに過ぎず、政策を変更したわけではないと発表した[87]。

　また、「特殊な国と国の関係」発言によって株式市場は連日下落し、マスコミによると、為替市場においても新台湾元（NTドル）が下落したとされる。このため蕭萬長は跨部会会議（省庁連絡会議に相当）を召集し、財政部と中央銀行に指示し、新台湾元の下落を止め、為替市場を安定させるようと命じた。国防部はすでに7月13日の段階で軍事衝突に対応するため「永安グループ」と呼ばれるタスクフォースを立ち上げた。「永安グループ」は情報分析をまとめ、跨部会会議において報告したとされる[88]。これらの経緯からみれば、蕭萬長は行政院長として、「特殊な国と国の関係」発言による経済的不安定を収めるための経済分野の政策決定についての指揮を執ったと言える。ところが、蘇起はジャーナリストのインタビューを受けた時、連戦と蕭萬長は「特殊な国と国の関係」を発表した時、国安会秘書長が主催した高層会議を中心とした一連の対応に参加していないと証言した[89]。

　章孝厳は「特殊な国と国の関係」発言は台湾独立ではないと発言したが、終始「特殊な国と国の関係」発言の対処に関する調整と協議の場に参与していなかった[90]。また、国民大会と立法院の国民党幹部が憲法・法律の改正を目指すような行動をしている状況に対し、章孝厳は、党内では領土範囲に関する改正を討議しておらず、憲法改正がなされる見込みを持たずに対応するとし、国民党内部では憲法改正について議論したことがないということを述べた[91]。しかも、章孝厳は、総統府から憲法もしくは法律の改正についての調整と協議を行うよう

指示を受けていなかったと証言した[92]。張栄恭も主権グループの研究はもとより、対応策の協議にも参与していなかったが、李登輝のスタッフとしてR. ブッシュと面会しただけではなく、国安会による密使プロジェクトの執行者として、8月に香港で江沢民八項目提案の執筆スタッフと面会し、北京の動向を探ったという[93]。

主権グループは「奉天プロジェクト」という国家安全局が管理する秘密経費によって運営されていた。しかも、丁渝洲・国家安全局長は、台湾における情報、治安機関の取りまとめ、指導を担う最高情報機関の責任者であった。そのため、対応の決定過程について関与したものと考えられる。特に、先行研究で挙げた李登輝が研究者に話した大陸の企みという情報を提供したのは丁渝洲だと思われてもおかしくなかった[94]。しかしながら、丁渝洲は「特殊な国と国の関係」の発表について事前に告知されていなかったし、事後の対応にも参加していなかったことを明らかにした。また、丁渝洲は週一回総統との面会も通常通りで行われたと述べた。彼は、この時期人民解放軍の行動に対する情報収集のため国安局でプロジェクト・チームを立ち上げたことにしか関与していなかったという。そして、丁渝洲は米国在台協会台北事務所（the American Institute in Taiwan, Taipei Office）から必要があれば在台米国人を米国へ撤退させたいため台湾側の協力を望む旨を丁懋時に伝え、この点に関して提案を行ったが、諮問レベルの関与にすぎなかった[95]。

4. 抑えられない政府内部の対立

台湾政府では、内部のコンセンサスに基づき、辜振甫が発表した書簡、陸委会を通じた政策説明、国慶節祝辞などの「特殊な国と国の関係」発言に関する統一見解の文書を作成した。いずれの文書も、黄昆輝と殷宗文が取りまとめた上で、蘇起と林碧炤を中心に内容をまとめたとされる[96]。しかしながら、陸委会による政策説明は陸委会の意向だけで発表されたと報道されている[97]。さらにある総統府高官は、匿名で『自由時報』の取材に対し、内容からみれば陸委会の政策説明は政府の公式説明として適切ではないと批判し、「特殊な国と国の関係」発言の説明については李登輝の7月9日、20日の談話、および辜振甫の書簡に基づくべきであると発言した[98]。しかも、『李登輝執政実録告白』によると、7月12

日午後の記者会見は、蘇起自らが主管閣僚として開いたものであり、高層会議による調整と協議を経ていなかったと指摘されているのである[99]。

ところが、蘇起は、発言、書簡、政策説明のいずれも政府関係者たちが参与したうえでまとめられたものであると述べ、主権グループが李登輝とその側近に近い立場を取っているとされる『自由時報』を利用し、嘘の証言で蘇起を批判したと不満を示した[100]。また、蘇起は、主権グループが「特殊な国と国の関係」発言がもたらした「混乱」に関する責任を取ろうとしないため、12日朝に高層会議が行われた事実および会議の結論を、自分たちに不利であるため隠蔽しようとしていると批判した[101]。しかも、1999年11月、李登輝は『フォーリン・アフェアーズ（Foreign Affairs）』誌に寄稿した「台湾は主権国家だ」という題名の論文で台湾の「一つの中国」への考え方に言及しなかったが、蘇起は、これは主権グループ、そしておそらく李登輝本人は、政府が全体としての米国への配慮から譲歩をして、「一つの中国」へと解釈を「後退」させたことへの反発を示していることではないかと考えている[102]。

これに対し、蘇起に批判された張栄豊は、蘇起の著作（『危険辺縁——従両国論到一辺一国』）には間違いと偽りの内容が多いという不満をたびたび示した。例えば、張栄豊は、陸委会による7月12日午後の記者会見の内容は高層会議の結論に基づいたものではなく、蘇起自らの判断によって行われたものであると述べた。その上、大陸と米国の反発を引き起こしたのは、蘇起が勝手に開いた記者会見で李登輝の発言の原意に対して行き過ぎた解釈を行ったせいである、と強く非難している。さらに、張栄豊は、米国が一連の混乱の責任を李登輝ではなく、「行き過ぎた解釈」をした蘇起にあるとして蘇起に責任を負わせようとしたため、蘇起は自らの発言についての責任を取り、その対応をせざるを得なくなったことを、陸委会が対応の主役になった原因であると解説している。また、この間李登輝は米国から圧力を受けたにもかかわらず、蘇起をかばい、米国が求めた蘇起の辞任を拒絶していたとして、『危険辺縁——従両国論到一辺一国』をはじめとした蘇起の言論を批判している[103]。

したがって、いずれの発言、書簡、政策説明における内容も国安会を中心とした対処メカニズムによるものであったが、政府内部における対立が完全に収束したわけではなく、むしろ対立が表面化したことさえあった。

第4節 分　　析

　ここで、「特殊な国と国の関係」発言とその後の一連の対処について分析した上で、李登輝の大陸政策決定過程について検討を加えたい。主権グループによる政策研究は、国安会の一部門による政策提言に当たるが、「特殊な国と国の関係」の発表は事前に高層会議による調整と協議を経たものではなかった。発表した後の対処は高層会議によって行われたが、それは政策提言を実行するための対処ではなく、「特殊な国と国の関係」の発表をめぐる米国と大陸からの反発に対応するためのものであった。そのため、本章は「特殊な国と国の関係」の研究と発表、その対処を2つの異なった政策決定過程として個別に分析を展開したい。

1. グループ会議による研究と発表

　「特殊な国と国の関係」についての研究は、国安会を中心とした政策決定プロセスにおけるグループ会議によるものであり、政府内で組織的に行われたものである。蘇起は、無所属の人間（主権グループの主要メンバーは国民党にも民進党にも属さない者が多かった）は「特殊な国と国の関係」の研究プロセスにおいて、民進党との間でコンセンサスを持っていたのではないかと指摘した。この指摘がもしも正しかったとすると、主権グループの会議は政府、与党以外のアイディアを受け入れるルートとしての機能を持っていた可能性がある[104]。そのため、グループ会議の存在によって、李登輝初代直接民選総統時代の大陸政策決定過程は、官僚制組織に典型的な閉鎖的なものではなかったものと考えられる。しかし、本章の検討によると、主権グループ会議による政策提言は、結局のところ国民党籍の閣僚達に反対され、成案を得ることができないこと可能が高いことがわかった。

　一方、「戒急用忍」（第4章参照）および「特殊な国と国の関係」発言とその善後策の政策決定過程からみれば、李登輝は必ずしも政府内の調整と協議をせずに政策を発表することがあった。そもそも、憲法の規定から見ると、総統と行政院長の間だけではなく、国安会と行政院の間にも職権侵害の恐れがある。さらに、

「特殊な国と国の関係」発言がなされた際に、外遊中だった蘇起は、大陸政策の担当閣僚であったにもかかわらず発表について事前に知らされていなかった。蘇起はその著作で、李登輝および国安会への強い不満を示している。そのため、李登輝のようにたびたび主管閣僚を無視して独断で政策を変更した手法は、政策過程におけるアクター同士で職権の重複をめぐる対立や誤解を強め、その溝を深めてしまったと考えられる。

2. 高層会議の対応

「特殊な国と国の関係」の事例では、台湾政府は緊急に組織的調整と協議を行ったが、米国が直接に関与する前に政府内部のコンセンサスをまとめることができなかった。確かに、時間が切迫していたのみならず、本来「特殊な国と国の関係」に関する政策への考え方がまとまっていなかったため、いったん混乱が発生すれば、まとめることがさらに難しくなってしまったのである。ただし、これまで確認された事実から見ると、李登輝自らが調整と協議を行い、コンセンサスをまとめようとした形跡はなく、ほとんど国安会秘書長が調整をしてコンセンサスをとりまとめたようである。しかも、李登輝は国安会の下した結論に賛成ではなかったものの、米国からの圧力があったためやむを得ずそれを受け入れたようである。このことこそが、李登輝が主導的かつ積極的にコンセンサス形成のために協議と調整を行わなかった理由であるものと考えられる。

李登輝本人は、「特殊な国と国の関係」発言が政策の変更を示したものではなく、中華民国の現状について強調しただけであるとたびたび発言した。例えば、前述したジョンソン所長との面会で、李登輝は政策の変更でなく、国家主権についての事実を明白に説明しただけに過ぎないとジョンソン所長に説明した[105]。さらに、日本人漫画家小林よしのりとの対話で、「今の状況が、そのまま肯定されていけば、何も台湾が独立を宣言して中共と戦争する必要がないでしょう」と述べ、現状を国際法で説明することが、「特殊な国と国の関係」の意義であり、その研究の必要性であると説明した[106]。

これは李登輝個人の弁解と思われるが、R. ブッシュは、その著作(『結び目を解く──台湾海峡における平和構築』)の中で「特殊な国と国の関係」発言について論じた際に、李登輝の考え方は終始変わっておらず、他方で大陸が「一つの

中国」をめぐる提案を終始拒否し、台湾に対して徐々に強い表現を使ったため反発して言っただけであると評している[107]。つまり、「特殊な国と国の関係」発言は米国の反発を招いてしまったが、当時米国の対台湾政策の責任者さえ、李登輝の考え方が基本的に変化していなかったと理解していることになる。したがって、李登輝は、自らはただ現状に関するボトムラインを明白に口に出しただけであり、政策そのものを変更したわけではないと考えており、丁寧に説明すれば米国も「特殊な国と国の関係」の考え方について理解してくれると考え、細かい対応を部下に委任しただけかもしれない。

　しかしながら、トップリーダーである李登輝が積極的に国安会の調整と協議に関与しなかったら、主要スタッフ間で対立が起こった時、国安会秘書長は調整と協議を通じてもその対立を抑えられない可能性がある。この原因は、国安会モデルにおける調整、協議メカニズムがトップリーダーに極端に依存しているという特徴から派生している。

　確かに、高層会議のようにハイレベルの専門家が一堂に会せば、迅速な調整、協議はしやすくなるが、それぞれの視点が衝突すれば逆に合意形成が難しくなり、対立が表面化してそれぞれが引き下がれなくなるリスクも高まる。また、国安会秘書長は、（総統の直属スタッフであるため）諮問委員のような国安会スタッフとさえも上下関係にない。国安会秘書長は、行政院閣僚との関係も上下関係にはないし、前述したように政策過程における国安会と行政院の権限重複問題も存在している。つまり、国安会秘書長は高層会議で総統の代わりに会議を主催しているが、行政院との権限問題と職位上の上下関係からみれば、国安会秘書長は政策過程における対立を抑えたり、合意を取りまとめたりする権限があるのかさえ曖昧である。したがって、閣僚と国安会諮問スタッフの間の対立を抑えられなかった原因は、李登輝自身が積極的に調整と協議を関与しなかったことに加え、国安会秘書長の権限の曖昧さにもあると考えられる。

　また、「特殊な国と国の関係」発言のもたらした混乱に対応するプロセスからみれば、これは危機管理に近い案件であり、短時間で対応の方針をまとめなくてはならなかった。たとえ李登輝が直接関与したとしても迅速にコンセンサスをまとめることができたかどうかはあくまで仮定の話に過ぎないが、権限が曖昧な国安会秘書長にすべての調整を任せたことが政府内部の混乱と対立を深めた一因で

あったと断定することは可能であろう。

小 括

　本章の検討により、「特殊な国と国の関係」発言とその対応においては、「辜汪会見」（第3章参照）のモデルケースとは異なる問題点がいくつも発生した。まず、トップリーダーである李登輝は、独断で「特殊な国と国の関係」発言を発表したが、のちの対応では明白な態度を示さなくなった。その結果、国安会秘書長が調整に乗り出したものの、トップリーダーのような役割を果たすことはでき、混乱を抑えられず、合意も取りまとめにくかった。つまり、国安会モデルの安定性は、あくまでトップリーダー個人に依存しているのである。また、第4章の検討で政策提言から政策決定に上がる段階が、政策過程の中で最も不安定な段階であるという仮説も、本章の検討により実証された。

　また、本章の分析は、関係者の証言の真偽を明らかにすることではないが、蘇起と張栄豊の証言が食い違った原因の1つは、第3章と第4章で提起したように、制度設計の不備から派生する主管機関の閣僚と諮問スタッフの間の構造的対立が表面化したものであると考えられる。さらに、前述した「特殊な国と国の関係」の発表およびその対応のプロセスからみれば、李登輝は主管機関との調整と協議を経ずに発表を行ったため、すでに権限問題が存在している政策提言の諮問スタッフと主管機関の閣僚の間の溝を深めてしまった。そのため、閣僚と諮問スタッフの対立が深刻化した個人的責任は李登輝にあり、その構造的原因はすべての調整を極端に総統のリーダーシップに依存する国安会モデルの政策決定過程にあると言えよう。

注
1) 詳しくは、第4章を参照。
2) 詳しくは、第3章を参照。
3) 中華民国総統府「総統府新聞稿──総統接受徳国之声専訪」。
4) 同序章注11）
5) 例えば、趙勇は、暫定協議に中国を分裂する思想的ものが含まれていると指摘した。黄嘉樹と劉杰は、暫定協定を両岸平和統一にとって不利な要因で論じた。ハーティング（Harry Harding、何漢理）は、中国は暫定協定が台湾にプレッシャーをかける能力を制限することを

憂慮したため、部分の内容を支持したが積極的ではないと指摘した。趙勇「"中程協議"述評」『台湾研究集刊』2000年第1号（2000年1月）、53-56、94頁。黄嘉樹、劉杰『両岸談判研究』（九州出版社、2003年）、188-191頁。何漢理「美国在台海論議中的角色」『国際関係学報』第20号（2005年7月）、7-8頁。また、「特殊な国と国の関係」発言をめぐる米国の要因もしくは米国の対処が限られた批判に関しては以下を参照。蘇格「"両国論"是分裂国家的政治賭博」『人民日報』1999年7月27日、解放軍報評論員「挟洋救不了李登輝——二評『両国論』背後的『四張牌』」『人民日報』1999年8月19日、張文木『中国新世紀安全戦略』（山東、山東人民出版社、2000年）、56-83頁。楊潔勉『後冷戦時期的中美関係——外交政策比較研究』（上海、上海人民出版社、2000年）、168-169頁。楚樹龍『冷戦後中美関係的走向』（北京、中国社会科学出版社、2001年）、300-302頁。呉心伯『太平洋上不太平——後冷戦時代的美国亜太安全戦略』（上海、復旦大学出版社、2006年）、104-111頁。

6) ほかにも林文程、ディクソン（Bruce J. Dickson)・ジョージ・ワシントン大学准教授、伊藤剛・明治大学教授はこの視点で分析を行った。林文程「外在環境発展対台湾国家定位之影響」黄昭元主編『両国論與台湾国家定位』（台北、学林、2000年）、423-450頁。若林正丈「台湾における国家・国民再編と中台関係」『国際問題』488号（2000年11月）、2-15頁。高木誠一郎「米国と中国・台湾問題——『一つの中国』原則を中心として」『国際問題』488号（2000年）、30-43頁。Andrew J. Nathan, "What's Wrong with American Taiwan Policy," *The Washington Quarterly*, Vol. 23 No. 2 (Spring, 2000), pp. 135-151. David M. Lampton, *Same Bed, Different Dreams: Managing U. S.-China Relations, 1989-2000* (Berkeley: University of California Press, 2001), pp. 102-103. 若林正丈前掲『台湾—変容し躊躇するアイデンティティ』、232頁。楚樹龍『冷戦後中美関係的走向』（北京、中国社会科学出版社、2001年）、296-298頁。Bruce J. Dickson, "Taiwan's Challenge to U. S. Foreign Policy," in Bruce J. Dickson and Chien-Min Chao eds., *Assessing the Lee Teng-hui Legacy in Taiwn's Politics* (Armonk, NY: M. E. Sharpe, 2002), pp. 264-285. Denny Roy, *Taiwan: a Political History* (Ithaca: Cornell University Press, 2003), pp. 221-222. Alan D. Romberg, Rein in at the Brink of the Precipice: American Policy toward Taiwan and U. S.-PRC Relations (Washington, D. C.: Henry L. Stimson Center, 2003), pp. 180-189. 高木誠一郎「中国から見たアメリカ——冷戦後におけるアンビバレンスの構造」山本吉宣、武田興欣編『アメリカ政治外交のアナトミー』（国際書院、2006年）、135-160頁。伊藤剛「米中関係——『理念』と『妥協』の二国間関係」五十嵐武士編『アメリカ外交と21世紀の世界——冷戦史の背景と地域的多様性をふまえて』（昭和堂、2006年）、186-187頁。松田康博「米中関係における台湾問題」高木誠一郎編『米中関係——冷戦後の構造と展開』（財団法人日本国際問題研究所、2007年）、93-120頁。羅致政、宋允文編、前掲書。若林正丈前掲『台湾の政治——中華民国台湾化の戦後史』、227-228頁。Robert G. Sutter, Chinese Foreign Relations: Power and Policy since the Cold War (Lanham, Md.: Rowman & Littlefield, 2008), pp. 194-196.

7) ほかにも蘇格・中国外交学院教授、張文木・現代中国国際関係研究所研究員、滝田賢治・中央大学教授はこの視点で分析を行った。蘇格「"両国論"是分裂国家的政治賭博」『人民日報』1999年7月27日。張文木『中国新世紀安全戦略』（山東、山東人民出版社、2000年）、56-83頁。楊潔勉『後冷戦時期的中美関係——外交政策比較研究』（上海、上海人民出版社、2000年）、168-169頁。楚樹龍、前掲書、300-302頁。滝田賢治「冷戦後アメリカの世界戦略とアジア太平洋政策」山本吉宣編『アジア太平洋の安全保障とアメリカ』（彩流社、2005年）、67頁。呉心伯『太平洋上不太平——後冷戦時代的美国亜太安全戦略』（上海、復旦大学出版社、2006年）、104-111頁。

8) 李家泉「台湾政局與海峡両岸関係50年——総結過去、透察現在、把握未来」『台湾研究』1999年第3号（1999年9月）、4-5頁。楊永明「『特殊両国論』影響下的両岸関係與台湾安全環境」黄昭元編『両国論與台湾国家定位』台北、学林、2000年）、451-471頁。林佳龍、郭臨伍「従双層賽局看『両国論』」黄昭元編『両国論與台湾国家定位』（台北、学林、2000）、474-513頁。中川昌郎『李登輝から陳水扁——台湾の動向1995〜2002』（財団法人交流協会、2003年）、464-465頁。Denny Roy, *Taiwan: a Political History* (Ithaca: Cornell University Press, 2003), pp. 221-222. 三船恵美「米台中関係の歴史と現状」天児慧、浅野亮編著『中国・台湾』（ミネルヴァ書房、2008年）、175-176頁。

9) ほかにも趙春山・淡江大学教授、伊原吉之助・帝塚山大學教授、柳金財、李銘義・義守大学助教授は同じ視点で分析を行った。趙春山「建構跨世紀的両岸関係——正視一個分治中国的現実問題」『中国大陸研究』第42巻第9号（1999年9月）、41-50頁。伊原吉之助「李登輝"国と国"発言とその波紋」『問題と研究』第29巻3号（1999年12月）、43-53頁。石之瑜「両岸関係中的両種論述風格之分析」『中国大陸研究』第42巻第12号（1999年12月）、1-16頁。張文生「一個中国與両岸関係的定位」『台湾研究集刊』1999年第4号（1999年12月）、1-5頁。包宗和「台海両岸互動之和平機制」『遠景季刊』第1巻第1号（2000年1月）、1-17頁。張顕超「従『両国論』析主権争執及両岸前景」『遠景季刊』第1巻第1号（2000年1月）、19-49頁。柳金財「論五十年代以来中華民国関於『一個中国』内涵的持続與変遷」『共党問題研究』第27巻第4号（2001年4月）、9-28頁。李銘義「九二共識與一個中国議題之研析」『共党問題研究』第27巻第6号（2001年6月）、8-19頁。黄嘉樹「"一個中国"内涵與両岸関係」『台湾研究』2000年第4号（2001年12月）、1-5頁。童振源、陳碩廷「九二共識的形成、実践與瓦解」『展望與探索』第2巻第12号（2004年12月）、33-46頁。薛化元「中華民国與台湾国家定位的再検討——以『両国論』為中心的討論」『現代学術研究』第13号（2004年12月）、17-43頁。Richard C. Bush, "Lee Teng-hui and "Separatism"," in Nancy Bernkopf Tucker eds., *Dangerous Strait: the U. S.-Taiwan-China Crisis* (New York: Columbia University Press, 2005), pp. 70-92.

10) 黄嘉樹、劉杰『両岸談判研究』（北京、九州出版社、2003年）、176-180頁。Richard C. Bush, Michael E. O'Hanlon, *A War Like No Other: The Truth about China's Challenge to America* (Hoboken, N. J.: John Wiley & Sons, 2007), pp. 72-73. 許世銓『十年観察——

激蕩中的台湾問題』（北京、九州出版社、2007年）、15-17頁。張春英『海峡両岸関係史　第4巻』（台北、海峡学術出版社、2008年）、226-228頁。
11) 林正義「『特殊的国興国関係』之後美国対台海両岸的政策」『政治科学論叢』専刊（1999年12月）、105-126頁。潘錫堂「『特殊的国興国関係論』対両岸関係的影響——台湾策略、中共対策與美国因素」『台研両岸前瞻探索』第19号（2000年1月）、1、3-39頁。楊開煌「『両国論』後中共『文攻式武嚇之分析』——以部分地方媒体『武力統一論』為例」『遠景季刊』第1巻第1号（2000年1月）、51-85頁。童振源「台湾対於大陸在1995～96年及1999～2000年武力威脅的反応」『中国事務』第9号（2002年7月）、71-89頁。
12) 薛化元「『一個中国』架構VS台湾民主化的歴史考察」『当代』第235号（2007年6月1日）、30-45頁。小笠原欣幸「民主化、台湾化する政治体制」天児慧、浅野亮編著、前掲書）、151-152頁。
13) 若林正丈前掲『台湾の政治——中華民国台湾化の戦後史』、225-231頁。
14) 李登輝、中嶋嶺雄『アジアの知略——日本は歴史と未来に自信を持て』（光文社、2000年）、48-51頁。鄒景雯前掲『李登輝執政実録告白』、236-237頁。
15) 井尻秀憲「米中関係のなかの台湾」『東亜』389号（1999年11月）、48-63頁。井尻秀憲「李登輝『二国論』の背景と中台両岸関係」『問題と研究』第29巻2号（1999年11月）、17-24頁。天児慧『等身大の中国』（勁草書房、2003年）、161-162頁。
16) Richard C. Bush, "Taiwan Policy Making since Tiananmen: Navigating through Shifting Waters," in Ramon H. Myers, Michel C. Olsenberg, and David Shambaugh eds., *Making China Policy: lessons from the Bush and Clintion Administrations* (Lanham, Md.: Rowman & Littlefield Publishers, 2001), pp. 193-194. Richard C. Bush, *Untying the Knot: making peace in the Taiwan Strait*, p. 360.
17) 例えば、李登輝、中嶋嶺雄、前掲書、37-59頁。鄒景雯前掲『李登輝執政実録告白』、221-262頁。陸鏗、馬西屏、前掲書、170-195頁。蘇起、前掲書、109-117頁。王銘義前掲『対話與対抗——台湾與中国的政治較量』、231-257頁。蔣孝厳、前掲書、281-285頁。
18) 第3章と第4章、および以下の研究を参照。拙稿前掲「李登輝総統の大陸政策決定過程——『戒急用忍』を事例として」。松田康博前掲「台湾——国家安全会議」、106-120頁。拙稿前掲「李登輝総統の大陸政策決定モデルに関する一考察——1998年辜汪会見を事例として」。
19) 鄒景雯前掲『李登輝執政実録告白』、223頁。筆者の張栄豊・元国安会諮詢委員へのインタビュー（2010年5月、於台北）。蔡英文が国安会諮問委員に着任する前に、張栄豊は蔡英文とのコミュニケーション（溝通）を担当していたという記事があった。「蘇起張栄豊　隔空互批」『聯合報』2004年1月6日。
20) 李登輝『台湾の主張』（PHP研究所、1999年）、185-186頁。
21) 張慧英、前掲書、199頁。「両国論『主権小組』研究結晶　去年辜振甫在大陸提及波茨坦宣言 也是這個幕僚小組的研議結論」『自由時報』1999年7月14日。
22) 例えば、張慧英「李登輝即興演出　両国論天機乍洩」『中国時報』2000年12月18日。鄒

23) 鄒景雯前掲『李登輝執政実録告白』、223-227 頁。蘇起、前掲書、80-86 頁。王銘義前掲『対話與対抗―台湾與中国的政治較量』、237-238 頁。
23) 鄒景雯前掲『李登輝執政実録告白』、226 頁。
24) 状況説明の時間について、鄒景雯は7月、蘇起は6月だったとしている。鄒景雯前掲『李登輝執政実録告白』、226-227 頁。蘇起、前掲書、79-80 頁。
25) 鄒景雯前掲『李登輝執政実録告白』、226-227 頁。蘇起、前掲書、79-80 頁。王銘義前掲『対話與対抗―台湾與中国的政治較量』、237-241 頁。
26) 蘇起、前掲書、80 頁。
27) 蔣孝嚴、前掲書、281-285 頁。
28) 鄒景雯前掲『李登輝執政実録告白』、227-230 頁。
29) 「総統接受徳国之声専訪」。日本語訳：「李登輝総統が台湾の位置づけ一層明確化」『中華週報』、第1916号、1999年7月29日、4頁。
30) 「李総統：中共的一個中国 不含台湾」『自由時報』1999年7月10日。「林碧炤：従政治実体到両個国家 追求統一長遠目標沒変」『中国時報』1999年7月10日。「両岸関係首重務実」『中央日報』1999年7月10日。
31) 「胡志強：『国與国』是務実宣示」『聯合報』1999年7月11日。「李総統譲国際認知両岸現実」『中央日報』1999年7月11日。
32) 「両岸関係首重務実」『中央日報』1999年7月10日
33) 「海陸両会：総統説法 不影響汪道涵来訪」『自由時報』1999年7月11日。
34) 「両岸新定位国與国関係 我主権可獲法律保障」『中央日報』1999年7月11日。「大陸政策沒有任何改変」『中央日報』1999年7月12日。
35) 「李盼国際以両徳、両韓模式待我」『聯合報』1999年7月11日。
36) 蔣孝嚴、前掲書、281-285頁。「章孝嚴：是歴史事実也是法律事実」『自由時報』1999年7月12日。「両岸関係須明確釐清」『中央日報』1999年7月12日。
37) 「両岸国與国関係 去年九月成形」『自由時報』1999年7月11日。「両国論『主権小組』研究結晶 去年辜振甫在大陸提及波茨坦宣言 也是這個幕僚小組的研議結論」『自由時報』1999年7月14日。丘宏達は国際法の専門家として知られており、連戦内閣で行政院政務委員（大臣政務官に相当）を務めていた。また、これまでの経緯および記事からみれば、蘇起、胡志強がメンバーではないことは明らかであった。
38) 「丘宏達：我不曉得国内有什麼『主権小組』」『新新聞周報』第645号（1999年7月15日-21日）、22-23頁。張慧英前掲記事「李登輝即興演出 両国論天機乍洩」。
39) 張慧英前掲記事「李登輝即興演出 両国論天機乍洩」。鄒景雯前掲『李登輝執政実録告白』、221-262頁。陸鏗、馬西屏、前掲書、170-195頁。蘇起『危険辺縁――従両国論到一辺一国』、109-117頁。王銘義前掲『対話與対抗――台湾與中国的政治較量』、231-257頁。
40) 「商定汪道涵訪台行程 海基函海協 邀請張金城八月底九月初来台」『自由時報』1999年7月10日。

41) 張慧英前掲記事「李登輝即興演出　両国論天機乍洩」。王銘義前掲『対話與対抗―台湾與中国的政治較量』、242頁。
42) 「詹志宏幕後起草辜振甫回函」『新新聞周報』第647号（1999年7月29日-8月4日）、43頁。蘇起、前掲書、87-88頁。関連記事の例として、以下を参照。「辜振甫：両岸新定位　不影響辜汪会」『中国時報』1999年7月11日。「辜振甫：政治実体就是国家」『聯合報』1999年7月11日。「海陸両会：総統説法　不影響汪道涵来訪」『自由時報』1999年7月11日。「李総統譲国際認知両岸現実」『中央日報』1999年7月11日。郭碧純「総統府：両岸『両国』可保我主権」『台湾時報』1999年7月11日。「辜振甫：不影響汪来台」『台湾時報』1999年7月11日。「李総統譲国際認知両岸現実」『中央日報』1999年7月11日。
43) 行政院大陸委員会「陸委会八十八年七月十二日記者会紀録」
〈http://www.mac.gov.tw/ct.asp?xItem=43824&ctNode=5652&mp=1&xq_xCat=1999〉
（アクセス日：2011年5月30日）。蘇起、前掲書、92-95頁。関連記事は以下の記事を参照。「国興国対談説　汪道涵：両会対話基礎不復存在」『中国時報』1999年7月13日。「蘇起：両岸両国説　走出一中迷思」『自由時報』1999年7月13日。
44) 「総統府官員：清楚定位　有助加速両岸関係推展」『中国時報』1999年7月11日。
45) 「唐樹備：応営造汪訪台有利条件」『聯合報』1999年7月11日。
46) 「中国堅持一個中国架構」『自由時報』1999年7月11日
47) 「中共中央台弁、国務院台弁発言人就李登輝分裂言論発表談話」『新華社』1999年7月11日。「陳雲林強烈抨撃李登輝"両国論"」『新華社』1999年7月15日。
48) 「唐樹備説，台湾当局応立即停止対両岸関係的破壊」『新華社』1999年7月12日。
49) 「汪道涵対辜振甫有関両岸会談是"国興国会談"的説法表示驚訝」『新華社』1999年7月12日。
50) 「外交部発言人朱邦造就李登輝分裂国家言論発表談話」『新華社』7月12日。「新華社評論員：評李登輝的分裂言論」『新華社』1999年7月12日。「人民日報発表評論員文章：『要害是破壊一個中国原則』」『新華社』1999年7月13日。「『了望』周刊発表文章『李登輝窮途末路掙扎』」『新華社』1999年7月14日。
51) 郭泰文「分裂鬧劇背後――李登輝"両国論"透視」『新華社』1999年7月17日。「中台弁、国台弁負責人発表談話、堅決反対台湾分裂勢力按"両国論"修憲」『新華社』1999年7月20日。「中国、軍事威嚇避け　外交攻勢で締め付け」『読売新聞』1999年7月24日。
52) 「伝中共考慮再度武嚇台湾」『中央日報』1999年7月14日。「中国戦機六度偏離航道　経国号升空戒備」『自由時報』1999年7月15日。「澎湖一度砲口朝上　戦備状況三」『聯合報』1999年7月17日。「共軍集結備戦　国防部否認有異状」『自由時報』1999年7月17日。「台湾で海上封鎖も　中国、対抗措置検討」『読売新聞』1999年7月17日。「回応両国論　伝数十位将領請戦」『中国時報』1999年7月18日。「港媒：共軍頻頻演習」『中央日報』1999年7月18日。「台湾海峡近くで　中国が戦時訓練」『読売新聞』1999年7月18日。「中共官媒報道演習活動」『中央日報』1999年7月19日。「中国軍、大規模演習か」『読売新聞』1999年7月

第 5 章　「特殊な国と国の関係」発言とその善後策　*185*

月19日。「北京媒体炒作軍演旧聞」『中央日報』1999年7月20日。「中国軍方　否認調動部隊」『自由時報』1999年7月21日。「港媒：北海艦隊黄海実弾練兵」『中央日報』1999年7月26日。「李総統証実　共機両度飛越海峡中線」『自由時報』1999年8月11日。

53)　鄒景雯前掲『李登輝執政実録告白』、233-234頁。蘇起、前掲書、98-99頁。

54)　王銘義前掲『対話與対抗——台湾與中国的政治較量』、244-246頁。

55)　"U. S. DEPARTMENT OF STATE DAILY PRESS BRIEFING DPB #91 WEDNESDAY, JULY 14, 1999, 1: 15 P. M. (ON THE RECORD UNLESS OTHERWISE NOTED)," U. S. Department of State 〈http://1997-2001.state.gov/www/briefings/9907/990714db.html〉 (Downloaded on May 30, 2011). "U. S. DEPARTMENT OF STATE DAILY PRESS BRIEFING DPB #92 THURSDAY, JULY 15, 1999, 12: 45 P. M. (ON THE RECORD UNLESS OTHERWISE NOTED)," U. S. Department of State 〈http://1997-2001.state.gov/www/briefings/9907/990715db.html〉 (Downloaded on May 30, 2011).

56)　"U. S. DEPARTMENT OF STATE DAILY PRESS BRIEFING DPB #93 MONDAY, JULY 19, 1999, 12: 55 P. M. (ON THE RECORD UNLESS OTHERWISE NOTED)," U. S. Department of State 〈http://1997-2001.state.gov/www/briefings/9907/990719db.html〉 (Downloaded on May 30, 2011).

57)　蘇起、前掲書、100頁。"DoD News Briefing, Tuesday, July 6, 1999," U. S. Department of Defense 〈http://www.defense.gov/transcripts/transcript.aspx?transcriptid=410〉 (Downloaded on May 30, 2011).「米空母『コンステレーション』が横須賀寄港へ」『読売新聞』1999年7月9日。「米空母キティホークが横須賀へ来月帰港」『読売新聞』1999年7月20日。「美第七艦隊指揮艦今晨例行経台海」『自由時報』1999年7月22日。コンステレーションは横須賀に寄港した後、ペルシャ湾での任務に就く予定であった。ペルシャ湾でのイラク監視などの任務に当たったため、1999年3月から横須賀を出港していたキティホークは8月25日に帰港した。「米空母が横須賀へ——『テポドン2号』や『東風31』の発射実験を警戒する狙い」『毎日新聞（東京夕刊）』1999年7月17日。「米空母『コンステレーション』が寄港／神奈川・米横須賀基地」『読売新聞（東京夕刊）』1999年7月23日。「米空母『キティホーク』、横須賀に帰港」『読売新聞（東京夕刊）』1999年8月25日。

58)　"U. S. DEPARTMENT OF STATE DAILY PRESS BRIEFING DPB #92 THURSDAY, JULY 15, 1999, 12: 45 P. M. (ON THE RECORD UNLESS OTHERWISE NOTED)," U. S. Department of State 〈http://1997-2001.state.gov/www/briefings/9907/990715db.html〉 (Downloaded on May 30, 2011). "U. S. DEPARTMENT OF STATE DAILY PRESS BRIEFING DPB #93 MONDAY, JULY 19, 1999, 12: 55 P. M. (ON THE RECORD UNLESS OTHERWISE NOTED)," U. S. Department of State 〈http://1997-2001.state.gov/www/briefings/9907/990719db.html〉 (Downloaded on May 30, 2011).

59) "1999-07-20-press-briefing-by-joe-lockhart.html," William J. Clinton Presidential Library and Museum 〈http://clinton6.nara.gov/1999/07/1999-07-20-press-briefing-by-joe-lockhart.html〉 (Downloaded on May 30, 2011).「江沢民主席與克林頓総統通電話」『新華社』1999年7月19日。

60) "1999-07-21-press-conference-by-the-president.html," William J. Clinton Presidential Library and Museum 〈http://clinton6.nara.gov/1999/07/1999-07-21-press-conference-by-the-president.html〉 (Downloaded on May 30, 2011)。"Remarks on visit of Israeli Prime Minister Ehud Barak Washington, D. C., July 20, 1999," Department of State, 〈http://1997-2001.state.gov/www/statements/1999/990720.html〉(Downloaded on May 30, 2011). 蘇起、前掲書、100頁。王銘義前掲『対話與対抗——台湾與中国的政治較量』、

61) 「白宮擬対台実施一系列懲罰」『中国時報』1999年7月21日。

62) "1999-07-21-press-conference-by-the-president.html," William J. Clinton Presidential Library and Museum 〈http://clinton6.nara.gov/1999/07/1999-07-21-press-conference-by-the-president.html〉 (Downloaded on May 30, 2011)。「白宮擬対台実施一系列懲罰」『中国時報』1999年7月21日。「白宮宣布：取消軍事代表団訪台」『中国時報』1999年7月22日。「卜睿哲：美対台湾軍售立場未改変」『自由時報』1999年7月24日。1982年8月に、レーガン政権は「台湾向け兵器売却を長期的に執行する政策を追求せず、性能と数量の面で台湾向けに売却された兵器の国交正常化後の数年に提供された水準を超えず、さらに一定の時間を経て最終的解決に導くものとする」という「米中共通コミュニケ（Joint Communique of the United States of America and the People's Republic of China）」を中国との間で結んだ。しかし、レーガン政権は台湾当局（蔣経国政権）に対して、「台湾への武器売却中止の期限を設定しなかった」、「台湾への武器売却に際し、事前に中国と相談することに同意しなかった」、「台北と北京の間でいかなる仲介の役割も果たさない」、「台湾関係法を修正することに同意しなかった」、「中国の台湾に対する主権に関して立場を変えなかった」、「中国との交渉に入るよう台湾に圧力をかけることはしない」等を伝えたとされ、「六つの保証」と呼ばれた。松田康博「米中関係における台湾問題」、97頁。

63) 蘇起、前掲書、97-98頁。

64) 鄒景雯の取材では、国安会による対応は7月14日から始まったという。王銘義の取材では、張栄豊は、対応は7月13日から始まったと主張したという。蘇起は7月12日から対応を始めたと主張した。鄒景雯前掲『李登輝執政実録告白』、232頁。蘇起、前掲書、92頁。王銘義前掲『対話與対抗——台湾與中国的政治較量』、249頁。

65) 「部会伝内訌 両国論口径不一」『台湾日報』1999年7月22日。

66) 鄒景雯前掲『李登輝執政実録告白』、233-234頁。ただし、鄒景雯は「国家安全会議を開

く」という文言を使ったが、正式な国家安全会議であるかどうかは不明である。

67)　例えば、張慧英前掲記事「李登輝即興演出　両国論天機乍洩」、鄒景雯前掲『李登輝執政実録告白』、239-250頁。陸鏗、馬西屏、前掲書、182-183頁。王銘義前掲『対話與対抗──台湾與中国的政治較量』、237-239頁。

68)　張慧英前掲記事「李登輝即興演出　両国論天機乍洩」。

69)　中華民国総統府「総統府新聞稿──総統接見国際扶輪社三四七〇地区社員代表」。

70)　新華社評論員「詭弁挽救不了李登輝（五評）」『新華社』1999年7月17日。「中台弁、国台弁負責人発表談話、堅決反対台湾分裂勢力按"両国論"修憲」『新華社』1999年7月20日。「『分裂活動停止せよ』中国側が批判」『朝日新聞』1999年7月21日。

71)　孟蓉華「民主統一──特殊的両岸関係」『中央日報』1999年7月14日。「両国論　林碧炤英訳state to state」『自由時報』1999年7月14日。「新定位基調　一個民族両個国家」『中央日報』1999年7月16日。「両国論定調　将由部長級出国宣伝」『自由時報』1999年7月16日。行政院大陸委員会「陸委会八十八年七月十七日例行記者会紀録」
〈http://www.mac.gov.tw/ct.asp?xItem=43821&ctNode=6452&mp=1&xq_xCat=1999〉（アクセス日：2011年5月30日）。「程建人展開密集国際文宣　用語定調特殊国與国関係」『中央日報』1999年7月22日。

72)　鄒景雯前掲『李登輝執政実録告白』、242-243頁。蘇起、前掲書、101-102頁。王銘義前掲『対話與対抗──台湾與中国的政治較量』、246-247頁。

73)　鄒景雯前掲『李登輝執政実録告白』、243-244頁。

74)　鄒景雯前掲『李登輝執政実録告白』、244頁。

75)　鄒景雯前掲『李登輝執政実録告白』、244-247頁。

76)　「さらに一歩進み両岸関係を明確化　辜振甫・海峡交流基金会理事長が大陸側に説明」『中華週報』、第1919号、1999年8月26日、付録13-14頁。

77)　蘇起、前掲書、112頁。王銘義前掲『対話與対抗──台湾與中国的政治較量』、255-256頁。

78)　「対等、平和、相互利益を促進する位置づけ　大陸委員会が『特殊な国と国との関係』を解説」『中華週報』、第1919号（付録）、1999年8月26日、14-16頁。

79)　「要害是李登輝頑固堅持"両国論"──辜振甫七月三十日談話稿」『新華社』1999年7月31日。「中台弁、国台弁負責人発表談話、厳正駁斥台湾当局"対特殊国與国関係論書面説明"」『新華社』1999年8月4日。李義虎「"特殊"豈能掩蓋"両国論"的分裂実質」『新華社』1999年8月4日。劉文宗「要害是分裂中国主権──評李登輝的"両国論"」『新華社』1999年8月7日。「『了望』周刊発表時評「評李登輝的分裂路線」」『新華社』1999年8月8日。暁揚「堅定不移地維護一個中国的原則」『新華社』1999年8月10日。「李登輝的分裂図謀注定要失敗──訪李家泉研究員」『求是』1999年第16号（1999年8月16日）、22-24頁。

80)　王銘義前掲『対話與対抗──台湾與中国的政治較量』、255-257頁。ただし、のちに李登輝は、自らにとっての「それぞれ異なる見方」というのは、一つの中国というものがないと

述べた。鄒景雯前掲『李登輝執政実録告白』、257 頁。
81) 「李登輝総統中華民国八十八年国慶節祝辞」『中華週報』第 1928 号（1999 年 10 月 28 日）、4-5 頁。
82) 陸鏗、馬西屏、前掲書、185-186 頁。
83) 「高層無意修改国統綱領」『中国時報』1999 年 7 月 13 日、「総統府高層傾向小幅修法」『聯合報』1999 年 7 月 13 日。張慧英は何人の国民大会代表にインタビューを行い、李登輝から明確な指示がなかったとした。張慧英「国大推動延任　係為両国論入憲舗路？」『中国時報』2000 年 12 月 18 日。ただし、のち李登輝は実際にその時憲法の改正を行いたかった意向を漏らした。鄒景雯前掲『李登輝執政実録告白』、248-249 頁。
84) 「修憲　国家主権議題擬列入」『自由時報』1999 年 7 月 13 日、「修法　国民両党将聯手推動」『自由時報』1999 年 7 月 13 日。
85) 「連戰：釐清両岸定位　為政治談判做準備」『自由時報』1999 年 7 月 26 日。
86) 「政府首脳部が米特使と会見し意思疎通　リチャード・ブッシュ米在台協会理事長が訪台」『中華週報』、第 1919 号（付録）、1999 年 8 月 26 日、11-12 頁。ただし、のちに連戦は「台湾の主張」を読んだ時、李登輝の大陸政策への考え方と自らと違ったことがわかったと連戦の腹心として知られる徐立徳・元行政院副院長は推測した。李建栄『藍天再現——連戦與国民党重新出発』（台北、天下遠見、2004 年）、26-27 頁。李建栄はベテラン新聞記者であり、連戦のスタッフを勤めている。
87) 「政府の大陸政策は一貫している　蕭万長・行政院長が閣議で談話発表」『中華週報』第 1916 号（1999 年 7 月 29 日）、8-9 頁。
88) 「政院召開応変会議　信心喊話」『中国時報』1999 年 7 月 20 日、「政院跨部会会議：大陸政策未変」『聯合報』1999 年 7 月 20 日。「跨部会会議　首長們拿錦嚢」『自由時報』1999 年 7 月 20 日。
89) 陸鏗、馬西屏、前掲書、186 頁。
90) 筆者の蔣孝厳・立法委員へのインタビュー（2008 年 9 月、於台北）。「章孝厳：李総統未放棄両岸和平統一」『中国時報』1999 年 7 月 13 日。
91) 「確立領土　傾向修憲或国大議決」『自由時報』1999 年 7 月 15 日。「国民両党未形成共識」『中央日報』1999 年 7 月 15 日。
92) 筆者の蔣孝厳・立法委員へのインタビュー（2008 年 9 月、於台北）。
93) 王銘義前掲『対話與対抗—台湾與中国的政治較量』、70-71 頁。筆者の張栄恭・元国民党陸工会主任へのインタビュー（2006 年 9 月、於台北）。
94) 王銘義前掲『対話與対抗——台湾與中国的政治較量』、236-237 頁。「奉天プロジェクト」経費は国安局によって管理していたが、会計の責任者のいずれも殷宗文が国安局長時代から担当していたという。「政権移転情治崩盤　劉冠軍案、讓国安局很不安」『新新聞周刊』第 784 号（2002 年 3 月 14 日-3 月 20 日）、30-33 頁。丁渝洲、前掲書、435-437 頁。
95) のちにこれは米国政府の指示ではなく、バッガード（Raymond Burghardt）・米国在台協

会台北事務所所長が念のための考え方であることもわかった。丁渝洲、前掲書、192-197 頁。
96)　王銘義前掲『対話與対抗―台湾與中国的政治較量』、255-256 頁。
97)　鄒景雯「陸委会操之過急　歩調錯乱」『自由時報』1999 年 8 月 4 日。張慧英前掲記事「李登輝即興演出　両国論天機乍洩」。鄒景雯前掲『李登輝執政実録告白』、258 頁。王銘義前掲『対話與対抗―台湾與中国的政治較量』、255-257 頁。
98)　「特殊両国論　不宜拡大解釈」『自由時報』1999 年 8 月 3 日。「陸委会：発布説帖　経総統府授権」『自由時報』1999 年 8 月 4 日。「総統府：多説無益　従此不説帖」『自由時報』1999 年 8 月 4 日。「総統府：両国論内涵　以総統講話為主」『自由時報』1999 年 8 月 6 日。
99)　鄒景雯前掲『李登輝執政実録告白』、240 頁。
100)　蘇起、前掲書、112-114 頁。関連記事は以下を参照。鄒景雯「陸委会操之過急　歩調錯乱」『自由時報』1999 年 8 月 4 日。鄒景雯「提『回帰一中』　官員失去方向感」『自由時報』1999 年 8 月 9 日。また、許柯生・陸委会副主任委員は陸委会の定例記者会見で、政府の立場を政策説明において明らかにしたため、個別の報道に対してコメントしないと述べた。行政院大陸委員会「本会許副主委於八十八年八月六日主持例行記者会紀録」〈http://www.mac.gov.tw/ct.asp?xItem=43816&ctNode=6452&mp=1&xq_xCat=1999〉（アクセス日：2011 年 5 月 30 日）
101)　蘇起、前掲書、88-89 頁。
102)　Teng-hui Lee, "Understanding Taiwan," *Foreign Affairs*, Vol. 78 No. 6 (November/December, 1999), pp. 9-14. 鄒景雯前掲『李登輝執政実録告白』、258-259 頁。蘇起、前掲書、116-117 頁。「台湾は主権国家だ」という題名は、フォーリン・アフェアーズの日本語オフィシャルサイドによる訳である。フォーリン・アフェアーズ・リポート「台湾（中台関係）」〈http://www.foreignaffairsj.co.jp/archive/yoshi/1999_11.htm#1〉（アクセス日：2011 年 5 月 30 日）。さらに、のちに李登輝は、国慶節の祝辞が「一つの中国をそれぞれが解釈する」というラインまで撤退したと思われても、「一つの中国」という事実が存在していないという考え方を示した。鄒景雯前掲『李登輝執政実録告白』、257 頁。
103)　筆者の張栄豊・元国安会諮詢委員へのインタビュー（2010 年 5 月、於台北）。王銘義前掲『対話與対抗――台湾與中国的政治較量』、248-249 頁。「張栄豊：意識形態勿帯入歴史」『中国時報』2004 年 1 月 2 日、「張栄豊：蘇起矛盾　做人不能這樣」『台湾日報』2004 年 1 月 6 日。米国から蘇起辞任の要求については、張慧英前掲記事「李登輝即興演出　両国論天機乍洩」、鄒景雯前掲『李登輝執政実録告白』、245 頁、も参照できる。
104)　蘇起、前掲書、83-84 頁。
105)　鄒景雯前掲『李登輝執政実録告白』、240-241 頁。王銘義前掲『対話與対抗――台湾與中国的政治較量』、245 頁。
106)　李登輝、小林よしのり、前掲書、104-109 頁。
107)　Bush, *Untying the Knot: making peace in the Taiwan Strait*, chapter 3.

終　章
結論と展望

　本書では、政策過程の視点から台湾の李登輝が初代直接民選総統時代にどのように大陸政策を決定して執行したのかという問いを立て、政策過程論および組織論の視点に基づき、李登輝がどのように政策過程ネットワークを構築し、政策過程を運営して政策を決定したのかという仮説を構築し、事例研究を通して分析を試みた。

　台湾の大陸政策決定過程および政府体制からみれば、大陸政策にとどまらず、そのほか多くの領域の政策過程においても、総統・国安会と行政院あるいは陸委会と海基会の間の権限問題、および政策過程における調整と協議を担う機関の機能不全などの構造的な問題が存在しているため、官僚制組織として垂直の命令システムおよび水平の調整機能がそもそも機能不全を起こしやすい性質を持っているのである。

　しかし、李登輝は政府全体の調整と協議だけでなく、諮問の機能も併せ持つ国安会のインフォーマルな運営によって、自らの政策過程ネットワークを構築し、組織的に政策過程を運営しただけでなく、政府・与党のみならず政府外部からの政策提言を組織的に行わせ、政策を決定して執行したということを、本書の実証研究を通して明らかにした。本書は、そのモデルを「国安会モデル」と名付けて事例研究で検証を行った。まず、そのモデルケースである1998年の「辜汪会見」を事例として分析を行い、国安会モデルの精緻化作業ができた。次に、リーダーの独断で政策の変更を行われたばかりか、政策過程における混乱と対立も引き起こされた「戒急用忍」、「特殊な国と国の関係」発言とその善後策を事例として、

国安会モデルの問題点を明らかにした。

　これまでの分析から得られた知見が理論的および実証的に如何なる含意を持ちうるのかについて検討を加えることが、終章の課題である。本章ではまず第1節で提示した仮説の妥当性について示す。次に、これまでの事例研究を通して明らかにした李登輝の政策過程の運営について体系的に分析を行い、運営モデルおよび運営手法を含めた李登輝のリーダーシップについて評価する。最後に、本書の意義を再確認した上で、今後の研究へ向けて若干の所見を述べたい。

1. 仮説の妥当性

　従来の政策過程論では、政府の政策過程を、組織内の SOP に基づいた機械的もしくは準機械的プロセスの産物、および政策決定に関わるそれぞれのプレイヤー間の駆け引き（pulling and hauling）を含む相互作用という政府内政治の産物であるとされる。本書で、筆者は SOP にしろ、政府内政治にしろ、いずれも政府のトップリーダーが問題に直面した時、公式的組織および非公式的組織によるネットワークを運営し、政策を決定して執行するプロセスであると主張した。さらに、日本の政策過程論の事例を取り上げた上、第1章において、トップリーダーである李登輝が民間人を含め、既存の政府組織および政府と与党の関係に基づき、政策過程における独自のネットワークを作り出し、大陸政策を主導的に決定して執行し、さらに政府と外部者を含めた政策過程ネットワークで政策過程を運営し、リーダーシップを発揮して政策を決定したリーダーであったという仮説を設定した。

　第2章では、政府・与党をはじめとする台湾の大陸政策決定過程を分析し、その問題点を指摘した上で李登輝の大陸政策における政策過程ネットワークの形態の特徴を抽出しようとした。本書は、李登輝初代直接民選総統時代の大陸政策決定過程の運営モデルを「国安会モデル」と名付けて分析を行った。第3章で取り上げた「辜汪会見」の事例は李登輝初代直接民選総統時代のモデルケースである。「辜汪会見」をめぐる4つの方針の政策決定過程を明らかにしたことによって、国安会モデルの精緻化作業をすることができた。精緻化した政策過程のプロセスは、図3-3（107頁）のように示した。会議に参加したメンバーは、図3-4（107頁）のように示した。さらに、リーダーと政策過程における各会議の関係

は、図2-6（74頁）のように示した。これらは、まさに李登輝が、憲法が想定する既存の政府内政策過程メカニズムを越え、自らを中心としたネットワークを形成することによって政策過程を運営して政策を決定し、執行したことを図式化したものである。このような、リーダーを中心に、すべてのレベルの会議がリーダーと密接につながるフラット組織化の運営は、単なる組織内部のネットワークだけではなく、グループ会議を外部の政策提言を取り込むルートとして活用し、政府外部のネットワークさえも包括した決定モデルである。ただし、トップリーダーがすべての領域や案件の政策決定における調整と協議に積極的に関与するとは限らない。政策過程において国安会諮問スタッフと行政院閣僚との間で対立が起こった時、リーダーがどのように調整と協議を行うのか、特に調整・協議の時間が短く決定までのプレッシャーが強い場合、トップリーダーが果たして閣僚、スタッフの意見を集約し、コンセンサスができる方針をまとめることが可能なのかという、「辜汪会見」モデルケースでは実証できない問題点を提起した。この3つの問題点は第4章の「戒急用忍」および第5章の「特殊な国と国の関係」発言とその善後策において検証の機会を得た。「戒急用忍」の事例では、李登輝は政策過程における調整と協議をせずに政策変更を行ったため行政院内部の混乱を招いてしまったが、自らの調整に乗り出したことよって混乱を収拾し、法制化まで政策を推進することができた。これに対し、「特殊な国と国の関係」の事例では、李登輝は政府内の調整と協議をせずに独断で発言したが、明白にその対応に関する調整と協議に関与しようとしなかったため、政策過程における混乱を招いたばかりか、行政院閣僚と国安会諮問スタッフの間の対立を深めてしまったのである。さらに、いずれの事例でも、総統からの十分な授権がない限り国安会秘書長の調整と協議の権限が非常に限られてしまうことがわかった。しかも、「特殊な国と国の関係」発言の事例では、米国や中国大陸からの反応やマスコミへの対応のリードタイムが短く、特に迅速な対応が必要であったにもかかわらず、李登輝は積極的に調整と協議に関与しなかった。結局国安会秘書長を中心に対応を行ったが、混乱と対立を抑えることができなかったのである。

　一言で言えば、国安会モデルとは、李登輝が政府全体の調整と協議をする権能がある国安会を中心として、政府と与党に加えて、民間人も含めて構築した政策過程ネットワークであった。李登輝は決して政府のみの政策過程を完全にやめ

てしまったわけではないが、国安会における調整と協議の役割を機能させることを通じて、台湾の政府制度において宿痾ともいえる水平と垂直関係の欠陥を補ったのである。しかも、李登輝は政府内政策過程のSOPをやめたわけでもないし、閣僚と諮問スタッフの権限問題を制度的に解決したわけでもない。本書は、李登輝初代直接民選総統時代の大陸政策決定過程を検証したことによって、政府を組織論の観点で捉えなおせば、政府の政策過程とは、政府のトップリーダーが問題に直面した時、公式的組織および非公式的組織によるネットワークを運営し、政策を決定して執行するプロセスであるということを明らかにすることができた。

2. 李登輝の大陸政策決定過程の運営

（1） 政策過程における命令一元化

　国安会モデルは、すべてのレベルにおける会議がトップリーダーである李登輝と密接につながっているフラット組織化の形態である。そのため、このモデルの最も重要な特徴は、命令一元化にあると言えよう。

　台湾政治研究においては、大陸政策に限らず、総統と行政院長の職権重複問題がしばしば注目を浴びてきたが、総統が国安会の議長として調整と協議を行えば、行政院長とその閣僚は委員として総統に直接従うことになる。さらに、政策提言と政策決定の段階において、総統が主催する閣僚レベルの高層会議、国安会秘書長が主催する次官レベルの次官会議、政策提言の研究を行うグループ会議のいずれの会議も、李登輝の指示や命令に強く依存している。国安会モデルを作り上げたことによって、民主化後の台湾では李登輝というトップリーダーを中心とした命令一元化のシステムができたのである。

　ところが、いずれのレベルの会議も、李登輝の指示と命令で動いていたため、李登輝個人への負担が極めて重かったものと考えられる。本研究の検討において、国安会の各レベル会議の運営は李登輝の命令を受けた国安会スタッフが、座長として李登輝の代わりに会議の運営を行っていたことがわかった。そのため、座長の役割も重要であると言えよう。ただし、李登輝の代理人として調整と協議を行うものの、構造的な職権重複問題により、政策決定の段階における各会議の座長は、調整と協議をめぐる役割が限られたものとならざるを得ない。したがって、彼らが政府内部のコンセンサスをまとめたり、対立を抑えたりすることがで

きなければ、最高決定者たる総統の指示を仰ぐしかなかった。

　国安会モデル以前の「国家統一委員会→陸委会→海基会」モデルによる政策決定と執行において、陸委会と海基会の衝突が繰り返し起こった。しかし、本研究が扱った事例を振り返れば、国安会モデルはほぼ有効に政策過程における調整と協議を行ったことが確認された。「辜汪会見」をめぐる4つの方針の政策過程は、国安会モデルの運営によって動いていた。「民主主義の宣伝」の決定過程では、高層会議に参与したメンバーがコンセンサスをまとめなかったため、採決しなかったが、李登輝がこの提案を支持したため、最終的に復活した。「戒急用忍」の法制化も、李登輝による調整と協議によって混乱が抑えられたため、実施されるに至った。「特殊な国と国の関係」の政策研究も李登輝の命令によって行われた。対処のプロセスで対立が起こり、コンセンサスもまとまらなかったが、その対処も李登輝の命令によって行われたのである。

（2）　外部の政策提言を政策過程に取り込んで実行したプロセス

　国安会モデルでは、グループ会議は政府外部の研究者を招聘して政策研究を行うルートとして運営されていた。さらに、その提言の研究に関与した諮問スタッフは、政策決定の段階で直接に政策過程における各レベルの調整と協議に参与したため、政策提言を実践に導くことが可能な立場にいる。したがって、グループ会議の提言は、初代直接民選総統時代以前のような、トップリーダーに直接に提言する形態に比べ、より組織的に政府内の政策過程に取り込まれやすくなる。

　本来、官僚制組織の閉鎖性を避けるため、組織のトップは組織内外の諸力によって組織の形態と慣行を進化させようとすると主張されている[1]。換言すると、グループ会議の政策提言ルートによって、台湾の大陸政策は政府と与党のみによるものだけではなく、外部の政策提言も取り込まれて決定されたため、政府組織の閉鎖性による弊害を避けることができたと言える。有効に外部の政策提言を政策過程に取り込んだことによって、李登輝初代直接民選総統時代の大陸政策決定過程は、伝統的な政府の政策過程よりも開放的な性質を有している。

　本研究が扱った事例において、大陸が統一交渉につながる政治交渉を推進しようと様々な手段をとっていたが、李登輝は国安会の下にグループ会議を成立させ、その対応について先手を打って研究させていたのである。辜振甫を中心とし

た海基会理事会が大陸を訪問するということを海協会に提案しようというグループ会議の提言は、政策過程に取り上げられて実行された。政府外部の研究者を招聘して設立された主権グループが提言した、ポツダム宣言によって台湾が中華民国に帰属した事実を明らかにすることができるという研究成果も、高層会議による議論を通じて大陸との交渉手段として使用された。さらに、最終の政策提言である「特殊な国と国の関係」も、李登輝によって発表された。

また、行政院の経済部門が対大陸経済交流を推進していたのに対し、政府外部の研究者・政策スタッフは経済安全保障の視点からそれを警戒していた。その結果、国安会のグループ会議は李登輝の命令を受けて政策研究を行い、「戒急用忍」を李登輝に提言した。

ただし、李登輝の支持を得ても、決してグループ会議による政策提言が必ず主管機関に受け入れられるとは限らなかった。李登輝の支持を得たため国安会スタッフは主管機関に「特殊な国と国の関係」について状況説明を行ったが、主管機関の反対を受けたため、「特殊な国と国の関係」についてさらに議論を行うという段階で調整は止まっていた。結局、李登輝が政府内の調整と協議を抜きに独断で発表したが、たとえ予定していた国安会スタッフと閣僚による議論が行われたとしても、成案を得ることができたとは限らず、成案を得ても内容が行政院の主張寄りに大幅に修正される可能性さえあったと考えられる。

(3) 政策過程における調整と協議

第2章の検討において、台湾の政策過程では多くの調整と協議のメカニズムが存在していることがわかった。しかしながら、1996年頃までの経緯からみれば、いずれの組織も有効に機能していなかったと言ってよい。李登輝が総統府から送り出し、陸委会から転任した焦仁和さえ、信頼を失ったため更迭されてしまったほどである。換言するなら、李登輝が国安会を中心とした政策運営を始める前の段階では、陸委会と海基会の間だけではなく、総統府、行政院、国民党における有効な調整と協議をすることは非常に困難であったものと考えられる。

既存の「国家統一委員会→陸委会→海基会」モデルに対し、国安会モデルにおける調整と協議のプロセスからみれば、閣僚レベルだけではなく、次官レベル、および政府と政府外部の調整と協議も可能になった。高層会議が閣僚レベ

の調整と協議を行うのは言うまでもないが、次官レベルにおける調整と協議さえもがトップリーダーである総統と密接なコミュニケーションをとって行われたのは、これまでの米国と日本を含めた政策過程論の事例では珍しい事例であると言えよう。第2章で多くの調整と協議の組織に言及したように、台湾の政策過程では法律上、日本の事務次官会議のような次官レベルの調整と協議を行うメカニズムがない。しかしながら、国安会モデルでは、次官会議は重大政策の討議が必要な時だけではなく、定期的・日常的に行われていた。また、政策提言の研究を担当した国安会スタッフも高層会議、次官会議に参加していた。

このように、国安会モデルは、閣僚レベルで垂直と水平方向の関係を調整していただけではなく、次官レベルおよび政府内部と政府外部の調整と協議もできる運営モデルであった。実際に本研究が扱った事例のいずれも、政府と政府外部、政府における閣僚レベル、次官レベルの調整と協議が行われた形跡が見える。そのため、国安会モデルは、李登輝を中心とした開放的なネットワーク型政策過程モデルであると考えられよう。

（4） 大陸政策決定過程の不安定さ

しかしながら、「戒急用忍」と「特殊な国と国の関係」発言の事例からみれば、国安会モデルにおいては、政策提言から政策決定への段階が最も不安定であると言える。なぜなら、李登輝は、政府内の調整と協議をせずに政策の転換を発表したからである。その原因は国安会がインフォーマルに運営されたことにあると指摘したい。

台湾では大陸政策だけではなく、多くの政策過程において総統と行政院長の職権重複問題が注目を浴び、総統の言動が行政院の職権を侵犯しているのではないかというマスコミの批判が日常的になされている。総統府、行政院、国民党における調整と協議を有効に行う組織は国安会のみであるが、その法的な位置づけのあいまいさによって国安会の運営が果たして法的・制度的に適切であるかどうかはいまだ議論が続いている。そのため、李登輝はインフォーマルな国安会運営を選択したのである。すなわち、法律に定められているわけではないため、李登輝は必ず常に国安会モデルのプロセスに従って政策過程における調整と協議を行うとは限らない。

本研究は、事例研究として国家戦略レベルと長期政策レベルの政策を選択して分析を行った。特に、第4章と第5章では、李登輝の独断により、政策過程における混乱と対立を招いたり、国安会スタッフと行政院閣僚の対立も抑えられなかったりしたことがわかった。

したがって、政策決定の際に、李登輝が国安会モデルのプロセスに従って政策過程における調整と協議を行うかどうかは、政策過程の安定が保てるかどうかが重要なポイントとなる。さらに、本研究が検討した事例、および以上の指摘からみれば、李登輝のように国家戦略レベルと長期政策レベルの政策でありながら、政府内の調整と協議をせずに、政策変更を発表したやり方は、トップリーダーとして決して適切だったとは評価できない。

しかしながら、前述したように台湾の政府制度自体には深刻な構造的欠陥が存在する。また、総統および与党党首としての権力をチェックするメカニズムも存在しておらず、他方李登輝も民選総統として選挙公約を実行するため政策過程を運営しなくてはならない。そのため、李登輝に政府内の調整と協議をせずに政策を変更することができたというのは、李登輝個人の問題だけではなく、李をとりまく制度と環境も原因の一部であるものと考えられる。

3. 李登輝のリーダーシップ

（1）「辜汪会見」の事例からみた李登輝のリーダーシップ

第3章で検討した「辜汪会見」の事例において、李登輝は国安会を中心とした一連の組織を運営し、政策を決定して執行した。李登輝は、政策目標を決める最高決定者だけではなく、組織の運営も配慮した最高調整者でもあった。その好例として、「民主主義の宣伝」に関する決定が挙げられる。「民主主義の宣伝」については高層会議レベルの戦略グループにおいて、意見の食い違いが生じたため、各機関が合意に至らず裁決されていなかった。そのような状況で李登輝は大陸訪問において「民主」を打ち出すため、大陸政策決定過程における要人および訪問団における主なメンバーを招集し、協議と調整を行った上でこの計画を最終的に復活させた。そこで、「辜汪会見」の事例を見る限り、李登輝は同時に政策の目標のみならず、組織の運営にも配慮したリーダーであったと言える。

（2）「戒急用忍」と「特殊な国と国の関係」からみた李登輝のリーダーシップ
　1）共通点
　2つの事例は、李登輝が政策提言を組織的に行わせたにもかかわらず、主管機関との調整と協議を行わずに政策の変更を発表したという共通点がある。また、事例の流れからみれば、グループ会議による政策提言が、既存の政策方針と相反していたという点も共通している。「戒急用忍」の事例では、行政院は大陸との経済交流を推進しようとしていたが、グループ会議による提言では、大陸との経済交流を警戒していたのであった。「特殊な国と国の関係」の事例では、事前に国安会スタッフが主管機関に状況説明を行ったが、閣僚から既存政策の変更について反対された。たとえ成案を得たとしても、内容が行政院側の主張に沿って大幅に変更されるか、あるいはコンセンサスをまとめるのに膨大な時間がかかっていた可能性がある。
　そこで、政策提言が主管機関に反対される可能性があるか、反対される場合もしくはコンセンサスをまとめる時間がかかる可能性がある場合、李登輝はトップリーダーが政策変更を決定したという既成事実を作り、主管機関との調整と協議を行わずに政策変更について発表したと考えられる。換言すると、これは、イニシアチブを取るため、李登輝が先手を打ったと考えることも可能なのである。
　2）相違点
　「戒急用忍」の事例では、李登輝が国民大会で政策変更の意思、および全国経営者大会ではじめて「戒急用忍」を発表した時、行政院に混乱が起こったが、その後李登輝は調整と協議を行い、その混乱を抑えた。これに対し、「特殊な国と国の関係」が発表された時、高層会議レベルの対処が行われたが、善後策の決定過程において対立が起こったものの、李登輝は積極的に調整と協議を行おうとしなかった。しかも、李登輝は当時の結論を受け入れたにもかかわらず、後にそれへの不満を漏らした。そのため、李登輝が主導的に調整と協議を行う基準とはいったい何なのかが、最も重要な相違点であると考えられる。
　ここで当時の政策過程における状況を比較していきたい。「戒急用忍」が発表された時、最初から李登輝は具体的な調整と協議を行っていなかったが、主管機関の間には、執行について細かい対立があったものの、経済安全保障から大陸との経済交流を推進するコンセンサスがまとまっていた。これに対し、「特殊な国

と国の関係」が発表された時、重要閣僚たちは「特殊な国と国の関係」発言を支持することを口にしたものの、その対応は既存の政策として解釈する方向に向かっていった。さらに、その対処において、主管機関と一部の国安会スタッフの対立が起こっていた。そして、李登輝が積極的に調整と協議を行わなかったまま、政策過程では「特殊な国と国の関係」を既存の政策基調として解釈する方向にまとまった。李登輝のリーダーシップは、他の多くの最高指導者と同様、万能ではない。おそらく彼は、自分の部下達がどのように反応するか、米国や中国大陸がどのように反応するかを注意深く観察して、その現実に徐々に妥協していったのではないであろうか。ここで、フォロワーシップの重要性が出てくる。

（3）リーダーとフォロワーの関係

　李登輝の政策過程運営では、最高決定者と最高調整者である李登輝がその中心にいた。しかしながら、「戒急用忍」、「辜汪会見」、「特殊な国と国の関係」発言とその善後策の事例では、李登輝はグループ会議の提言を受けてから次のステップを決定した。そのため、李登輝は明らかに外部の提言からの影響をも受けていた。

　しかも、状況によって、李登輝は高層会議の結論に従い、態度を改めたこともある。例えば、「特殊な国と国の関係」発言における対処では、李登輝はのちに高層会議の対処への不満を漏らしたものの、当時の発言もその結論に従ったと言える。また、李登輝は退任前に、その不満を公に漏らしたことはなく、少なくとも任期内に最高決定者としての責任を負うことを意識していたことが読み取れる。

　したがって、国安会モデルは李登輝を中心としたものであるが、それは決して完全なトップダウンの体制であったということはできず、むしろ、トップリーダーである李登輝と政策過程におけるフォロワーの関係は相互に影響を及ぼす関係であった。

（4）李登輝のリーダーシップ：組織を重視したか、独断か

　そこで、以上の検討により、李登輝の大陸政策決定過程におけるリーダーシップについてまとめていきたい。3つの事例を分析した結果、李登輝の大陸政策決

定スタイルには2つの類型があることが判明した。1つは、「辜汪会見」のように、政策目標と組織の運営を同時に重視する類型である。もう1つは、政策提言が主管機関に反対される可能性があり、反対された場合もしくはコンセンサスをまとめる時間がかかる可能性がある場合、李登輝は主管機関との調整と協議を行わずに政策変更について発表することを通じて、トップリーダーが政策変更を決定したという既成事実を作るという類型である。

ただし、アクターをどこまでリードできるかは、政策の変更が影響を与えたレベルによって左右されるものと考えられる。政策の変更が影響を与える階梯が多ければ多いほど、政策過程をまとめる時間がかかり、難度が高まるため、李登輝は、柔軟さを発揮して部下達の合意に従うこともある。

したがって、この2つの類型を比較すれば、状況によって組織の調整を後回しにする、もしくは政策過程の対処によって結論に従う場合もあるため、李登輝は決して目標を実現するために常に組織を無視するリーダーというわけではない。むしろ、状況を判断し、政策過程の運営方式を変えるという柔軟な態度を取るリーダーであったと評価することができる。

4. 大陸政策決定過程研究への展望

(1) 理論的議論に関して

本研究は、李登輝が初代直接民選総統時代でどのように大陸政策決定過程を運営し、政策を決定して執行したのかについて分析してきた。その際に、本研究は政府の政策過程をネットワークの観点から捉え直した。政府のトップリーダーが重大な政策課題に対応する際に、官僚制組織の通弊によって既存の組織で対処しにくいことがあったとしても、トップを中心にネットワークを構築すれば、その対応を行うことが可能になる、ということである。

従来の政府を対象として捉えた政策過程論のモデルは、アリソンモデルもしくはその批判をめぐって展開してきたものである。しかしながら、第1章において検討を加えた際に、研究対象国の状況に基づいてモデルの修正を行っても、現状から逸脱する事例ことが多いため、米国以外の国を分析することが困難であることを指摘した。つまり、現状として、米国の事例で構築されたモデルの実用化や、政治制度が大きく異なる他国での一般化は難しい。しかも、他の研究対象国

の状況について行った実証研究には、モデルを使わないものが多いが、いずれの研究成果の射程も国内政治レベルの分析に止まり、政策過程論へのインプリケーションが弱いということも明らかにした。

　しかし、本研究は、既存の分析モデルと組織論の関係を改めて検討し、行政学、経営学で幅広く取り込まれてきた組織論に基づいて政策過程ネットワークを構築した上で、李登輝初代直接民選総統時代における大陸政策決定過程の運営モデルに対して、理論的分析および実証研究を行い、その理論と現状へのインプリケーションを説明することができた。したがって、今後組織論をはじめとする政治学、行政学、経営学などの分野における理論と実証研究が進展することによって、政策過程ネットワークの理論構築がさらに進むことが期待される。また、本研究は政策過程論へのインプリケーションを求めるため、あえて台湾政治ではなく、理論的検討から仮説を構築し、分析を行った。要するに、本研究では理論的根拠および事実の検証を十全に行ったため、本研究の成果を踏まえれば、台湾の大陸政策だけでなく、他国の事例で分析を進めることも可能であると考えられる。そのため、本研究が提示した政策過程ネットワークを一般化させるため、台湾以外の事例を検証する必要がある。

（2）　事例研究に関して

　本研究は、李登輝初代直接民選総統時代における大陸政策決定過程を中心に分析を行ったが、李登輝政権期におけるほかの政策決定の事例についても簡単な議論や紹介を加えた。しかし、李登輝政権期の大陸政策決定過程をさらに検討しようとすれば、両者の比較研究を行う必要がある。例えば、既述した台湾側の「一つの中国」の定義の変遷、1993年に行われた辜汪会談、1995年に発表された「李六項目提案」、1995、96年の第3次台湾海峡危機などの事例は、両岸関係に影響を多大な影響を及ぼした例である。そのため、特に李登輝が政権内でリーダーシップを固め始めた1990年以降の事例を取り上げて分析を行わなくてはならないであろう。

　次に、本研究が行った事例研究では、関係者へのインタビュー、回顧録、ノンフィクション、新聞記事を大量に引用したが、これは、ほとんどの政府資料が公刊されていないため行わざるを得ない作業であった。その上、資料の不足によっ

て途中で放棄せざるを得なかった事例も多数ある。例えば、本研究で言及した日米台の安全保障対話であった「明徳プロジェクト」、李登輝と江沢民の秘密対話チャネルであった密使プロジェクトおよびそれに関連した「安陽プロジェクト」、台湾の国安会と米国の国家安全保障会議の安全保障対話、1999年6月に発表されたコソボ援助の「八徳プロジェクト」が挙げられる。また、「特殊な国と国の関係」の事例では、新聞記事、回顧録およびノンフィクションの内容を比較しても、重要でありながら不明な箇所がある。したがって、これから未公刊の政府資料の発表、および新しい回顧録、ノンフィクションが発行され次第、資料を補った上でさらなる分析を行うことができるようになることが期待される。特に台湾だけではなく、大陸、日本、米国からの資料が公開されることも視野に入れなければならないであろう。

　最後に、簡単なコメントを示して本研究の結論にしたい。李登輝個人が政府内の調整と協議を行わずに政策の変更を行い、混乱と対立を招いてしまったこともあるため、国安会モデルは決して安定な政策運営方式とは言えない。ただし、李登輝が欠陥の多い台湾の政府組織を自らが中心となったインフォーマルな運営で有効に動かしただけではなく、政府外部の政策提言を政策過程に取り込むというルートも作り出し、有効に政策を決定して執行したことも否定できない。したがって、李登輝は、単なる目標実現を重視するリーダーではなく、政府組織だけではなく、外部者も取り込んだため組織の運営に優れたリーダーでもあったと評価したい。恐らく、李登輝にとって、政府とは唯一政策過程に関わった組織ではなかった。李登輝は台湾全体を視野に入れて政策過程を運営しようと努めた指導者だったのである。

注

1) Philip Selznick, *Leadership in Administration: a Sociological Interpretation* (New York: Harper & Row, 1957), pp. 12. 加護野忠男『経営組織の環境適応』(白桃書房、1980年)、34-35頁。田中豊治、前掲文、40-42頁。

あ と が き

　本書は、2009年9月に博士学位審査論文として早稲田大学大学院アジア太平洋研究科に提出した『李登輝初代直接民選総統時代の大陸政策決定過程――政策過程ネットワークからの分析』を出版用に大幅加筆・修正したものである。筆者は2003年4月に来日して二年間日本語を勉強してから、2005年4月から早稲田大学大学院アジア太平洋研究科博士後期課程に入学し、2010年3月に早稲田大学から博士号をいただいた。日本語学校時代からすでに課題を考えていたため、2003年4月から8年余りの時間をかけて本書を出版するに至ったのである。

　台湾人が両岸関係に関心を持つのは言うまでもないことである。しかも、台湾海峡を挟んだ台湾と中国における両岸関係は、当事国の出身者にさえ難しい課題と思われ、決して2、3年勉強、もしくは滞在して理解できるものではないと言える。筆者は本書で、これまでほとんど扱われてこなかった政策過程の視点から台湾の大陸政策決定過程を分析してきたが、両岸関係は決して一つのアプローチだけで明らかにできる問題ではないと常に考えている。これまで長い時間をかけて優れた研究をされてきた多くの先生方がおられなければ、本書をまとめることはできなかったと筆者は思っている。

　筆者は学部時代から政治学と国際関係の講義を受けていたが、さらに本格的に勉強するために、私立淡江大学国際事務与戦略研究所碩士班（大学院国際事務与戦略研究科修士課程）に進学した。研究を進めるほどに、政治学への関心が深まってきたことから、博士課程に進学することを考え始めた。

　その中で、日本を留学先に選んだ。そのきっかけは、幼い頃にさかのぼる。祖父が日本関係のビジネスをしていたため、レンタルビデオを通じて石原裕次郎さんと渡哲也さんの「太陽にほえろ！」「西部警察」に馴染んでいた。さらに、もともと時代物が好きであったため、藤田まことさんの「必殺」、松平健さんの「暴れん坊将軍」にもはまってしまった。これらの作品からの影響を受けていたため、修士課程に進学したころには、いろいろな講義の中で、日本の政治、歴史に最も興味を持ち、そのまま台湾の安全保障から日本の外交・安全保障政策を考える研

究を始め、修士論文にまとめた。そして、博士課程に進学することを本格的に考えた時、迷わず日本を留学先に選んだのである。

博士課程に入り、天児慧先生の指導のもとに現代中国をめぐる国際関係や比較政治学の勉強を進めるにつれて、日本でさらに研究するための基礎能力が不足していることに気づいた。しかし、もっと勉強しなくてはならないと悟った矢先に、家族の事情で仕送りが途絶える状況に直面してしまった。多くの財団の奨学金や助成金に応募したものの採用されず、今に至っても生活費や研究費をアルバイトで捻出するために研究に専念できない状況である。

ところが、このような研究に専念できない状況が、筆者の研究によい影響を与えた。政治学と全く関係ないと言っていい経営学分野のティーチング・アシスタントを担当したことがきっかけで、組織論の勉強を始めた。さらなる勉強をするために、学部の講義にもぐることにしたが、ここで政治学の政策過程論および組織論を基礎から学ぶことができた。しかも、アルバイトを通じてあらゆる面でお世話になっている先生や仲間と出会うことができたのである。もしこのような厳しい生活がなければ、筆者は学位を取り、本書を出版させるまでに至ることができなかったであろう。

そこで、限られた方のみで失礼ではあるが、今日まで多くの方々のお蔭により本書の刊行に至ったため、ここで謝意を述べさせていただきたい。

まずは、博士論文の主査を担当していただいた天児慧先生（早稲田大学）、副査の植木千可子先生（早稲田大学）、松田康博先生（東京大学）、小笠原欣幸先生（東京外国語大学）に感謝の意を表したい。

博士論文を指導していただいた天児慧先生には、研究のノウハウから教えていただいた。博士課程に入学してから、ほぼ月一回という他人に「しつこい」と思われるぐらい頻繁に天児先生の研究室に伺い、問題意識と枠組みの指導をしていただいた。本書はまさに天児先生に厳しく叩いていただいたことで生まれたものである。今でも研究のみならずあらゆる面でご指導を受け続けており、早稲田大学グローバルCOEプログラム「アジア地域統合のための世界的人材育成拠点」の研究班に参加するチャンス、および共著のチャンスまでいただいた。今後も天児先生の御恩に報いるためにも研究に励みたいと思う。

松田先生には博士課程二年生の時から論文指導及び経済支援をしていただき、

さまざまなチャンスやチャレンジの機会を与えていただいている。ちょうど先生と同じ地域に住んでいるため、お休みの日にもかかわらず先生に研究指導をしていただくこともある。言葉では伝えきれないが、松田先生の助けがなければ、筆者は学位を取り、研究生活を続け、そして本書を出版することまでできなかったであろう。松田先生の御恩は一生忘れられない。

　小笠原先生には、はじめて日本台湾学会の研究会で発表した時コメントをいただき、その後、論文の指導をしていただいているだけでなく、博士論文の副査まで快く引き受けていただいた。今でも時々小笠原先生から暖かい励ましをいただいており、お忙しい時にも論文の指導をしていただいている。

　植木先生には副指導教員を担当していただき、口述試験で多くの有益なコメントをいただいた。また早稲田大学グローバルCOEプログラム「アジア地域統合のための世界的人材育成拠点」の研究班でもお世話になっている。

　修士課程二年生の時から楊志恒・台湾綜合研究院戦略与国際研究所副所長（当時、現・天主教輔仁大学兼任副教授）には、日本および台湾の外交・安保政策を指導していただいた。日本留学を決意した時も楊先生にいろいろな面で後押ししていただき、今でも多くのご迷惑をおかけしている。

　直接博士論文の指導ではなくとも、多くの先生方にさまざまな面で助けていただき、ここに謝意を表したい。筆者は台湾をめぐる国際関係の研究をしているが、阿南友亮先生（東北大学）には中国軍事と日中関係についてのコメントをしていただいた。博士論文の計画書をまとめている段階で、伊藤剛先生（明治大学）には理論についての指導、および論文のコメントをいただいた。所属を変更しようとした時、時間的に急迫していたにもかかわらず、早稲田大学アジア研究機構台湾研究所長を兼務なさる梅森直之先生（早稲田大学）に協力していただき、研究生活を続けることができた。大嶋英一先生（元神戸大学）には「戒急用忍」に関していろんな示唆をいただいている。博士課程に進学した時から所属が早稲田大学アジア研究機構台湾研究所に変更した時、江正殷先生（早稲田大学）にも多くの助けをいただいている。河野勝先生（早稲田大学）が学部でなさった講義には三年間にわたってもぐりの聴講をした。河野先生のお蔭で、筆者は本書の枠組みをまとめることができた。佐藤幸人先生（アジア経済研究所）には日本台湾学会定例研究会で本書の第四章に当たる口頭発表についてのコメントをして

いただいただけでなく、博士論文をまとめるためのインタビューまで手配していただいた。さらに、英語書評を書くチャンスも与えていただいた。早稲田大学大学院会計研究科でティーチング・アシスタントとして潜道文子先生（拓殖大学）の「経営戦略」を担当したが、先生のお蔭で、組織論の勉強に開眼した。しかも、先生には専門が全く関係ない筆者の頼みを受けていただき、理論について指導していただいていた。研究生活が行き詰った時、高原明生先生（東京大学）に多くの研究に関する支援、および発表のチャンスをいただいている。田中明彦先生（東京大学）には「日本と世界」をはじめとする科研プロジェクトに参加することを認めていただいたお蔭で、自らの研究以外の専門分野に触れることができた。口頭発表が苦手な筆者にとって、日本台湾学会の定例研究会は非常に貴重な発表の場であるが、張士陽先生（早稲田大学）に司会を務めていただき、他の分野の専門家としてのコメントをいただいた。仕送りが途絶えたばかりの時、専門が会計と全く関係ないにもかかわらず、早稲田大学大学院会計研究科のティーチング・アシスタント勤務の際にお付き合いいただいた長谷川哲嘉先生（早稲田大学）に快くアルバイトとして雇っていただいた。若林正丈先生（早稲田大学）には食事のときに聞いた話を論文に引用したいとインタビューを申し込んだ時、快く応じていただいただけでなく、今まで多くの面で励ましていただいている。林碧炤先生（国立政治大学）には修士課程以来いろいろな面で助けていただいている。台湾に帰省を兼ねて研究調査に赴いた際に、修士論文の指導委員をしていただいた施正権先生（私立淡江大学）にも多くのアドバイスと励ましをいただいている。

　インタビューに応じていただいた方々にもお礼を申し上げなくてはならない。匿名を希望した方がいらっしゃるため、それぞれの方の名を挙げることはできないが、インタビューに快く応じていただいたお蔭で、本書を完成することができた。心よりお礼を申し上げたい。

　外国人の筆者にとって、日本語で論文を書くことは至難の課題である。松田康博先生には論文の指導だけでなく、細かい日本語までチェックしていただいている。江後千香子、（早稲田大学）、菊池民子（元神田外語大学）、倉持益子（元神田外語大学）の各先生にも日本語の指導と投稿論文や博士論文のネイティブ・チェックをしていただいた。特に留学生別科の担任の先生であり、すでに退職し

ていた菊池先生に今でも日本語の指導、および急な論文のネイティブ・チェックだけでなく、時々愚痴を聞いていただいており、本当にご迷惑をおかけした。

　天児ゼミを通じて知り合った方々には、これまで本当にお世話になっている。佐藤考一先生（桜美林大学）にはゼミで博士論文だけでなく、アジア地域研究の論文にコメントしていただいている。平川幸子さん（早稲田大学）には論文のネイディブ・チェックだけでなく、アジア地域研究と日中関係についても指導をしていただいている。張碧恵さん（早稲田大学大学院アジア太平洋研究科博士後期課程）とご主人の曽山毅先生（九州産業大学）にはあらゆる面で大変お世話になっている。鄭成さん（早稲田大学）にはこれまで多くのアルバイトを紹介していただいた。任哲さん（アジア経済研究所）には学問の面で多くの刺激を与えていただいている。張望さん（早稲田大学アジア研究機構）には多くの発表のチャンスを与えていただいている。馮全普さんと姚遠さんにはお二人を通じて中国の現状について勉強させていただいた。上村威さん（早稲田大学）には国際関係理論および英語の校正に関してアドバイスをしていただいた。アルバイト先の先輩でもある長田洋司さん（外務省）、天児ゼミの修士課程に在籍していた岸本幸雄さん、赤松茂利さん、官柏志さん、小松俊介さん、山下洋一さんにも入学してからいろいろお世話になっている。

　研究生活で知り合った方々にもお礼を申し上げたい。徐顕芬さん（早稲田大学）、菅野敦志さん（名桜大学）、杉浦康之さん（防衛研究所）、竹茂敦さん（法政大学）、野口真広さん（早稲田大学）、弓野正宏さん（早稲田大学）に多くの有益なコメントと示唆をいただいている。石川誠人さん（立教大学）にはアジア政経学会の定例研究会でコメンテーターとして多くの指摘とコメントをしていただいたことで、本書の修正が完成した。来日以来増田雅之さん（防衛研究所）にはお忙しいにもかかわらず論文のコメントおよび研究生活をはじめ、あらゆる面で助けていただいている。福田円さん（国士舘大学）には論文のコメントと資料の提供をいただいているだけでなく、経済的にも助けていただいている。李政宏さん（早稲田大学大学院）にはいろいろな示唆および助けをいただいただけでなく、ほとんどの台湾から日本への私費留学生がアルバイトの時に直面している問題に臨んでともに戦ってきた。

　早稲田大学政経学部におけるティーチング・アシスタントのアルバイトを通じ

て知り合った皆様にも研究および仕事の面でお世話になっている。なかでも上田啓史さん（財団法人行政管理研究センター）、関能徳さん（テキサスA&M大学政治学部博士課程）、松岡清志さん（社団法人行政情報システム研究所）にもたびたび論文と研究に関して有益なコメントをいただいた。特に、今でも公私ともに岩野智さん（早稲田大学大学院）には助けていただいている。岩野さんというありがたい「相棒」がいなければ、本書の執筆は不可能であった。岩野さんにはどれだけ感謝しても感謝し足りない。

　台湾の高校、大学、大学院、日本語学校時代の先輩と親友たちにも感謝したい。特に孫弘鑫さん（中華民国行政院国防部）、林奕蒼さん（私立中国文化大学政治学研究所博士班）にたびたび資料の収集をお願いしている。筆者はパソコンのハードウェアにあまり詳しくないのだが、廖偉迪さんには忙しい中質問に答えていただくだけでなく、パソコンの整備もいつも手伝っていただいている。伊藤千晶さん、潘健民さん（国立中正大学）、林舜慈さん（私立中国文化大学）、劉欣穎さん、許華軒さん（ダラム大学）、朱偉民さん、葉純孝さん、呉博群さん、宋雲豪さん、陳仲志さん（亜太和平基金会）、にもいろいろな面で相談させていただき、助けていただいている。これまでのアルバイト先であった早稲田大学政経学部と大学院会計研究科をはじめ、多くの大学職員の方々にもお世話になり、感謝の意を述べたいと思う。周子鈴・元淡江大学国際事務与戦略研究所行政担当には何人もの先生への連絡をしていただいただけでなく、修了後もあらゆる面で助けていただいている。

　「冗談じゃない」と思われそうだが、前述した石原裕次郎さん、藤田まことさん、松平健さん、渡哲也さんだけでなく、里見浩太朗さん、東野英治郎さんにもぜひ謝意を述べたいと思う。苦しい生活が続いているが、帰宅後に「暴れん坊将軍」「西部警察」「太陽にほえろ！」「長七郎江戸日記」「水戸黄門」「必殺」を見て気分転換ができた。特に自らが私事で苦しんでいる時に、里見さんの「長七郎江戸日記」における名セリフに何回も救われた。残念ながら「水戸黄門」は終了することになってしまったが、これからも我が家のテレビでは毎週月曜日夜8時は水戸黄門しか映らないことに変わりはないと思う。一言、言わせて頂けるなら、今の日本にしろ、台湾にしろ、政治家は政局のためでなく、親身になって庶民の暮らしに触れた上でそれに合致する政策を決定すべきなのではないだろうか。

あとがき　209

　本書の出版は、独立行政法人日本学術振興会平成 23 年度科学研究費補助金「研究成果公開促進費（学術図書）」に基づくものである。ここに謝意を表したい。また、本書の出版に当たり、大学教育出版の佐藤守社長、安田愛さんに大変お世話になった。特に佐藤社長に時間が迫ってきたにもかかわらず見積を快く引き受けていただいたおかげで、本書は日の目を見ることができた。

　また、これまでほとんどアルバイトで研究費を賄ってきたが、博士論文執筆段階で 2005 年度と 2006 年度早稲田大学大学院アジア太平洋研究科「魅力ある大学院教育イニシアティブ（国際協働プロジェクトの有機的展開）」の研究助成をいただいた。本書の最終修正の段階では、サントリー文化財団の「若手研究者による社会と文化に関する個人研究助成」を受けたため、終盤では研究費のことを心配せずに作業に専念することができた。心よりお礼を申し上げたい。

　最後に、本書を家族に捧げることをお許しいただきたい。母方の祖父・張文坤と祖母・張陳雲卿には心配をかけ続けた。母の兄である伯父・栄恭は筆者をずっと実の息子のように可愛がってくれ、政治的イデオロギーを避けて研究したい筆者のことも最後まであらゆる面でバックアップしてくれている。母・彩琴はずっと支えてくれただけでなく、厳しい経済状況の中で、主婦でありながらできる限り仕送りしてくれている。今日に至るまで家族が筆者に注いでくれた愛情に、改めて感謝したい。そして、できる限り早く親孝行したい。そのためには、もっと努力しなくてはならないと思う。

2011 年 10 月

早稲田大学早稲田キャンパスにて

著　者

参考文献

【論文】
〈日本語〉

阿部純一「アメリカの東アジア戦略のなかの中国」井尻秀憲編著『中台危機の構造——台湾海峡クライシスの意味するもの』（勁草書房、1997年）、187-207頁。

荒木義修「過程モデル」白鳥令編『政策決定の理論』（東海大学出版会、1990年）、119-135頁。

荒深友良「分権化と水平的組織の展開」岸田民樹編『現代経営組織論』（有斐閣、2005年）、32-51頁。

安章浩「公共政策論概説——その成立背景・研究領域・展望」上條末夫編著『政策課題』（北樹出版、2006年）、59-117頁。

飯尾潤「経済財政諮問会議による内閣制の変容」『公共政策研究』第6号（2006年12月）、32-42頁。

井尻秀憲、清水麗「台湾の対中国政策基調と政策決定過程」井尻秀憲編著『中台危機の構造——台湾海峡クライシスの意味するもの』（勁草書房、1997年）、103-134頁。

井尻秀憲「台湾海峡問題の国際的意味」『国際問題』第474号（1999年9月）、47-60頁。

井尻秀憲「米中関係のなかの台湾」『東亜』第389号（1999年11月）、48-63頁。

井尻秀憲「李登輝『二国論』の背景と中台両岸関係」『問題と研究』第29巻2号（1999年11月）、17-24頁。

伊藤剛「米中関係——『理念』と『妥協』の二国間関係」五十嵐武士編『アメリカ外交と21世紀の世界——冷戦史の背景と地域的多様性をふまえて』（昭和堂、2006年）、174-205頁。

伊藤正次「『特定総合調整機構』としての総合科学技術会議——『予算による調整』と『計画による調整』をめぐって」『公共政策研究』第6号（2006年）、43-55頁。

伊藤光利「官邸主導型政策決定と自民党——コア・エグゼクティヴの集権化」『レヴァイアサン』第38号（2006年4月）、7-40頁。

伊原吉之助「李登輝"国と国"発言とその波紋」『問題と研究』第29巻3号（1999年12月）、43-53頁。

伊奈久喜「書評——信田智人著『冷戦後の日本外交——安全保障政策の国内政治過程』」『国際安全保障』第35巻第2号（2007年9月）、151-154頁。

内田満「圧力団体の定義および機能に関する最近の論点」『早稲田政治経済学雑誌』第312号（1992年10月）、37-59頁。

大田弘子、竹中治堅「対談 改革の司令塔の実態——小泉政権における経済財政諮問会議」『日本政治研究』第4巻第1号（2007年1月）、117-154頁。

大森彌「政策」『年報政治学』1979年号（1981年9月）、130-142頁。

小笠原欣幸「台湾の民主化と憲法改正問題」東京外国語大学海外事情研究所『ポストコロニアル状況における地域研究 (2)』(東京外国語大学海外事情研究所、1998 年)、55-71 頁。

小笠原欣幸「陳水扁政権──権力移行期の台湾政治」『問題と研究』第 33 巻第 1 号 (2003 年 10 月)、63-85 頁。

小笠原欣幸「2004 年台湾総統選挙分析──陳水扁の再選と台湾アイデンティティ」『日本台湾学会報』第 7 号 (2005 年 5 月)、44-68 頁。

小笠原欣幸「民主化、台湾化する政治体制」天児慧、浅野亮編著『中国・台湾』(ミネルヴァ書房、2008 年)、135-160 頁。

大河原伸夫「政策過程の分析──G.アリソンのモデルをめぐって」『季刊行政管理研究』第 34 号 (1986 年 6 月)、27-37 頁。

大河原伸夫「政策と政府行動──G.アリソンの研究を手がかりとして」『社会科学論集』第 29 号 (1989 年)、77-106 頁。

大河原伸夫「官僚政治モデル」白鳥令編『政策決定の理論』(東海大学出版会、1990 年)、65-86 頁。

加藤淳子「政策知識と政官関係──1980 年代の公的年金制度改革、医療保険制度改革、税制改革をめぐって」『年報政治学』1995 号 (1995 年 12 月)、107-134 頁。

上久保誠人「小泉政権期における首相官邸主導体制とアジア政策」『次世代アジア論集』第 2 号 (2009 年 3 月)、87-103 頁。

河中二講「非定型組織──政策と組織の弾力性」辻清明編『行政学講座第 4 巻──行政と組織』(東京大学出版会、1976 年)、127-167 頁。

北川洋一「地方分権がもたらす行政のマネジメント化とパートナーシップ化──NPM とパートナーシップ論の合流による『第三の道』型改革」村松岐夫、稲継裕昭編著『包括的地方自治ガバナンス改革』(東洋経済新報社、2003 年)、191-236 頁。

北村亘「三位一体改革による中央地方関係の変容──3 すくみの対立、2 段階の進展、1 つの帰結」東京大学社会科学研究所編『「失われた 10 年」を超えてⅡ──小泉改革への時代』(東京大学出版会、2006 年)、219-249 頁。

君村昌「スタッフとライン」辻清明編『行政学講座第 4 巻──行政と組織』(東京大学出版会、1976 年)、83-126 頁。

草野厚「第四次日中貿易協定と日華紛争──一九五八年三月五日〜四月九日」『季刊国際政治』第 66 号 (1980 年 11 月)、19-35 頁。

草野厚「日米オレンジ交渉の政治過程──日本側輸入業界と米国生産者の立場」『国際問題』第 257 号 (1981 年 8 月)、67-84 頁。

草野厚「対外政策決定の機構と過程」有賀貞、宇野重昭、木戸蓊、山本吉宣、渡辺昭夫編『講座国際政治 4──日本の外交』(東京大学出版会、1989 年)、53-92 頁。

黄偉修「李登輝総統の大陸政策決定過程──『戒急用忍』を事例として」『日本台湾学会報』第 10 号 (2008 年 5 月)、97-118 頁。

黄偉修「李登輝総統の大陸政策決定モデルに関する一考察——1998年辜汪会見を事例として」『日本台湾学会報』第11号（2009年5月）、105-128頁。

駒形哲哉「中台経済交流の実態と『統合・競合』の両岸関係」井尻秀憲編著『中台危機の構造——台湾海峡クライシスの意味するもの』（勁草書房、1997年）、155-186頁。

佐藤克廣「政治・行政関係の再編」今村都南雄編著『日本の政府体系——改革の過程と方向』（成文堂、2002年）、93-125頁。

佐藤英夫「アメリカ政治の構造変容と利益団体・ロビイスト」『国際問題』第330号（1987年9月）、2-17頁。

柴田敏夫「議会と行政——アメリカ合衆国を中心として」『年報行政研究』第10号（1973年5月）、73-108頁。

城山英明「政策過程における経済財政諮問会議の役割と特質——運用分析と国際比較の観点から」『公共政策研究』第3号（2003年12月）、34-45頁。

城山英明「内閣機能の強化と政策形成過程の変容——外部者の利用と連携の確保」『年報行政研究』第41号（2006年5月）、60-87頁。

信田智人「橋本行革の内閣機能強化策」『レヴァイアサン』第24号（1999年4月）、50-77頁。

信田智人「小泉首相のリーダーシップと安全保障政策過程——テロ対策特措法と有事関連法を事例とした同心円モデル分析」『日本政治研究』第1巻第2号（2004年7月）、42-67頁。

進藤栄一「官僚政治モデル——その特質と評価」『国際政治』第50号（1974年5月）、46-65頁。

高木誠一郎「米国と中国・台湾問題——『一つの中国』原則を中心として」『国際問題』第488号（2000年）、30-43頁。

高木誠一郎「中国から見たアメリカ——冷戦後におけるアンビバレンスの構造」山本吉宣、武田興欣編『アメリカ政治外交のアナトミー』（国際書院、2006年）、135-160頁。

竹中治堅「『日本型分割政府』と参議院の役割」『日本政治学会年報政治学』第55号（2004年）、99-125頁。

建林正彦「政党内部組織と政党間交渉過程の変容」村松岐夫、久米郁男編著『日本政治——変動の30年』（東洋経済新報社、2006年）、67-94頁。

田中明彦「冷戦後東アジアの国際政治」田中恭子編『現代中国の構造変動8　国際関係——アジア太平洋の地域秩序』（東京大学出版会、2001年）、39-72頁。

田中俊郎「国内利益集団の『欧州化』——ECの共通漁業政策と英国の漁業団体を事例として」『季刊国際政治』第77号（1984年9月）、57-72頁。

田中豊治「行政組織の理論」宇都宮深志、新川達郎編『行政と執行の理論』（東海大学出版会、1991年）、29-55頁。

田辺国昭「行政組織と意思決定」福田耕治、真渕勝、縣公一郎編『行政の新展開』（法律文化社、2002年）、185-204頁。

田丸大「省庁における法案の作成過程とその変容」『年報行政研究』第40号（2005年5月）、68-86頁。

中沼丈晃「政策段階論の意義」縣公一郎、藤井浩司編『コレーク政策研究』（成文堂、2007年）、1-15頁。

西尾隆「行政管理の理論」宇都宮深志、新川達郎『行政と執行の理論』（東海大学出版会、1991年）、57-84頁。

濱本良一「形骸化した『米中戦略パートナーシップ』」『東亜』第390号（1999年12月）、16-25頁。

林建志「市民参加先進都市を目指す京都市の取組み――市民参加検討プロジェクトチーム報告書を中心に」村松岐夫、稲継裕昭編著『包括的地方自治ガバナンス改革』（東洋経済新報社、2003年）、237-252頁。

樋渡由美「『中国の台頭』と同盟理論」『社會科學研究』第54巻第2号（2003年3月）、77-100頁。

フェルドマン、オフェル「政治的リーダーシップ―政治的誘因と行動」河田潤一、荒木義修編著『ハンドブック政治心理学』（北樹出版、2003年）、63-73頁。

福井治弘「自民党の外交政策とその決定過程――中国問題を中心として」『国際問題』第145号（1972年4月）、15-27頁。

福井治弘「沖縄返還交渉――日本政府における決定過程」『国際政治』第52号（1975年5月）、97-124頁。

古川貞二郎「総理官邸と官房の研究――体験に基づいて」『年報行政研究』第40号（2005年）、2-23頁。

別枝行夫「日中国交正常化の政治過程――政策決定者とその行動の背景」『季刊国際政治』第66号（1980年11月）、1-18頁。

細谷千博「対三極外交をいかに進めるか――東アジア安全共同体の提唱」『中央公論』第88巻第6号（1973年6月）、89-115頁。

細谷千博「対外政策決定過程における日米の特質」細谷千博、綿貫譲治編『対外政策決定過程の日米比較』（東京大学出版会、1977年）、1-22頁。

松田康博「中国の対台湾政策――1979～1987年」『国際政治』112号（1996年5月）、123-138頁。

松田康博「中国の対台湾政策――江沢民8項目提案の形成過程」『防衛研究』第17号（1997年6月）。

松田康博「台湾（2）――民主化、台湾化と台湾問題の国際化」山田辰雄、小島朋之、小此木政夫編著『現代東アジアの政治』（放送大学教育振興会、2004年）、195-215頁。

松田康博「米中関係における台湾問題」高木誠一郎編『米中関係――冷戦後の構造と展п開』（財団法人日本国際問題研究所、2007年）、93-120頁。

松田康博「台湾――国家安全会議」松田康博編著『NSC国家安全保障会議――危機管理・安保政策統合メカニズムの比較研究』（彩流社、2009年）、97-133頁。

三船恵美「米台中関係の歴史と現状」天児慧、浅野亮編著『中国・台湾』（ミネルヴァ書房、

2008 年)、161-185 頁。

宮里政玄「対外政策決定の分析枠組」『琉大法学』第 26 号（190 年 2 月）、35-65 頁。

森田朗「地方分権改革の政治過程──『三位一体改革』と地方分権改革推進会議」『レヴァイアサン』第 33 号（2003 年 10 月）、26-51 頁。

山本勲「中台関係──二〇世紀末の推移と新世紀の展望」国分良成編『グローバル化時代の中国』（財団法人日本国際問題研究所、2002 年)、247-278 頁。

山本吉宣「政策決定論の系譜」白鳥令編『政策決定の理論』（東海大学出版会、1990 年)、1-36 頁。

吉崎知典、道下徳成、兵藤慎治、松田康博、伊豆山真理「交渉と安全保障」『防衛研究所紀要』第 5 巻第 3 号（2003 年 3 月）、96-154 頁。

劉進慶「李登輝──価値観と政治的功罪」許介鱗、村田忠禧編『現代中国治国論──蒋介石から胡錦濤まで』（勉誠出版、2004 年)、102-132 頁。

若林正丈「中台関係──交流拡大のなかの緊張統合に向かう経済のベクトル・収斂しない政治のベクトル」『国際問題』第 403 号（1993 年 10 月）、17-30 頁。

若林正丈「台湾民主化と中台関係の緊張」天児慧編著『中国は脅威か』（勁草書房、1997 年)、163-178 頁。

若林正丈「『台湾問題』の新しい内実──『内戦』はどこまで溶解したか？」高木誠一郎編『脱冷戦期の中国外交とアジア・太平洋』（日本国際問題研究所、2000 年)、297-317 頁。

若林正丈「台湾における国家・国民再編と中台関係」『国際問題』第 488 号（2000 年 11 月）、2-15 頁。

若林正丈「中台五十年略史」岡部達味編『中国をめぐる国際環境』（岩波書店、2001 年)、235-262 頁。

若林正丈「戦後台湾政治における『伝統』と『革新』──李登輝のリーダーシップと『20 世紀中国政治の歴史的連続性』の衰弱」『アジア研究』第 48 巻第 1 号（2002 年 1 月）、25-36 頁。

若林正丈「『保革共存』無き半大統領制──台湾の民主体制と政党政治」日本比較政治学会編『比較のなかの中国政治』（早稲田大学出版部、2004 年)、113-130 頁。

渡辺昭夫「日本の対外政策形成の機構と過程」細谷千博、綿貫譲治編『対外政策決定過程の日米比較』（東京大学出版会、1977 年)、23-58 頁。

〈中国語〉（筆順）

丁樹範「実施国防二法的意義与未来展望」『国防政策評論』第 2 巻第 3 号（2002 年 3 月）、6-33 頁。

于宗先「海峡両岸経済的競争性与互補性」『経済學家』1996 年第 1 号（1996 年 1 月）、28-34 頁。

王茹「台湾"憲政"変遷中的"国安会"与"総統"権力」『台湾研究集刊』2003 年第 2 号（2003 年 6 月）、52-59 頁。

王銘義「張榮豊功成身退？」『中国時報』2003 年 5 月 30 日。王銘義「張榮豊功成身退？」『中国

時報』2003年5月30日。

石之瑜「両岸関係与政治人格——従李登輝到陳水扁」『政治科学論叢』第14号（2001年6月）、107-126頁。

石之瑜「両岸関係中的両種論述風格之分析」『中国大陸研究』第42巻第12号（1999年12月）、1-16頁。

江沢民「為促進祖国統一大業的完成而継続奮闘」『人民日報』1995年1月31日。

何漢理（Harry Harding）「美国在台海論議中的角色」『国際関係学報』第20号（2005年7月）、1-14頁。

余克礼「"両国論"是台湾当局現行両岸政策的核心」『台湾研究』2002年第1号（2002年3月）、1-4頁。

冷則剛「従美国対南非的経貿管制探討我対大陸的経貿政策」『中国大陸研究』第41巻第4号（1998年4月）、17-38頁。

呉心伯「反応与調整——1996年台海危機与美国対台政策」陶文釗、姜振寰主編『美国与20世紀亜洲的衝突和戦争』（重慶、重慶出版社、2006年）、228-238頁。

呉玉山「台湾的大陸政策——結構与理性」包宗和、呉玉山主編『争辯中的両岸関係理論』（台北、五南、1999年）、153-210頁。

呉玉山「台湾総統大選対於両岸関係産生的影響——選票極大化模式与戦略三角途径」『遠景季刊』第1巻第3号（2000年7月）、1-33頁。

呉玉山「両岸関係中的中国意識与台湾意識」『中国事務』第4号（2001年4月）、71-89頁。

呉重礼、厳淑芬「『戒急用忍』或『大胆西進』？——我国対於大陸投資的影響因素評估」『問題与研究』第38巻第7号（1999年7月）、43-62頁。

呉重礼、厳淑芬「我国大陸経貿政策的分析——論両岸経貿互動対於台湾地区経済発展之影響」『中国行政評論』第10巻第2号（2001年3月）、135-166頁。

宋鎮照「解析中共対台談判策略和台湾因応之道」『共党問題研究』第24巻第7号（1998年7月）、4-15頁。

李念祖「憲政発展中我国総統権力的演変」高朗、隋杜卿主編『憲政体制与総統権力』（台北、財団法人国家政策研究基金会、2002年）、396-421頁。

李家泉「台湾政局与海峡両岸関係50年——総結過去、透察現在、把握未来」『台湾研究』1999年第3号（1999年9月）、1-8頁。

李登科「南向政策与務実外交政策之研究」『国際関係學報』第12号（1997年10月）、103-134頁。

李義虎「"特殊"豈能掩蓋"両国論"的分裂実質」『新華社』1999年8月4日。

李銘義「九二共識与一個中国議題之研析」『共党問題研究』第27巻第6号（2001年6月）、8-19頁。

汪道涵「一年春事早耕耘」『両岸関係』第7号（1998年1月）、1頁。

沈有忠「制度制約下的行政与立法関係——以我国97憲改為例」呉玉山、呉重礼主編『憲政改革

――背景、運作与影響』（台北、五南、2006年）、155-190頁。

沈建中『大陸「海峡両岸関係協会（一九九一年～一九九八年）」』（台北、商鼎文化、1999年）、40-56頁。

周育仁「総統直選対我国憲政体制之影響」『問題と研究』第35巻第8号（1996年7月）、62-74頁。

周添城「両岸経貿発展的戦略思考」『理論与政策』第11巻第4号（1999年9月）、86-97頁。

孟蓉華「民主統一――特殊的両岸関係」『中央日報』1999年7月14日。

明居正「向心競争与中華民国政党政治之発展」『理論与政策』第12巻第2号（1998年5月）、142-156頁。

林文程「外在環境発展対台湾国家定位之影響」黄昭元主編『両国論与台湾国家定位』（台北、学林、2000年）423-450頁。

林向愷「台商投資中国対国内経済的衝撃」『現代学術研究』第12号（2002年12月）、19-80頁。

林向愷「由政治経済観点看両岸経貿活動是否應予規範」『現代学術研究』第9号（1999年6月）、1-49頁。

林佳龍、郭臨伍「従双層賽局看『両国論』」黄昭元主編『両国論与台湾国家定位』（台北、学林、2000）、474-513頁。

林佳龍「半総統制、多党体系与不穏定的民主――台湾憲政衝突的制度分析」林継文編『政治制度』（台北、中央研究院中山人文社会科学研究所、2000年）、177-211頁。

林佳龍「台湾半総統制的缺失与改進――論総統、閣揆与国会的三角関係」明居正、高朗主編『憲政体制新走向』（台北、新台湾人文教基金会、2001年）、325-349頁。

林継文、羅致政「零和或双贏？両岸経貿交流新解」『人文及社会科学集刊』第10巻第1号（1998年3月）、33-77頁。

林徳昌「海峡両岸的経貿投資与政経互動関係」『中国大陸研究』第40巻第2号（1997年2月）、6-20頁。

邵宗海「従政治角度看両岸経貿関係」『理論与政策』第12巻第1号（1998年2月）、24-40頁。

柳金財「中共対辜汪会晤的策略、意図与我方因應之道」『共党問題研究』第24巻12号（1998年12月）、6-16頁。

柳金財「論五十年代以来中華民国関於『一個中国』内涵的持続与変遷」『共党問題研究』第27巻第4号（2001年4月）、9-28頁。

洪陸訓「我国国防両法通過後文人領軍的観察」『国防政策評論』第1巻第2号（2001年1月）、7-37頁。

夏楽生「論大陸経貿政策演変及影響――従『戒急用忍』、『積極開放、有効管理』到『積極管理、有効開放』」『展望与探索』第4巻第3号（2006年3月）、86-101頁。

徐小波「台湾推動亞太営運中心対台港合作関係之意義」葉明徳等著『一九九七過渡与台港関係』（台北、業強、1996年）、63-79頁。

徐碧華「『前進版』応是備胎」『聯合報』1996年9月11日。

財団法人海峡交流基金会編『辜汪会談与辜汪会晤』（台北、財団法人海峡交流基金会、2001 年）。

高長、徐東海「両岸経貿発展趨勢与因応対策剖析」『理論与政策』第 11 巻第 4 号（1997 年 9 月）、98-109 頁。

高長「論両岸経貿関係之競争与相輔」『台研両岸前瞻探索』第 13 号（1999 年 1 月）、1-28 頁。

張中勇「国安会、局的角色定位与功能調整」楊志恆等、『台湾的国防安全』（台北、業強出版社、1995 年）、86-103 頁。

張五岳「処理両岸事務専責機構的演変」呉介民、林碧炤、林正義、周美里など『両岸開放二十年回顧与展望』（台北、遠景基金会、2007 年）、35-62 頁。

張栄豊「中国大陸経済改革与両岸経済交流之関係」廖光生編著『両岸経貿互動的隠憂与生機』（台北、允晨文化、1995 年）、13-33 頁。

張栄豊「海峡両岸通商不可一廂情願」『財訊』第 76 号（1988 年 7 月）、150-151 頁。

張清溪「台、中経貿的風険」群策会輯作『台湾経済的迷思与出路――群策会『全民経済発展会議』実録』（台北、財団法人群策会、2006 年）、92-104 頁。

張清溪「台、中経貿的風険」群策会輯作『台湾経済的迷思与出路――群策会『全民経済発展会議』実録』（台北、財団法人群策会、2006 年）、92-104 頁。

張慧英「李登輝即興演出　両国論天機乍洩」『中国時報』2000 年 12 月 18 日。

張慧英「国大推動延任　係為両国論入憲舗路」『中国時報』2000 年 12 月 18 日。

張慧英「研究江八点　国安会保持低調」『中国時報』1995 年 2 月 12 日。

張顕超「従『両国論』析主権争執及両岸前景」『遠景季刊』第 1 巻第 1 号（2000 年 1 月）、19-49 頁。

梁麗筠「大陸政策的決策與執行――陸委会、海基会運作模式研究」黄天中、張五岳主編『両岸関係與大陸政策』（台北、五南、1996 年）、529-547 頁。

郭正亮「尋求総統和国会的平衡――双首長制対台湾憲改的時代意義」『問題と研究』第 35 巻第 7 号（1996 年 7 月）、56-72 頁。

郭吉助「国家安全会議之定位、組織与功能調整析論（下）」『軍法専刊』第 47 巻第 11 号（2001 年 11 月）、18-30 頁。

郭泰文「分裂鬧劇背後――李登輝『両国論』透視」『新華社』1999 年 7 月 17 日。

陳孔立「台湾当局的決策系統与決策過程」『台湾研究集刊』1997 年第 3 号（1997 年 9 月）、1-10 頁。

陳必照、林正義「中華民国国家安全政策――大陸、外交、国防、経貿四合一政策的建構」楊志恆等『台湾的国防安全』（台北、業強出版社、1995 年）、33-53 頁。

陳博志「台商対大陸資佔 GDP2％出口更高達総値 24％　我対大陸経貿依頼度瀕臨警線」『中国時報』1996 年 9 月 20 日。

陳博志「両岸経貿必須謹慎」『政策月刊』第 51 号（1999 年 10 月）、11-13 頁。

陳博志「対中国大陸的整体策略――釐清『戒急用忍行穏致遠』政策意涵　還原『積極開放有効管理』政策真諦」『台湾経済研究月刊』第 25 巻第 4 号（2002 年 4 月）、137-145 頁。

陳博志「促進経済發展的主要策略」『国家政策雙周刊』第124号（1995年10月）、2-3頁。
陳博志「避免台湾被中国経済發展辺縁化的策略」『現代學術研究』第12号（2002年12月）、1-13頁。
陳雲林「発展両岸関係是我們共同的願望」『両岸関係』第7号（1998年1月）、4-5頁。
陳新民「由国防法探究我国統帥権的問題」『新世紀智庫論壇』第10号（2000年6月）、11-12頁。
陳德昇「台商大陸投資経済意涵与策略布局取向」『展望与探索』第2巻第9号（2004年9月）、18-34頁。
陳鴻瑜「従南向政策論台湾与東南亞之関係」『東南亞季刊』第3巻第1号（1998年1月）、1-19頁。
陶文釗「台湾問題」陶文釗主編『冷戦後的美国対華政策』（重慶、重慶出版社、2006年）、67-121頁。
黃昭元「九七修憲後我国中央政府体制的評估」『台大法学論叢』第27巻第2号（1998年1月）、183-216頁。
黃嘉樹「"一個中国"内涵与両岸関係」『台湾研究季刊』2001年第4号（2001年12月）、1-5頁。
童振源、陳碩廷「九二共識的形成、実践与瓦解」『展望与探索』第2巻第12号（2004年12月）、33-46頁。
童振源「台湾與『中国』経済関係──経済與安全的交易」『遠景季刊』第1巻第2号（2000年4月）、31-81頁。
童振源「両岸経済整合与台湾的国家安全顧慮」『遠景基金会季刊』第4巻第3号（2003年7月）、41-58頁。
童振源「両岸経済整合与台湾的国家安全顧慮」『遠景基金会季刊』第4巻第3号（2003年7月）、41-58頁。
新華社評論員「評論：台湾當局阻撓"三通"徒勞無益」『新華社』1996年8月26日。
新華社評論員「新華社評論員：評李登輝的分裂言論」『新華社』1999年7月12日。
新華社評論員「詭弁挽救不了李登輝（五評）」『新華社』1999年7月17日。
曉揚「堅定不移地維護一個中国的原則」『新華社』1999年8月10日。
楊永明「「特殊両国論」影響下的両岸関係与台湾安全環境」黃昭元編『両国論与台湾国家定位』（台北、学林、2000年）、451-471頁。
葉俊栄「憲政的上升或沈淪──六度修憲的定位与走向」『政大法学評論』第69号（2002年3月）、29-79頁。
解放軍報評論員「挾洋救不了李登輝──二評『両国論』背後的『四張牌』」『人民日報』1999年8月19日。
鄒景雯「台湾各政党大陸政策演变与影響」呉介民、林碧炤、林正義、周美里など『両岸開放二十年回顧与展望』（台北、財団法人両岸遠景基金会、2007年）、7-34頁。
鄒景雯「陸委会操之過急　歩調錯乱」『自由時報』1999年8月4日。
鄒景雯「提『回帰一中』　官員失去方向感」『自由時報』1999年8月9日。

廖光生「大陸市場経済的発展与両岸関係」廖光生編著『両岸経貿互動的穏憂与生機』（台北、允晨文化、1995 年）、75-94 頁。

趙勇「"中程協議"述評」『台湾研究集刊』2000 年第 1 号（2000 年 1 月）、53-56、94 頁。

趙春山「建構跨世紀的両岸関係――正視一個分治中国的現実問題」『中国大陸研究』第 42 巻第 9 号（1999 年 9 月）、41-50 頁。

劉文宗「要害是分裂中国主権――評李登輝的"両国論"」『新華社』1999 年 8 月 7 日。

蔡学儀「両岸三通之発展与分析」『展望与探索』第 2 巻第 2 号（2004 年 2 月）、34-50 頁。

蔡瑋「由九八年柯江会談看両岸関係的発展」『中国大陸研究』第 42 巻第 1 号（1999 年 1 月）、5-17 頁。

鄭大誠「『国防二法』的評估」『国家発展研究』第 2 巻第 2 号（2003 年 6 月）、107-133 頁。

鄭中樺「務実外交的国際基礎」『中央日報』1994 年 11 月 4 日。

鄭中樺「論台海両岸的関係」『中国大陸研究』第 37 巻第 1 号（1994 年 1 月）、5-13 頁。

薛化元「『一個中国』架構 VS 台湾民主化的歴史考察」『当代』第 235 号（2007 年 6 月 1 日）、30-45 頁。

薛化元「中華民国与台湾国家定位的再検討――以『両国論』為中心的討論」『現代学術研究』第 13 巻（2004 年 12 月）、17-43 頁。

蘇子喬「法国第五共和与台湾当前憲政体制之比較――以憲政選択与憲政結構為中心」『美欧季刊』第 13 巻第 4 号（1999 年 12 月）、465-515 頁。

蘇格「"両国論"是分裂国家的政治賭博」『人民日報』1999 年 7 月 27 日。

蘇起「做而不説的両国論」『国家政策論壇』第 1 巻第 5 号（2001 年 7 月）、79-87 頁。

〈英語〉

Allison, Graham T., "Conceptual Models and the Cuban Missile Crisis," *American Political Science Review*, Vol. 63, No. 3 (September, 1969), pp. 689-718.

Allison, Graham T., and Halperin, Morton H., "Bureucratic Politics: A Paradigm and some Policy Implications," *World Politics*, Vol. 24 (Spring, 1972), pp. 40-79.

Art, Robert J., "Bureaucratic Politics and American Foreign Policy: A Critique," *Policy Sciences*, Vol. 4, No.4 (December, 1973), pp. 467-490.

Baker, Wayne E., "The Network Organization in Theory and practice," Nitin Nohria and Robert G. Eccles ed., *Networks and Organizations: Structure, form, and Action* (Boston, Mass.: Harvard Business School Press), pp. 397-429.

Bendor, Jonathan, "Formal Models of Bureaucracy," *British Journal of Political Science*, Vol. 18, No. 3 (July, 1988), pp. 353-395.

Bendor, Jonathan and Thomas H. Hammond, "Rethinking Allison's Models," *American Political Science Review*, Vol. 86 (June, 1992), pp. 301-322.

Bolt, Paul J., "Economic Ties across the Taiwan Strait: Buying Time for Compromise,"

Issues & Studies, vol. 37, no. 2 (March/April. 2001), pp. 80-105.

Bush, Richard C., "Lee Teng-hui and "Separatism," in Nancy Bernkopf Tucker eds., *Dangerous Strait: the U. S.-Taiwan-China Crisis* (New York: Columbia University Press, 2005), pp. 70-92.

Cornford, J. P., "Review: The Illusion of Decision," *British Journal of Political Science*, Vol. 4, No. 2 (April, 1974), pp. 231-243.

Dickson, Bruce J., "Taiwan's Challenge to U. S. Foreign Policy," in Bruce J. Dickson and Chien-Min Chao, ed., *Assessing the Lee Teng-hui Legacy in Taiwn's Politics* (Armonk, NY: M. E. Sharpe, 2002), pp. 264-285.

Holsti, Ole R., "Model of International and Foreign Policy," *Diplomatic History*, Vol. 13, No. 1 (January, 1989), pp. 15-44.

Hsieh, John fuh-sheng, "Chiefs, Staffers, Indians, and Others: How Was Taiwan's Mainland China Policy Made?" in Tun-jen Cheng, Chi Huang, and Samuel S. G. Wu, ed., *Inherited Rivalry: Conflicts Across the Taiwan Strait* (Boulder, Colorado: Lynne Rienner, 1994), pp. 137-152.

Krasner, Stephen, "Are Bureaucracies Important? Or Allison Wonderland," *Foreign Policy*, Vol. 7 (Summer, 1972), pp. 159-179.

Lee, Teng-hui, "Understanding Taiwan," *Foreign Affairs*, Vol. 78, No. 6 (November/December, 1999), pp. 9-14.

Lieberthal, Kenneth, "Preventing a War Over Taiwan," *Foreign Affairs*, Vol. 84, No. 2 (March/April, 2005), pp. 53-63.

Light, Margot, "Foregin Policy Analysis," A. J. R. Groom and Margot Light, *Contemporary International Relations: A Guide to Theory*, (New York: Pinter Publishers, 1994), pp. 93-108.

Nakamura, Robert T., "The Textbook Policy Process and Implementation Research", *Policy Studies Review*, Vol. 7, No.1 (Autumn, 1987), pp. 142-154.

Nathan, Andrew J., "What's Wrong with American Taiwan Policy," *The Washington Quarterly*, Vol. 23, No. 2 (Spring, 2000), p. 93-106.

Shambaugh, David, "Facing Reality in China Policy," *Foreign Affairs*, Vol. 80 No. 1 (January/February, 2001), pp. 50-64.

Smith, Steve, "Policy Preferences and Bureaucratic Position: The Case of the American Hostage Rescue Mission," *International Affairs*, Vol. 61, No. 1 (Winter, 1984-85), pp. 9-25.

Stewart, Philip D., Margaret G. Hermann, and Charles F. Hermann, "Modeling the 1973 Soviet Decision to Support Egypt," *American Political Science Review*, Vol. 83, No. 1 (March, 1989), pp. 35-59.

Sutter, Karen M., "Business Dynamism across the Taiwan Strait," *Asian Survey*, Vol. 42,

No. 3 (May/June, 2002), pp. 522-540.
Wagner, R. Harrison, "Review: Dissolving the State: Three Recent Perspectives on International Relations," *International Organization*, Vol. 28, No. 3 (Summer, 1974), pp. 435-466.
Waltz, Kenneth N., "Structural Realism after the Cold War," *International Security*, Vol. 25, No. 1 (Spring, 2000), pp. 159-177.
Welch, David A., "The Organizational Process and Bureaucratic Politics Paradigms: Retrospect and Prospect," *International Security*, Vol. 17, No.2 (Fall, 1992), pp. 112-146.
Whiting, Allen S., "China's Use of Force, 1950-96, and Taiwan," *International Security*, Vol. 26, No. 2 (Autumn, 2001), pp. 103-131.

【単行本】
〈日本語〉
足立忠夫『新訂・行政学』(日本評論社、1992年)。
天児慧『等身大の中国』(勁草書房、2003年)。
天児慧『中国とどう付き合うか』(日本放送出版協会、2003年)。
飯尾潤『政局から政策へ——日本政治の成熟と転換』(NTT出版、2008年)。
飯島勲『小泉官邸秘録』(日本経済新聞社、2006年)。
石井貫太郎『リーダーシップの政治学』(東信堂、2004年)。
石井淳蔵、奥村昭博、加護野忠男、野中郁次郎『経営戦略論〔新版〕』(有斐閣、1996年)。
井尻秀憲『李登輝の実践哲学——五十時間の対話』(ミネルヴァ書房、2008年)。
伊藤光利、田中愛治、真渕勝『政策過程論』(有斐閣、2000年)。
井原久光『テキスト経営学［三版］——基礎から最新の理論まで』(ミネルヴァ書房、2008年)。
今井賢一、金子郁容『ネットワーク組織論』(岩波書店、1988年)。
今村都南雄『行政学の基礎理論』(三嶺書房、1997年)
岩井奉信『立法過程』(東京大学出版会、1988年)。
上田泰『組織の人間行動』(中央経済社、1995年)。
上村敏之、田中宏樹編著『「小泉改革」とは何だったのか——政策イノベーションへの次なる指針』(日本評論社、2006年)。
内田満『現代アメリカ圧力団体』(三嶺書房、1989年)。
上林憲雄、奥林康司、團泰雄、開本浩矢、森田雅也、竹林明『経験から学ぶ経営学入門』(有斐閣、2007年)。
大田弘子『経済財政諮問会議の戦い』(東洋経済新報社、2006年)。
大野耐一『トヨタ生産方式——脱規模の経営をめざして』(ダイヤモンド社、1978年)。
大河原伸夫『政策・決定・活動』(木鐸社、1996年)。

奥林康司、庄村長、竹林明、森田雅也、上林憲雄『柔構造組織パラダイム序説』(文真堂、1994年)。

大月博司、高橋正泰編著『経営組織』(学文社、2003年)。

大月博司、中條秀治、犬塚正智、玉井健一『戦略組織論の構想』(同文館、1999年)。

大嶽秀夫『現代日本の政治権力経済権力』(三一書房、1979年)。

大嶽秀夫『日本の防衛と国内政治』(三一書房、1983年)。

加護野忠男『経営組織の環境適応』(白桃書房、1980年)。

加藤淳子『税制改革と官僚制』(東京大学出版会、1997年)。

金井壽弘『経営組織』(日本経済新聞社、1999年)。

茅原郁生『安全保障から見た中国——日中共存・共栄に向けた視角』(勁草書房、1998年)。

岸田民樹『経営組織と環境適応』(白桃書房、2006年)。

草野厚『日米オレンジ交渉——経済摩擦をみる新しい視点』(日本経済新聞社、1983年)。

草野厚『政策過程分析入門』(東京大学出版会、1997年)。

草野厚『連立政権——日本の政治 1993〜』(文藝春秋、1999年)。

桑田耕太郎、田尾雅夫『組織論』(有斐閣、1998年)。

慶應義塾大学ビジネス・スクール編『組織マネジメント戦略』(有斐閣、2005年)。

小尾敏夫『ロビイスト』(講談社、1991年)。

小島朋之『現代中国の政治——その理論と実践』(慶応義塾大学出版会、1999年)。

コルキュフ、ステファン (上水流久彦、西村一之訳)『台湾外省人の現在——変容する国家とそのアイデンティティ』(風響社、2008年)。

榊原清則『経営学入門 上』(日本経済新聞社、2002年)。

坂下昭宣『組織行動研究——モティベーションと意思決定』(白桃書房、1985年)。

坂下昭宣『経営学への招待〔第3版〕』(白桃書房、2007年)。

坂元一哉『日米同盟の絆——安保条約と相互性の模索』(有斐閣、2000年)。

佐藤英夫『対外政策』(東京大学出版会、1989年)。

清水真人『官邸主導——小泉純一郎の革命』(日本経済新聞社、2005年)。

城山英明、鈴木寛、細野助博編著『中央省庁の形成過程——日本官僚制の解剖』(中央大学出版部、1999年)。

城山英明、細野助博編著『続・中央省庁の政策形成過程——その持続と変容』(中央大学出版部、2002年)。

信田智人『総理大臣の権力と指導力』(東京、東洋経済新報社、1994年)。

信田智人『官邸外交——政治リーダーシップの行方』(朝日新聞社、2004年)。

信田智人『冷戦後の日本外交—安全保障政策の国内政治過程』(ミネルヴァ書房、2006年)。

須藤季夫『国家の対外行動』(東京大学出版会、2007年)。

添谷芳秀『日本外交と中国——1945〜1972』(慶応通信、1995年)。

田尾雅夫『行政サービスの組織と管理——地方自治体における理論と実際』(木鐸社、1990年)。

田尾雅夫『組織の心理学〔新版〕』（有斐閣、1999 年）。
高木晴夫『ネットワークリーダーシップ』（日科技連、1995 年）。
高橋正泰、山口善昭、磯山優、文智彦『経営組織の基礎』（中央経済社、1998 年）。
竹中治堅『首相支配——日本政治の変貌』（中央公論新社、2006 年）。
竹中平蔵『構造改革の真実——竹中平蔵大臣日誌』（日本経済新聞社、2006 年）。
ダフト、リチャード L.（高木晴夫訳）『組織の経営学——戦略と意思決定を支える』（ダイヤモンド社、2002 年）。
田中明彦『日中関係 1945 ～ 1990』（東京大学出版会、1991 年）。
田中明彦『安全保障——戦後 50 年の模索』（読売新聞社、1997 年）。
田中一昭、岡田彰編著『中央省庁改革』（日本評論社、2000 年）。
田中一昭編著『行政改革《新版》』（ぎょうせい、2006 年）。
田中孝彦『日ソ国交回復の史的研究：戦後日ソ関係の起点　1945 ～ 1956』（有斐閣、1993 年）。
田中豊治、日置弘一郎、田尾雅夫『地方行政組織変革の展望——人と組織を変える』（学文社、1989 年）。
辻清明『日本官僚制の研究』（東京大学出版会、1969 年）。
辻中豊『利益集団』（東京大学出版会、1988 年）。
恒川恵市『企業と国家』（東京大学出版会、1996 年）。
手島孝『現代行政国家論』（勁草書房、1969 年）。
寺本義也、中西晶、土谷茂久、竹田昌弘、秋澤光『学習する組織——近未来型組織戦略』（同文舘、1993 年）。
寺本義也『コンテクスト転換のマネジメント——組織ネットワークによる「止揚的融合」と「共進化」に関する研究』（白桃書房、2005 年）。
遠田雄志『組織を変える〈常識〉』（中央公論新社、2005 年）。
中川昌郎『李登輝から陳水扁——台湾の動向 1995 ～ 2002』（財団法人交流協会、2003 年）。
中野実編著『日本型政策決定の変容』（東洋経済新報社、1986 年）。
中村昭雄『日本政治の政策過程』（芦書房、1996 年）。
西尾勝『行政学の基礎概念』（東京大学出版会、1990 年）。
西尾勝『行政学〔新版〕』（有斐閣、2001 年）。
野中郁次郎、加護野忠男、小松陽一、奥村昭博、坂下昭宣『組織現象の理論と測定』（千倉書房、1978 年）。
野中郁次郎『経営管理』（日本経済新聞社、1983 年）。
野中郁次郎、寺本義也編著『経営管理』（中央経済社、1987 年）。
朴容寛『ネットワーク組織論』（ミネルヴァ書房、2003 年）。
花井等『新国際関係論』（東洋経済新報社、1996 年）。
花井等『新外交政策論』（東洋経済新報社、1998 年）。
花井等、石井貫太郎編『名著に学ぶ国際関係論　第 2 版』（有斐閣、2009 年）。

花井等、浅川公紀『アメリカの外交政策』（勁草書房、1991年）。
原彬久『日米関係の構図――安保改定を検証する』（日本放送出版協会、1991年）。
平野浩、河野勝編『アクセス日本政治論』（日本経済評論社、2003年）。
平松茂雄『台湾問題――中国と米国の軍事的確執』（勁草書房、2005）。
樋渡展洋『戦後日本の市場と政治』（東京大学出版会、1991年）。
福井治弘『自由民主党と政策決定』（福村出版、1969年）。
古川貞二郎『霞ヶ関半生記――5人の総理を支えて』（佐賀新聞社、2005年）。
彭明敏、黄昭堂『台湾の法的地位』（東京大学出版会、1976年）。
マインツ、レナーテ（縣公一郎訳）『行政の機能と構造――ドイツ行政社会学』（成文堂、1986年）。
松田康博『台湾における――党独裁体制の成立』（慶応義塾大学出版会、2006年）。
真山達志『政策形成の本質――現代自治体の政策形成能力』（成文堂、2001年）。
宮川公男『政策科学入門』（東洋経済新報社、第2版、2002年）。
村川一郎『政策決定過程――日本国の形式的政府と実質的政府』（信山社、2000年）。
村松岐夫『戦後日本の官僚制』（東洋経済新報社、1981年）。
村松岐夫『行政学教科書〔第二版〕』（有斐閣、2001年）。
毛里和子『日中関係――戦後から新時代へ』（岩波書店、2006年）。
森田朗『現代の行政』（放送大学教育振興会、2000年）。
山川雄巳『政策過程論』（蒼林社、1980年）。
山本勲『中台関係史』（藤原書店、1999年）。
横田絵理『フラット化組織の管理と心理』（慶應義塾大学出版会、1998年）。
李登輝『台湾の主張』（PHP研究所、1999年）。
李登輝、中嶋嶺雄『アジアの知略――日本は歴史と未来に自信を持て』（光文社、2000年）。
李登輝、小林よしのり『李登輝学校の教え』（小学館、2001年）。
李登輝『最高指導者の条件』（PHP研究所、2008年）。
若林正丈『台湾――分裂国家と民主化』（東京大学出版会、1992年）。
若林正丈『蔣経国と李登輝――「大陸国家」からの離陸？』（岩波書店、1997年）。
若林正丈『台湾――変容し躊躇するアイデンティティ』（筑摩書房、2001年）。
若林正丈『台湾の政治――中華民国台湾化の戦後史』（東京大学出版会、2008年）。

〈中国語〉（筆順）

丁渝洲『丁渝洲回憶録』（台北、天下遠見、2004年）。
于宗先『大陸経済台湾観』（台北、五南、2000年）。
尹啓銘『台湾経済転捩時刻』（台北、商周文化、2004年）。
方鵬程『台湾海基会的故事』（台北、台湾商務、2005年）。
王純瑞『拼命三郎――江丙坤的台湾経験』（台北、聯経、2003年）

王銘義「陸委会統一政府宣伝口径」『中国時報』1999 年 8 月 2 日。
王銘義『不確定的海峡──當中華民国碰上中華人民共和国』(台北、時報文化、1993 年)。
王銘義『対話与対抗──台湾与中国的政治較量』(台北、天下遠見、2005 年)。
包宗和、呉玉山主編『争辯中的両岸関係理論』(台北、五南、1999 年)。
史恵慈『両岸産業分工個案研究──石化業』(台北、財団法人中華経済研究院、2002 年)。
田弘茂、張顕超『両岸交流二十年──変遷与挑戦』(台北、名田、2008 年)。
田麗虹『両岸関係的決策分析』(台北、新文京、2003 年)。
何海兵編『台湾六十年』(上海、上海人民出版社、2009 年)。
何清漣『中國的陷阱』(台北、台湾英文新聞、2003 年)。
呂炳寛、徐正戎『半総統制的理論与実際』(台北、鼎茂図書、2005 年)。
呉心伯『太平洋上不太平──後冷戦時代的美国亜太安全戦略』(復旦大学、2006 年)。
呉玉山、呉重礼編『憲政改革──背景、運作与影響』(台北、五南、2006 年)。
呉玉山『抗衡或扈従──両岸関係新詮』(台北、正中書局、1997 年)。
呉栄義『WTO 時代──当前台湾経済的省思与展望』(台北、時報文化、2002 年)。
呉新興『整合理論与両岸関係之研究』(台北、五南、1995 年)。
李建栄『藍天再現──連戦与国民党重新出発』(台北、天下遠見、2004 年)。
周玉蔻『総統内戦──李登輝為何被陳水扁撃敗?』(台北、印刻出版、2007 年)。
明居正、高朗主編『憲政体制新走向』(台北、新台湾人文教基金会、2001 年)。
林文程『中共談判的理論与実務──兼論台海両岸談判』(高雄、麗文、2000 年)。
林亮宇『憲政主義下国防法之研究』(台北、私立淡江大学国際事務与戦略研究所修士論文、2002 年)。
欧陽聖恩『再見、白手套──海基会 2000 日』(台北、商周文化、1997 年)。
邵正興『激与盪──台北危機処理「二国論」与「一辺一国」』(台北、秀威資訊、2008 年)。
邵宗海『兩岸關係』(台北:五南、2006 年)。
胡公展『両岸関係縦横論』(上海、学林、2006 年)。
胡為真『美国対華一個中国政策の演変──従尼克森到柯林頓』(台北、台湾商務、2001 年)。
高長『大陸経改与両岸経貿関係』(台北、五南、3 版、2002 年)。
高長『台海両岸三地間接貿易的実証分析』(台北、行政院大陸委員会、1994 年)。
高長『両岸経貿関係之探索』(台北、天一、1997 年)。
高朗、隋杜卿編『憲政体制与総統権力』(台北、財団法人国家政策研究基金会、2002 年)。
張文木『中国新世紀安全戦略』(山東、山東人民出版社、2000 年)。
張炎憲編『李登輝総統訪談録 1〜4』(台北、国史館、2008 年)。
張春英『海峡両岸関係史 1〜4』(台北、海峡学術出版社、2008)。
張栄豊『台海両岸経貿関係』(台北、業強、1997 年)。
張慧英『李登輝──執政十二年』(台北、天下遠見、2000 年)。
梁国樹『梁国樹財経政策建言集 2──国際経貿政策建言』(台北、遠流、1998 年)。

梁国樹『梁国樹財経政策建言集3――経済発展政策建言』(台北、遠流、1998年)。
章念馳『統一探究――両岸関係与中国前途』(台北、海峡学術出版社、2002年)。
許世銓『十年観察――激蕩中的台湾問題』(北京、九州出版社、2007年)。
郭瑞華編著『中共対台工作組織体系概論』(台北、法務部調査局、2004年)。
陳文賢『柯林頓及布希政府的中、台政策』(台北、一橋出版、2002年)。
陳水扁『相信台湾――阿扁総統向人民報告』(台北、圓神、2004年)。
陳博志『台湾経済戦略――従虎尾到全球化』(台北、時報文化、2004年)。
陳新民『憲法導論』(台北、新学林、2005年)。
陳新民主撰『1990～2000年台湾修憲紀実――十年憲政発展之見証』(台北、学林、2002年)
陸鏗、馬西屏『別鬧了、登輝先生』(台北、天下遠見)。
黄大慧『日本対華政策与国内政治――中日復交政治過程分析』(北京、当代世界出版社、2006年)。
黄天才、黄肇珩『勁寒梅香――辜振甫人生紀実』(台北、聯経、2005年)。
黄越宏『態度――鄭淑敏的人生筆記』(台北、平安文化、2001年)。
黄嘉樹、劉杰『両岸交渉研究』(北京、九州出版社、2003年)。
曾永賢『従左到右六十年――曾永賢先生訪談録』(台北:国史館、2009年)。
湯徳宗『権力分立新論』(台北、元照、増訂二版、2000年)。
程長志『中共如何談判』(台北、時英、1999年)。
童振源『全球化下的両岸経済関係』(台北、生智、2003年)。
隋杜卿『中華民国的憲政工程――以双首長制為中心的探討』(台北、韋伯文化、2001年)。
楊中美『李登輝VS.江沢民』(台北、時報文化、2000年)。
楊丹偉『解析台湾的大陸政策』(北京、群言、2007年)。
楊潔勉『後冷戦時期的中美関係――外交政策比較研究』(上海、上海人民出版社、2000年)。
楊潔勉等著『世界格局中的台湾問題――変化和挑戦』(上海、上海人民出版社、2002年)。
楚樹龍『冷戦後中美関係的走向』(北京、中国社会科学出版社、2001年)。
鄒景雯『伝略蘇志誠――九十年来最具争議的権力人物』(台北、四方書城、2002年)。
鄒景雯『李登輝執政告白実録』(台北、印刻出版、2001年)。
鄒景雯『李登輝給年輕人的十堂課』(台北、四方書城、2006年)。
鄒景雯『風雲劉泰英』(台北、四方書城、2002年)。
趙勇『台湾政治転型与分離傾向』(北京、中央編訳、2008年)。
劉国深『台湾政治概論』(北京、九州出版社、2006年)。
劉国深『当代台湾政治分析』(台北、博揚、2002年)。
蔣孝厳『蔣家門外的孩子――蔣孝厳逆流而上』(台北、天下遠見、2006年)。
戴国輝、王作栄口述、夏珍記録整理『愛憎李登輝――戴国輝与王作栄対話録』(台北、天下遠見、2001年)。
魏承思『両岸密使50年』(香港、陽光環球、2005年)。

羅致政、宋允文編『解構「一個中国」——国際脈絡下的政策解析』(台北、財団法人台湾智庫、2007年)。

蘇永欽『違憲審査』(台北、学林、1999年)。

蘇起『危険辺縁——従両国論到一辺一国』(台北、天下遠見、2003年)。

蘇進強『台海安全与国防改革』(台北、業強出版社、1995年)。

〈英語〉

Allison, Graham, *Essence of Decision: Explaining the Cuban Missile Crisis* (Boston: Little, Brown and Company, 1971).

Allison, Graham and Zelikow, Philip, *Essence of Decision: Explaining the Cuban Missile Crisis* (New York: Longman, 1999).

Anderson, James E., *Public Policy Making: an introduction.* 5th ed. (Boston: Houghton Mifflin, 2003).

Barnard, C. I., *The Functions of the Executive* (Cambridge, Mass.: Harvard University Press, 1956).

Brewer, Gary and Peter deLeon, *The Foundations of Policy Analysis* (Belmont, CA: Brooks/Cole, 1983).

Brown, Melissa J., *Is Taiwan Chinese?: the Impact of Culture, Power, and Migration on Changing Identities* (Berkeley: University of California Press, 2004).

Brown, Michael E., Owen R. Cote Jr., Sean M. Lynn-Jones, and Steven E. Miller, ed., *The Rise of China* (Cambridge: The MIT Press, 2000).

Burns, Tom and George M. Stalker, *The Management of Innovation* (Chicago: Quadrangle Books, 1962).

Bush, Richard C., *Untying the Knot: Making Peace in the Taiwan Strait* (Washington, D. C.: Brookings Institution Press, 2005).

Bush, Richard C., Michael E. O'Hanlon, *A War Like No Other: The Truth about China's Challenge to America* (Hoboken, N. J.: John Wiley & Sons, 2007)

Carr, E. H., *the Twenty Years' Crisis, 1919-1939: an Introduction to the Study of International Relations* (London: Macmillan & Co., Ltd., 1951).

Chandler Jr., Alfred D., *Strategy and Structure: Chapters in the History of the Industrial Enterprise* (Cambridge: M. I. T. Press, 1962).

Chang, Gordon G., *The Coming Collapse of China* (New York: Random House, 2001).

Chow, Peter C. Y., ed., *The "One China" Dilemma* (Basingstoke: Palgrave Macmillan, 2008).

Cohen, Stephen D., *The Making of United States International Economic Policy: Principles, Problems, and Proposals for Reform* (New York: Praeger, 1977).

Cyert, Richard M. and James G. March, *A Behavioral Theory of the Firm*, 2nd ed. (Cambridge, Mass, 1992).

Destler, I. M., *Presidents, Bureaucrats, and Foreign Policy: the Politics of Organizational Reform* (Princeton, N. J.: Princeton University Press, 1972).

Evera, Stephen Van, *Guide to Methods for Students of Political Science* (Ithaca: Cornell University Press, 1997).

Galbraith, Jay R., Designing *Organizations: an Executive Guide to Strategy, Structure, and Process* (San Francisco: Jossey-Bass, New and rev., 2002).

Galbraith, Jay R. and Daniel A. Nathanson, *Strategy Implementation: the Role of Structure and Process* (St. Paul, Minn.: West Pub. Co., 1978).

George, Alexander L., *Presidential Decisionmaking in Foreign Policy: the Effective Use of Information and Advice* (Boulder, Colo.: Westview Press, 1980).

George, Alexander L. and Juliette L. George, *Presidential Personality and Performance* (Boulder: WestviewPress, 1998).

Halperin, Morton H., A. Clapp Priscilla with Arnold Kanter, *Bureaucratic Politics and Foreign Policy* (Washington, D. C.: The Brookings Institution, 1974).

Hermann, Charles F., eds., *International Crises: Insights from Behavioral Research* (New York: Free Press, 1972).

Hill, Christopher, *The Changing Politics of Foreign Policy* (New York: Palgrave MacMillan, 2003).

Hilsman, Roger with Laura Gaughran and Patricia A. Weitsman, *the Politics of Policy Making in Defense and Foreign Affairs: Conceptual Models and Bureaucratic Politics*. 3rd ed. (Englewood Cliffs, N. J.: Prentice Hall, 1993).

Holsti, K. J., *International Politics: a Framework for Analysis*, 7th ed. (Englewood Cliffs, N. J.: Prentice Hall, 1995).

Janis, Irving L., *Groupthink: Psychological Studies of Policy Decisions and Fiascoes*. 2nd ed. (Boston: Houghton Mifflin, 1982).

Johnson, Chalmers A., *MITI and the Japanese Miracle: the Growth of Industrial Policy, 1925-1975* (Stanford, Calif.: Stanford University Press, 1982).

Jones, Charles O., *An Introduction to the Study of Public Policy and Study* (Monterey, CA.: Brooks/Cole Pub. Co., 1984).

Kagan, Richard C., *Taiwan's Statesman: Lee Teng Hui and Democracy in Asia* (Annapolis, MD: Naval Institute Press, 2007).

Kastner, Scott L., *Political Conflict and Economic Interdependence Across the Taiwan Strait and Beyond* (Stanford, Calif.: Stanford University Press, 2009).

Keohane, Robert O. and Joseph S. Nye, *Power and Interdependence: World Politics in*

Transition (Boston: Little, Brown, 1977).

Kennedy, Robert F., *Thirteen Days: a Memoir of the Cuban Missile Crisis* (New York: W. W. Norton, 1969).

Kettl, Donald F., and James W. Fesler, *The Politics of the Administrative Process*, 4th ed. (Washington DC.: CQ Press, 2009).

Lampton, David M., *Same Bed, Different Dreams: Managing U. S. -China Relations, 1989-2000* (Berkeley: University of California Press, 2001).

Lampton, David M., ed., *The Making of Chinese Foreign and Security Policy in the Era of Reform, 1978-2000* (Stanford, Calif.: Stanford University Press, 2001).

Lasswell, Harold D., *The Decision Process: Seven Categories of Functional Analysis* (College Park, Maryland: University of Maryland Press, 1956).

Lawrence, Paul R. and Jay W. Lorsch, *Organization and Environment: Managing Differentiation and Integration* (Boston: Division of Research, Graduate School of Business Administration, Harvard University, 1967).

Lieberthal, Kenneth and Michel Oksenberg, *Policy Making in China: Leaders, Structures, and Processes* (Princeton, N. J.: Princeton University Press, 1988).

Mann, James, *About Face: a History of America's Curious Relationship with China from Nixon to Clinton* (New York: Vintage Books, 2000).

Mearsheimer, John J., and Stephen M. Walt, *the Israel Lobby and U. S. Foreign Policy* (New York: Farrar, Straus and Giroux, 2007).

Merton, Robert K., *Social Theory and Social Structure* (Chicago: Free Press of Glencoe, 1949).

Meyer, Marshall W., *Change in Public Bureaucracies* (Cambridge: Cambridge University Press, 1979).

Morgenthau, Hans J., revised by Kenneth W. Thompson and W. David Clinton, *Politics among Nations: the Struggle for Power and Peace*. 7th ed. (Boston: McGraw-Hill Higher Education, 2006).

Peters, Thomas J. and Waterman Jr., Robert H., *In Search of Excellence: Lessons from America's Best-run Companies* (New York: Warner Books, 1984).

Robbins, Stephen P., *Organizational behavior*. 9th ed. (N. J.: Prentice Hall, 2001).

Romberg, Alan D., *Rein in at the Brink of the Precipice: American Policy toward Taiwan and U. S.-PRC Relations* (Washington, D. C.: Henry L. Stimson Center, 2003).

Roy, Denny, *Taiwan: a Political History* (Ithaca: Cornell University Press, 2003).

Selznick, Philip, *Leadership in Administration: a Sociological Interpretation* (Berkeley, Calif.: University of California Press, 1984).

Selznick, Philip, *TVA and the Grass Roots: a Study in the Sociology of Formal Organization*

(Berkeley: University of California Press, 1949).

Simon, Herbert A., *Administrative Behavior: A Study of Decision-making Processes in Administrative Organizations*. 4th ed. (New York: Free Press, 1997).

Snyder, Glenn H. and Paul Diesing, *Conflict among Nations: Bargaining, Decision Making, and System Structure in International Crises* (Princeton, N. J.: Princeton University Press, 1977).

Snyder, Richard C., H. W. Bruck, and Burton Sapin, *Decision-Making as an Approach: to the Study of International Politics* (Princeton: Princeton University, 1954).

Snyder, Richard C., H. W. Bruck, Burton Sapin, ed., *Foreign Policy Decision-making: an Approach to the Study of International Politics* (New York: Free Press of Glencoe, 1962).

Stogdill, R. M., *Handbook of Leadership: a Survey of Theory and Research* (New York: Free Press, 1974).

Studwell, Joe, *The China Dream: the Quest For the Last Untapped Market on Earth* (New York: Atlantic Monthly Press, 2002).

Sutter, Robert G., *Chinese Foreign Relations: Power and Policy since the Cold War* (Lanham, Md.: Rowman & Littlefield, 2008).

Swine, Michael D. and Ashley J. Tellis, *Interpreting China's Grand Strategy: Past, Present, and Future* (Santa Monica, CA: Rand Corp, 2000).

Swine, Michael D. and James C. Mulvenon, *Taiwan's Foreign and Defense Policies* (Santa Monica, CA: Rand Corp, 2001).

Thompson, J. D., *Organizations in Action: Social Science Bases of Administrative Theory* (McGraw-Hill, New York, 1967).

Tsai, Shih-shan Henry, *Lee Teng-hui and Taiwan's Quest for Identity* (New York: Palgrave Macmillan, 2005).

Waltz, Kenneth N., Theory of International Politics (New York: McGraw-Hill, 1979).

Womack, James P., Daniel T. Jones, and Daniel Roos, *The Machine That Changed the World: How Japan's Secret Weapon in the Global Auto Wars Will Revolutionize Western Industry* (New York, NY: HarperPerennial, 1991).

【政府刊行物】
〈日本語〉
「『国家発展会議』総合記録　下」『中華週報』第1807号（1997年4月10日）、付録1-16頁。
「李登輝総統が語る大陸政策の基本理念」『中華週報』第1841号（1997年12月25日）、4-5頁。
「蕭万長・行政院長施政方針演説前文㊦　経済、治安、外交、両岸に基本方針示す」『中華週報』第1851号（1998年3月19日）、5-7頁。
「〔参考資料〕李登輝総統六項目提案」『中華週報』第1853号（1998年4月2日）、付録16頁。
「覇権主義が見え隠れする北京の主張」『中華週報』第1838号（1997年12月4日）、7頁。
「李登輝総統が台湾の位置づけ一層明確化――『ドイチェ・ウェレ』とのインタビューに答える」『中華週報』第1916号（1999年7月29日）、4-7頁。
「政府の大陸政策は一貫している　蕭万長・行政院長が閣議で談話発表」『中華週報』第1916号（1999年7月29日）、8-9頁。
「政府首脳部が米特使と会見し意思疎通　リチャード・ブッシュ米在台協会理事長が訪台」『中華週報』第1919号（1999年8月26日）、付録11-12頁。
「さらに一歩進み両岸関係を明確化　辜振甫・海峡交流基金会理事長が大陸側に説明」『中華週報』第1919号（1999年8月26日）、付録13-14頁。
「対等、平和、相互利益を促進する位置づけ　大陸委員会が『特殊な国と国との関係』を解説」『中華週報』第1919号（1999年8月26日）、付録14-16頁。
「李登輝総統中華民国八十八年国慶節祝辞」『中華週報』第1928号（1999年10月28日）、4-5頁。
「辜汪会談六周年の回顧と展望」『台湾週報』第2166号（2004年11月11日）、8-9頁。

〈中国語〉
「公告増列及修正『在大陸地区従事投資或技術合作准許類及禁止類行業項目』」行政院新聞局『行政院公報』第2巻第29号（1996年7月17日）、22-40頁。
「『農産品――准許間接輸入大陸物品項目表』及『工業産品――不准輸入大陸物品項目表』」行政院経済部『経済部公報』第28巻第21号（1996年7月21日）、17-91頁。
「訂定『大陸地区土地及営建専業人士來台従事土地或営建専業活動許可弁法』」行政院内政部『内政部公報』第2巻第2号（1996年8月16日）、1-12頁。
「訂定『大陸地区法律専業人士來台従事法律相関活動許可弁法』」行政院法務部『法務部公報』第194号（1996年8月31日）、36-37頁。
「親臨中華民国第九任総統、副総統慶祝就職典禮第一会場講話」行政院新聞局『李総統登輝先生八十五年言論選集』（台北、行政院新聞局、1997年）、126-135頁。
「在第三届国民大会国是建言後講話」行政院新聞局編『李総統八十五年言論選集』（台北、行政院新聞局、1997年）、207-214頁。
「親臨第三届全国経営者大会講話」行政院新聞局編『李総統八十五年言論選集』（台北、行政院新聞局、1997年）、226-231頁。

「国家統一委員会第十一次全體委員会議閉幕致詞」行政院新聞局編『李総統八十五年言論選集』
　（台北、行政院新聞局、1997年）、261-265頁。
「接見国際青年商会中華民国總会中区区会全體分会会長及会務執行人員講話」行政院新聞局編
　『李総統八十五年言論選集』（台北、行政院新聞局、1997年）、186-188頁。
「接受美国有線電視新聞網（CNN）駐曼谷分處主任 Tom Mintier 専訪」行政院新聞局編『行政
　院連院長八十五年言論集』（台北、行政院新聞局、1997年）、520-522頁。
「公告修正『在大陸地区従事投資或技術合作審査原則』(86.7.15)」『行政院公報』第3巻30号
　（1997年7月23日）、19-22頁。
「継続併案審査陳水扁委員等二十一人擬具『財団法人海峡交流基金会監督条例草案』、行政院函請
　審議及林濁水委員等二十人擬具之『受託処理大陸事務財団法人監督条例草案』案」『立法院公
　報』第2961号（1998年4月1日）、83-110頁。
「公告修正『在大陸地区従事投資或技術合作審査原則』(87.6.17)」行政院新聞局『行政院公報』
　第4巻24号（1998年6月17日）、49-53頁。
「在立法院第三屆第五会期施政報告（口頭報告）」行政院新聞局編『実踐国家現代化──行政院
　蕭院長八十七年言論選集』（台北、行政院新聞局、1999年）、43-59頁。
「監察院財政及経、内政及少数民族、教育及文化三委員会為行政、対於『戒急用忍』政策、係
　我国近六年来大陸投資、両岸交流之最高指導原則、然該院却在『戒急用忍』之政策過程上欠
　席、且在執行相関措施上、也未建立較有効的管理機制、致相関部会欠乏共識、歩調不一。另
　随金融業務愈趨国際化与自由化、行政院却未能採取積極有効的措施、肇致本国金融産業面臨
　辺縁化之虞等、均有違失、爰依法糾正案」『監察院公報』第2395号（2002年12月4日）、
　36-46頁。

【新聞記事】
〈日本語〉（各社、日付順）
《朝日新聞》
「江沢民・中国国家主席の台湾に関する提案〈要旨〉」『朝日新聞』1995年1月31日。
「『分裂活動停止せよ』　中国側が批判」『朝日新聞』1999年7月21日。

《毎日新聞》
「米空母が横須賀へ──『テポドン2号』や『東風31』の発射実験を警戒する狙い」『毎日新聞
　（東京夕刊）』1999年7月17日。

《読売新聞》
「米空母『コンステレーション』が横須賀寄港へ」『読売新聞』1999年7月9日。
「台湾で海上封鎖も　中国、対抗措置検討」『読売新聞』1999年7月17日。

「台湾海峡近くで　中国が戦時訓練」『読売新聞』1999年7月18日。
「中国軍、大規模演習か」『読売新聞』1999年7月19日。
「米空母キティホークが横須賀へ来月帰港」『読売新聞』1999年7月20日。
「米空母『コンステレーション』が寄港／神奈川・米横須賀基地」『読売新聞（東京夕刊）』1999年7月23日。
「中国、軍事威嚇避け　外交攻勢で締め付け」『読売新聞』1999年7月24日。
「米空母『キティホーク』、横須賀に帰港」『読売新聞（東京夕刊）』1999年8月25日。

《産経新聞》
「台湾総統　中国と対話再開用意」『産経新聞』1997年12月20日。

〈中国語〉（各社、日期、筆順）
《人民日報》
「促進両岸三通又一重大舉措　外経貿部部長助理發表談話希望台湾當局盡早取消人為障礙」『人民日報』1996年8月22日。
「京台経済合作研討会在京開幕　李嵐清指出両岸経済関係進一歩発展是大勢所趨」『人民日報』1996年8月29日。
「江主席会見高清愿等台湾知名人士　指出海峡両岸同胞同根同源台湾企業家在祖国大陸発展事業具有明顯優勢」『人民日報』1996年8月30日。
「汪道涵在《両岸関係》雑誌発表新年祝詞　一年春事早耕耘」『人民日報』1998年1月2日。
「邁向充満希望的新世紀——1998年新年講話」『人民日報』1998年1月1日。
「首都各界記念江沢民主席重要講話発表三周年」『人民日報』1998年1月27日。

《工商時報》
「李登輝急踩煞車　財経官員昏頭転向」『工商時報』1996年8月15日。
「推動両岸三通　張栄発促加速」『工商時報』1996年8月16日。
「亜太営運中心腹地　不能依頼大陸　也不能放棄大陸」『工商時報』1996年8月16日。
「境外航運中心　経貿運営特区　按原計画進行」『工商時報』1996年8月16日。
「両岸経貿由市場主導　政府難禁止」『工商時報』1996年8月17日。
「赴大陸投資上限　将依産業別制訂」『工商時報』1996年8月18日。
「辜振甫：以陸委会説法為準」『工商時報』1996年9月1日。
「張栄豊：当時我在国外」『工商時報』1996年9月2日。
「響応投資台湾運動　企業界起而行」『工商時報』1996年9月16日。
「台商赴大陸投資『合理規範』是什麼？政府要経済學者迷霧中找明燈」『工商時報』1997年3月22日。

《文匯報》
「汪道涵析両岸統一問題」『文匯報』1997年11月17日。

《中央日報》
「大陸政策不変　府院歩伐一致」『中央日報』1996年8月16日。
「経済部強調　直航三原則：対等、安全、尊厳」『中央日報』1996年8月21日。
「航商指中共作法覇道　測試作用大」『中央日報』1996年8月21日。
「節省運輸成本　業界楽観其成」『中央日報』1996年8月22日。
「辜振甫：直航須一歩一歩来」『中央日報』1996年8月22日。
「継続努力参与聯合国　発展亜太営運中心　大陸市場不是必然条件」『中央日報』1996年8月23日。
「中共公布通航弁法　値得重視」『中央日報』1996年8月23日。
「高清愿建議由対口工商団体協商」『中央日報』1996年8月29日。
「大陸促両岸工商広汎合作」『中央日報』1996年8月29日。
「『方便旗』通航　可化解僵局」『中央日報』1996年8月30日。
「江沢民会見我工商領袖　動作頻頻」『中央日報』1996年8月30日。
「陸委会：方便旗是不得已作法」『中央日報』1996年8月31日。
「恢復協商時機　辜振甫建議秋節前後」『中央日報』1996年9月1日。
「両岸協商　白手套還不能脱」『中央日報』1996年9月3日。
「両岸協商　白手套還不能脱」『中央日報』1996年9月3日。
「両岸高層短期恐難会談」『中央日報』1996年9月4日。
「両岸協商　我須堅持原則」『中央日報』1996年9月6日。
「商業利益不能超越国家尊厳」『中央日報』1996年9月6日。
「商総決組団年底参訪大陸」『中央日報』1996年9月6日。
「台湾東方、天津麗華油漆廠簽約」『中央日報』1996年9月7日。
「審核単位将提升至部会層級」『中央日報』1996年9月10日。
「両岸経貿　政策寛鬆　大陸投資整体考量」『中央日報』1996年9月11日。
「高清愿発起投資救台湾」『中央日報』1996年9月12日。
「工商建研会組団十一月訪問大陸」『中央日報』1996年9月12日。
「李総統明将出席閉幕礼」『中央日報』1996年9月13日。
「両岸百貨業者　廿日交流」『中央日報』1996年9月13日。
「両岸関係和平穏定　経貿才能大幅開展」『中央日報』1996年9月14日。
「国内経済及国家安全応兼顧」『中央日報』1996年9月15日。
「天気太冷　企業界大陸考察暫緩　戒急用忍　商総建研会打退堂鼓」『中央日報』1996年9月16日。
「海陸両会籲大陸方面以行動恢復協商」『中央日報』1996年9月24日。

「連戦籲勿落入中共以民逼官　以商囲政圏套」『中央日報』1996年10月1日。
「経貿特区　規画対大陸階段開放」『中央日報』1996年10月5日。
「台商応兼顧国家利益　勿受中共分化利用」『中央日報』1996年10月20日。
「唐樹備：先焦唐後辜汪」『中央日報』1997年11月12日。
「裴利：中共願無条件復談」『中央日報』1998年1月18日。
「辜汪会晤　海基函告海協参訪行程」『中央日報』1998年10月10日。
「両岸関係首重務実」『中央日報』1999年7月10日。
「李総統譲国際認知両岸現実」『中央日報』1999年7月11日。
「両岸新定位国与国関係　我主権可獲法律保障」『中央日報』1999年7月11日。
「両岸関係須明確釐清」『中央日報』1999年7月12日。
「大陸政策没有任何改変」『中央日報』1999年7月12日。
「伝中共考慮再度武嚇台湾」『中央日報』1999年7月14日。
「国民両党未形成共識」『中央日報』1999年7月15日。
「美盼両岸会晤解決問題」『中央日報』1999年7月15日。
「新定位基調　一個民族両個国家」『中央日報』1999年7月16日。
「港媒：共軍頻頻演習」『中央日報』1999年7月18日。
「中共官媒報道演習活動」『中央日報』1999年7月19日。
「北京媒体炒作軍演旧聞」『中央日報』1999年7月20日。
「程建人展開密集国際文宣　用語定調特殊国与国関係」『中央日報』1999年7月22日。
「港媒：北海艦隊黄海実弾練兵」『中央日報』1999年7月26日。

《中国時報》
「康寧祥決今正式宣佈参加国統会」『中国時報』1990年10月13日。
「徐立徳本週将召集海陸両会協調」『中国時報』1994年1月23日。
「経部将成立小組推動南進政策」『中国時報』1993年11月24日。
「南進政策　連揆正名為推動以東協為対象的南向政策」『中国時報』1994年1月11日。
「蕭萬長：規画境外航運中心兼顧経済需要与現実　徐立徳：亜太営運中心旨在建立開放自由経済体制　大陸並非決定成敗関鍵」『中国時報』1995年1月6日。
「李総統指示研究『江八点』」『中国時報』1995年2月4日。
「張京育：規画設立両岸経貿特区」『中国時報』1996年6月26日。
「徐立徳不願発表意見」『中国時報』1996年8月15日。
「徐立徳：無関大陸政策改変　也非政策転彎」『中国時報』1996年8月16日。
「李総統一席話　放寛陸資来台案　緊急叫停」『中国時報』1996年8月16日。
「連戦：擱置主権　以経貿交流為主軸」『中国時報』1996年9月1日。
「伝中共擬另設両岸対話機構」『中国時報』1996年9月2日。
「深耕大陸通路　石化大廠卡位」『中国時報』1996年9月4日。

「統一企業拡大在大陸投資」『中国時報』1996 年 9 月 6 日。
「商総会議砲轟工総大陸行言論」『中国時報』1996 年 9 月 6 日。
「陸委会決研商控制台商赴大陸投資熱」『中国時報』1996 年 9 月 8 日。
「増設境外航運中心？交通部喊停」『中国時報』1996 年 9 月 10 日。
「台商大陸投資　政府不擬設限」『中国時報』1996 年 9 月 10 日。
「統一武漢電廠投資叫停」『中国時報』1996 年 9 月 12 日。
「呉伯雄：経営者大会明閉幕　李総統一定来」『中国時報』1996 年 9 月 13 日。
「江丙坤：該対大陸投資放慢脚步了」『中国時報』1996 年 9 月 13 日。
「陸委会否認放慢脚步説　促防中共笑臉」『中国時報』1996 年 9 月 14 日。
「経建会：両岸貿易持続放寛　大企業赴大陸大型投資将管制規範」『中国時報』1996 年 9 月 15 日。
「張京育：海協会応採具体行動」『中国時報』1996 年 9 月 24 日。
「台資有去無回　李総統憂心成無底洞」『中国時報』1996 年 10 月 4 日。
「経貿特区規画　大陸排除適用」『中国時報』1996 年 10 月 4 日。
「経貿特区規画　必須納入両岸事務」『中国時報』1996 年 10 月 8 日。
「陸士達肯定両岸恢復対話　民進党堅持参与辜汪会晤」『中国時報』1998 年 10 月 8 年。
「接任海基会秘書長　双許大熱門」『中国時報』1999 年 2 月 2 日。
「誰接海基会？高層腹案二選一」『中国時報』1999 年 2 月 3 日。
「両岸復談前夕調離談判隊伍　焦仁和無奈与尷尬」『中国時報』1998 年 2 月 3 日。
「総統府強勢干予、許恵祐出任海基会秘書長」『中国時報』1998 年 2 月 5 日。
「国家統一委員会成員比重不小　隠約宣示統一意涵：名單適度表達善意姿態」『中国時報』1998 年 10 月 10 日。
「林碧炤：従政治実体到両個国家　追求統一長遠目標沒変」『中国時報』1999 年 7 月 10 日。
「総統府官員：清楚定位　有助加速両岸関係推展」『中国時報』1999 年 7 月 11 日。
「辜振甫：両岸新定位　不影響辜汪会」『中国時報』1999 年 7 月 11 日。
「国与国対談説　汪道涵：両会対話基礎不復存在」『中国時報』1999 年 7 月 13 日。
「高層無意修改国統綱領」『中国時報』1999 年 7 月 13 日。
「回応両国論　伝数十位将領請戦」『中国時報』1999 年 7 月 18 日。
「政院召開応変会議　信心喊話」『中国時報』1999 年 7 月 20 日。
「白宮擬対台実施一系列懲罰」『中国時報』1999 年 7 月 21 日。
「白宮宣布：取消軍事代表団訪台」『中国時報』1999 年 7 月 22 日。
「両岸新定位　林碧炤扮推手」『中国時報』1999 年 7 月 25 日。
「蔡英文：申請経貿無権過問来源　蘇起：曾経参与明徳小組但非核心」『中国時報』、2002 年 3 月 22 日。
「限縮諮委角色　『始於邱、盛於康』」『中国時報』2003 年 6 月 1 日。
「張栄豊：意識形態勿帯入歴史」『中国時報』2004 年 1 月 2 日。
「明徳成員：対美日工作　不渉金銭交換」『中国時報』2004 年 2 月 27 日。

「游盈隆　任海基会副董事長」『中国時報』2005年8月12日。

《求是》
「李登輝的分裂図謀注定要失敗──訪李家泉研究員」『求是』1999年第16号（8月16日）、22-24頁。

《交流》
「辜汪会晤後的両岸関係座談会」『交流』第42号（1998年12月1日）、13-21頁。

《台湾日報》
「張栄豊：蘇起矛盾　做人不能這様」『台湾日報』2004年1月6日。

《台湾時報》
「総統府：両岸『両国』可保我主権」『台湾時報』1999年7月11日。
「辜振甫：不影響汪来台」『台湾時報』1999年7月11日。

《自立早報》
「辜振甫：計画有優先順序　張京育：投資重点在台湾」『自立早報』1996年8月16日。

《自由時報》
「陸策組　定位為諮詢性質」『自由時報』、1993年7月10日。
「交通部長：両岸通航　已有交集」『自由時報』1996年8月21日。
「李総統：無意限制大陸投資」『自由時報』1996年8月21日。
「張京育：両岸直航問題　短期難解決」『自由時報』1996年8月21日。
「江沢民：両岸関係『此時無声勝有声』」『自由時報』1996年8月30日。
「解決両岸通航問題　中共建議採用方便旗」『自由時報』1996年8月30日。
「李総統：中共『対台政策的另一套』已開始」『自由時報』1996年8月31日。
「陸委会：中共另設対口単位　不切実際」『自由時報』1996年9月2日。
「海陸両会　反対両岸另設対口単位」『自由時報』1996年9月3日。
「海陸両会　反対両岸另設対口単位」『自由時報』1996年9月3日。
「両岸須透過海基会」『自由時報』1996年9月4日。
「李連『破例』不出席全国経営者大会」『自由時報』1996年9月12日。
「陸委会：勿貿然赴大陸投資」『自由時報』1996年9月13日。
「江丙坤呼籲　赴大陸投資脚歩放慢」『自由時報』1996年9月13日。
「大陸政策　近期有重大整合、宣示」『自由時報』1996年9月15日。
「民進党中常会決議要求参加辜汪会」『自由時報』1998年10月1日。

「民進党建議両会　互設分支機構　提出三主張三建議　要求我辜汪会参訪団発出台湾真正的声音」『自由時報』1998年10月14日。

「両岸談判　改由『技術官僚』上陣」『自由時報』1998年2月2日。

「海基会人事　総統府支持　許恵祐出線」『自由時報』1998年2月4日。

「辜汪会参訪団名單公布 民進党落空」『自由時報』1998年10月10日。

「辜汪会晤　我民主牌　険胎死腹中」『自由時報』1998年11月2日。

「李総統：中共的一個中国　不含台湾」『自由時報』1999年7月10日。

「商定汪道涵訪台行程　海基函海協　邀請張金城八月底九月初来台」『自由時報』1999年7月10日。

「海陸両会：総統説法　不影響汪道涵来訪」『自由時報』1999年7月11日。

「両岸国与国関係　去年九月成形」『自由時報』1999年7月11日。

「中国堅持一個中国架構」『自由時報』1999年7月11日。

「章孝厳：是歴史事実也是法律事実」『自由時報』1999年7月12日。

「蘇起：両岸両国説　走出一中迷思」『自由時報』1999年7月13日。

「修憲　国家主権議題擬列入」『自由時報』1999年7月13日。

「修法　国民両党将聯手推動」『自由時報』1999年7月13日。

「両国論　林碧炤英訳 state to state」『自由時報』1999年7月14日。

「両国論「主権小組」研究結晶 去年辜振甫在大陸提及波茨坦宣言 也是這個幕僚小組的研議結論」『自由時報』1999年7月14日。

「確立領土　傾向修憲或国大議決」『自由時報』1999年7月15日。

「中国戦機六度偏離航道　経国号升空戒備」『自由時報』1999年7月15日。

「両国論定調　将由部長級出国宣伝」『自由時報』1999年7月16日。

「共軍集結備戦　国防部否認有異状」『自由時報』1999年7月17日。

「跨部会会議　首長們拿錦嚢」『自由時報』1999年7月20日。

「中国軍方　否認調動部隊」『自由時報』1999年7月21日。

「美第七艦隊指揮艦今晨例行経台海」『自由時報』1999年7月22日。

「卜睿哲：美対台湾軍售立場未改変」『自由時報』1999年7月24日。

「連戦：釐清両岸定位　為政治談判做準備」『自由時報』1999年7月26日。

「特殊両国論　不宜拡大解釈」『自由時報』1999年8月3日。

「陸委会：発布説帖　経総統府授権」『自由時報』1999年8月4日。

「総統府：多説無益　従此不発説帖」『自由時報』1999年8月4日。

「総統府：両国論内涵　以総統講話為主」『自由時報』1999年8月6日。

「李総統証実　共機両度飛越海峡中線」『自由時報』1999年8月11日。

《財訊》

「『李六条』是誰写的？」『財訊』第158号（1995年5月）、186-187頁。

「李登輝欽点辜振甫内幕　蘇志誠、張栄恭聯手『回応』海協会」『財訊』第189号（1997年12月）、100-102頁。
「康寧祥是『国安一大問題』——抗煞不能担重任、国安会裏裏外外都是問題」『財訊』第255号（2003年6月）、195-198頁。

《商業週刊》
「張栄発献策、李登輝政改——深度報道国策中心在国発会裏的角色」『商業周刊』第476号（1997年1月6日〜1月12日）、42-46頁。
「双首長制闖関成功　田弘茂行情漲停板」『商業周刊』第476号（1997年1月6日〜1月12日）、47頁。
「蔡政文如何受知於李登輝？」『商業周刊』第476号（1997年1月6日〜1月12日）、48頁。
「李登輝勢力進駐海基会、両岸春暖花不開」『商業周刊』第534号（1998年2月16日）、22-23頁。

《経済日報》
「資金外流大陸　央行研究控管」『経済日報』1996年8月20日。
「紡織業登陸計画　継続前行」『経済日報』1996年8月20日。
「李総統：投資大陸比率沒有要設限」『経済日報』1996年8月21日。

《新台湾新聞周刊》
「譲社会保留一個説実話的人」『新台湾新聞周刊』第303号（2002年1月12日〜1月18日）、23-24頁。

《新新聞周刊》
「宋心濂怒斥、邱進益摯肘、黄昆輝難堪」『新新聞周刊』第277号（1992年6月28日〜7月4日）、14-19頁。
「大衙門擺著不用、小官府不乱也難」『新新聞周刊』第277号（1992年6月28日〜7月4日）、28-29頁。
「辜振甫将成為第一個到大陸的国民党中常委」『新新聞周刊』第284号（1992年8月16日〜8月22日）、24-31頁。
「李登輝靠著江八点拿起国安会的指揮」『新新聞周刊』第414号（1995年2月12日〜2月18日）、18-19頁。
「李登輝和江沢民有一条秘密管道？」『新新聞周刊』第592号（1998年7月12日〜7月18日）、14-17頁。
「国安会幕後擬劇本　決策小組幕前大公演」『新新聞周刊』第471号（1996年3月17日〜3月23日）、26-29頁。
「李登輝用施振榮的腦控制了王永慶的脚」『新新聞周刊』第494号（1996年8月25日〜8月31

「李登輝私人智嚢団大換血」『新新聞周刊』第497号（1996年9月15日～9月21日）、15-19頁。
「李登輝公開『頒奨』 三名幕僚高升官職」『新新聞周刊』第497号（1996年9月15日～9月21日）、19頁。
「国家統一委員会這個花瓶曾経裝過哪些花」『新新聞周刊』第501号（1996年10月13日～10月19日）、28-29頁。
「李登輝一声令下 許恵祐重回談判桌」『新新聞周刊』第571号（1998年2月15日～2月21日）、21-22頁。
「康寧祥揭密：辜振甫先説重話 唐樹備才会発飆」『新新聞周刊』第607号（1998年10月25日～10月31日）、40-42頁。
「辜江会名單排序蔵露玄機」『新新聞周刊』第606号（1998年10月28日～10月24日）、34-35頁。
「『八徳専案』大曝光 李登輝想当和平先生」『新新聞周刊』第640号（1999年6月10日～6月16日）、31-36頁。
「国安会變身『太上外交部』現形！」『新新聞周刊』第641号（1999年6月17日～6月23日）16-20頁。
「丘宏達：我不曉得国内有什麼『主権小組』」『新新聞周刊』第645号（1999年7月15日～21日）、22-23頁。
「詹志宏幕後起草辜振甫回函」『新新聞周刊』第647号（1999年7月29日～8月4日）、43頁。
「『両国論』千夫所指 『政大幇』成標靶」『新新聞周刊』第653号（1999年9月9日～15日）、66-67頁。
「代理？暫兼？李登輝曾指示研究適法性」『新新聞周刊』第661号（1999年11月4日～11月10日）、25-27頁。
「政権移転情治崩盤 劉冠軍案、讓国安局很不安」『新新聞周刊』第784号（2002年3月14日－3月20日）、30-33頁。
「昔日紅頂商人換緑帽」『新新聞周刊』第841号（2003年4月17日～4月23日）、64-69頁。
「老康到班三個月、攪亂国安会一池春水」『新新聞周刊』第849号（2003年6月12日～6月18日）、30-31頁。

《新華社》
「交通部發布《台湾海峡両岸間航運管理弁法》」『新華社』1996年8月20日。
「黄鎮東指出、両岸直航應堅持"一個中国、雙向直航、互恵互利"原則」『新華社』1996年8月20日。
「黄鎮東強調、交通部関于両岸航運的管理弁法与"境外航運中心"本質不同」『新華社』1996年8月20日。
「外経貿部發布《関于台湾海峡両岸間貨物運輸代理業管理弁法》」『新華社』1996年8月21日。

「唐樹備表示、現在是両岸進行政治談判的時候了」『新華社』1996年8月21日。
「台辦發言人敦促台湾當局尽早開放両岸直接雙向"三通"」『新華社』1996年8月22日。
「外交部發言人希望台湾當局対大陸提出的建議作出積極反應」『新華社』1996年8月27日。
「海協指出、両会應先進行負責人間的交流溝通」『新華社』1997年11月11日。
「海協決定延期召開"跨世紀両岸経済関係展望研討会"」『新華社』1997年11月13日。
「中共中央台弁、国務院台弁発言人就李登輝分裂言論発表談話」『新華社』1999年7月11日。
「唐樹備説、台湾当局応立即停止対両岸関係的破壊」『新華社』1999年7月12日。
「汪道涵対辜振甫有関両岸会談是"国与国会談"的説法表示驚訝」『新華社』1999年7月12日。
「外交部発言人朱邦造就李登輝分裂国家言論発表談話」『新華社』1999年7月12日。
「人民日報発表評論員文章:『要害是破壊一個中国原則』」『新華社』1999年7月13日。
「『了望』周刊発表文章『李登輝窮途末路挣扎』」『新華社』1999年7月14日。
「陳雲林強烈抨撃李登輝"両国論"」『新華社』1999年7月15日。
「江沢民主席与克林頓総統通電話」『新華社』1999年7月19日。
「中台弁、国台弁負責人発表談話、堅決反対台湾分裂勢力按"両国論"修憲」『新華社』1999年7月20日。
「要害是李登輝頑固堅持"両国論"——辜振甫七月三十日談話稿」『新華社』1999年7月31日。
「中台弁、国台弁負責人発表談話、厳正駁斥台湾当局"対特殊国与国関係論書面説明"」『新華社』1999年8月4日。
「『了望』周刊発表時評『評李登輝的分裂路線』」『新華社』1999年8月8日。

〈聯合報〉
「黄信介:国統会的門関得太緊」『聯合報』1990年9月13日。
「陸委会与海基会一年来両会関係重大事件及争議表」『聯合報』1993年1月11日。
「執政党陸策組 擬転移行政系統」『聯合報』1993年6月6日。
「徐立徳任陸策組召集人」『聯合報』、1993年7月1日。
「経部決推動対外投資南進政策」『聯合報』1993年8月7日。
「焦唐会談『重新評估』府院関切」『聯合報』1994年1月16日。
「策略運用 未先溝通 政院高層 一度不満」『聯合報』1994年1月20日。
「邱進益:離職前夕贈言焦仁和要忍人所不能忍 海基会秘書長応参与大陸決策」『聯合報』1993年12月2日。
「国統会保留席次 民進党無意参加」『聯合報』1995年1月28日。
「江丙坤:亜太営運中心可能不作」『聯合報』1996年3月23日。
「辜濂松建議 政商結合投資大陸」『聯合報』1996年3月26日。
「王永慶:政府応該三通」『聯合報』1996年3月30日。
「張京育盼台商作政府堅定後盾」『聯合報』1996年4月25日。
「漳州設廠案 投審会了解中」『聯合報』1996年5月24日。

「王永慶昨簽訂漳州電廠合約」『聯合報』1996年5月29日。
「辜振甫：加強經貿是両岸最大交集点」『聯合報』1996年5月31日。
「王永慶：投資漳州電廠　将以台塑名義向政府申請」『聯合報』1996年6月1日。
「統一也想赴武漢設電廠」『聯合報』1996年6月1日。
「張栄発籲加速開放三通」『聯合報』1996年8月15日。
「李総統談話『与行政院政策一致』」『聯合報』1996年8月16日。
「大陸投資訂指標　苦了経建会」『聯合報』1996年8月16日。
「赴大陸投資　中小企業不回頭」『聯合報』1996年8月17日。
「中共：台湾当局仍『我行我素』」『聯合報』1996年8月18日。
「大陸政策改変　企業投資計画不変」『聯合報』1996年8月18日。
「赴大陸投資設限　誰訂指標？」『聯合報』1996年8月20日。
「王志剛：没提到大陸投資設限」『聯合報』1996年8月21日。
「我官員大致肯定　陸委会低調回応」『聯合報』1996年8月21日。
「高清愿：儘快推動両岸直通　王又曽：政府方面不会接受」『聯合報』1996年8月21日。
「台中港月底可望為境外航運中心」『聯合報』1996年8月22日。
「我対大陸政策　王志剛今起向企業界説明」『聯合報』1996年8月22日。
「交通部有意開放：『陸資逾五成可泊境外航運中心』」『聯合報』1996年8月27日。
「両岸企業交流協会也擬進軍大陸電力市場」『聯合報』1996年8月28日。
「高清愿将促請江沢民与李登輝会面」『聯合報』1996年8月28日。
「江沢民：両岸政治分岐不応干擾経済合作」『聯合報』1996年8月30日。
「陸委会：渉公権力事務　要由海基会進行」『聯合報』1996年9月2日。
「海陸両会反対另闢両岸協商窓口」『聯合報』1996年9月3日。
「海陸両会反対另闢両岸協商窓口」『聯合報』1996年9月3日。
「林坤鐘厳批海基会功能不彰」『聯合報』1996年9月5日。
「投審会建議拡大与台商溝通」『聯合報』1996年9月8日。
「経部：両岸経貿降温程度将可確定」『聯合報』1996年9月8日。
「大陸経貿政策穏健発展不躁進」『聯合報』1996年9月10日。
「両岸経貿将簡化限制」『聯合報』1996年9月10日。
「対大陸経貿策略　保守？前進？」『聯合報』1996年9月11日。
「李総統重視『企業根留台湾』」聯合報1996年9月13日。
「両岸恢復協商後　経貿政策再開放」『聯合報』1996年9月13日。
「外輪業者進一歩要求『直航』両岸」『聯合報』1996年9月13日。
「統一企業将自制　放緩赴大陸投資」『聯合報』1996年9月14日。
「経済部将続推動南向政策」『聯合報』1996年9月15日。
「投審会籲台商観察政治気候」『聯合報』1996年9月15日。
「交部不授権　両岸航運団体協商生変」『聯合報』1996年9月17日。

「恢復両岸会談　我盼海協会与海基会連繋」『聯合報』1996 年 9 月 24 日。
「連戦籲台商根留台湾　分散投資」『聯合報』1996 年 10 月 1 日。
「江丙坤：対大陸投資近上限」『聯合報』1996 年 10 月 1 日。
「李登輝：対外投資比率応設限」『聯合報』1996 年 10 月 3 日。
「江丙坤：経貿特区一定要包括大陸」『聯合報』1996 年 10 月 5 日。
「大陸投資熱急遽降温　投審会認不必再設限」『聯合報』1996 年 10 月 5 日。
「両岸三地資金是浄流入台湾」『聯合報』1996 年 10 月 5 日。
「黄信介婉拒出任国統会副主委」『聯合報』1996 年 10 月 10 日。
「違規投資大陸　各部会聯合査処」『聯合報』1997 年 3 月 19 日。
「汪道涵籲尽速進行焦唐会談」『聯合報』1997 年 12 月 2 日。
「汪道涵：没有拒絶辜振甫訪大陸」『聯合報』1998 年 1 月 27 日。
「重整談判隊伍　赶不上復談脚歩」『聯合報』1998 年 4 月 16 日。
「民進党参加辜汪会　近日与辜振甫溝通」『聯合報』1998 年 10 月 5 日。
「民進党主張　邀汪年底訪台看選挙」『聯合報』1998 年 10 月 13 日。
「海基会秘書長人選未定」『聯合報』1998 年 2 月 2 日。
「許恵祐　将接任海基会秘書長」『聯合報』1998 年 2 月 5 日。
「辜汪会 我参訪団 12 成員名單公布」『聯合報』1998 年 10 月 10 日。
「辜振甫：政治実体就是国家」『聯合報』1999 年 7 月 11 日。
「胡志強：『国与国』是務実宣示」『聯合報』1999 年 7 月 11 日。
「唐樹備：応営造汪訪台有利条件」『聯合報』1999 年 7 月 11 日。
「李盼国際以両徳、両韓模式待我」『聯合報』1999 年 7 月 11 日。
「総統府高層傾向小幅修法」『聯合報』1999 年 7 月 13 日。
「澎湖一度砲口朝上　戦備状況三」『聯合報』1999 年 7 月 17 日。
「政院跨部会会議：大陸政策未変」『聯合報』1999 年 7 月 20 日。
「台美日明徳小組化解台海危機」『聯合報』、2002 年 3 月 26 日。
「蘇起張栄豊　隔空互批」『聯合報』2004 年 1 月 6 日。
「海基会通過劉徳勲兼秘書長」『聯合報』2004 年 7 月 30 日。

【ウェブサイト】
〈日本語〉
経済財政諮問会議〈http://www5.cao.go.jp/keizai-shimon/〉
国立国会図書館〈http://www.ndl.go.jp/〉
首相官邸〈http://www.kantei.go.jp〉
総務省法令データ提供システム〈http://law.e-gov.go.jp/cgi-bin/idxsearch.cgi〉
フォーリン・アフェアーズ・リポート〈http://www.foreignaffairsj.co.jp/〉

〈中国語〉（筆順）

98民進党中国政策研討会『民主進歩党参加国家発展會議有關両岸政策議題之主張説帖』
　〈http://taiwan.yam.org.tw/china_policy/p_dpp.htm〉

行政院大陸委員会〈http://www.mac.gov.tw/〉

行政院新聞局〈http://info.gio.gov.tw/〉

高孔廉、鄧岱賢「両岸関係的回顧与展望」財団法人国家政策研究基金会『国政研究報告』
　〈http://old.npf.org.tw/PUBLICATION/NS/094/NS-R-094-002.htm〉

中華民国総統府〈http://www.president.gov.tw/〉

立法院法律系統〈http://lis.ly.gov.tw/lgcgi/lglaw〉

財団法人海峡交流基金会〈http://www.sef.org.tw〉

〈英語〉

U. S. Department of Defense〈http://www.defense.gov/〉

U. S. Department of State〈http://1997-2001.state.gov/〉

William J. Clinton Presidential Library and Museum〈http://clinton6.nara.gov/〉

索 引

【あ行】

アジア太平洋オペレーション・センター
　115, 117, 120-123, 125-126, 129, 132, 137
以商囲政　130-132, 136, 138
殷宗文　55, 96, 114, 160-162, 165, 169-171, 174, 188
王志剛　125, 127, 132-137, 139, 149
汪道涵　3, 15, 61, 68, 88, 92, 95, 102, 131, 157, 161, 163, 165-167

【か行】

戒急用忍、行穩致速（戒急用忍）　2-4, 9, 11, 36, 60, 65, 91, 94, 115-155, 164, 176, 190, 194-196, 198, 199, 205
海峡交流基金会（海基会）　3, 12, 61, 62, 67, 70, 76, 83, 84, 86, 88-89, 91-102, 105, 106, 110, 122, 128, 130-135, 138, 156-157, 165, 190, 194-195
海峡交流基金会理事長（海基会理事長）　3, 55, 64, 88, 105, 120,
海峡交流基金会副理事長兼秘書長（海基会秘書長）　54, 68, 69, 86, 91, 92, 98, 99, 100, 101, 105, 109, 112, 113, 136
海峡両岸関係協会（海協会）　3, 12, 61, 67, 88, 91, 92, 93, 94, 95, 96, 97, 99-100, 109, 122, 128, 130-131, 133, 156-157, 165-167, 179, 195
海峡両岸関係協会長（海協会長）　3, 88, 157
外交部　7, 54, 57, 62, 169
外交部長　51, 58, 62, 63, 64, 96, 107, 162
官僚制組織　27, 28, 31-32, 34, 66, 75, 76, 176, 190, 194, 200
邱進益　53-54, 67, 68, 69, 86, 98, 99, 112, 121
「強化中華民国主権国家地位」研究グループ（主権グループ）　103, 161-163, 165, 169,

171, 174-176, 195
行政院　4, 46-47, 52, 56, 60-61, 65-71, 73, 75, 82, 94, 96, 98-100, 106-107, 109, 115, 118, 121-128, 132-134, 137-139, 141-145, 147, 162, 164, 169, 176, 178, 190, 192, 195-198
行政院会　56, 57, 58, 65, 142, 173
行政院経済建設委員会（経建会）　57, 62, 125, 127, 134-136, 138-139, 141-142, 155
行政院経済建設委員会主任委員（経建会主任委員）　11, 117, 120, 126
行政院経済建設委員会副主任委員（経建会副主任委員）　62, 123, 127, 135
行政院新聞局（新聞局）　57, 163
行政院新聞局長　7, 54, 144, 169
行政院大陸委員会（陸委会）　56, 57, 58, 61, 62, 65, 67, 68, 70, 76, 83-84, 86, 89, 98-101, 103-104, 106, 110, 120, 121, 125-127, 132-134, 138, 140, 141, 142, 164, 165, 166, 169, 171, 174, 175, 189, 190, 194, 195
行政院大陸委員会主任委員（陸委会主任委員）　7, 8, 51, 54, 57, 63, 71, 73, 84, 96, 98, 99, 107, 114, 120, 162
行政院大陸委員会副主任委員（陸委会副主任委員）　7, 54, 68, 69, 99, 100, 101, 112, 113, 117, 118, 126, 133, 164, 189
行政院長　3, 46, 48-49, 51-52, 56-58, 60, 65, 66, 68, 91-92, 95, 96, 97, 98, 98, 125, 172, 173, 176, 193, 196
行政院副院長　51, 56, 57, 65, 69, 73, 96, 107, 117, 126, 188
許柯生　99-100, 112, 189
許恵祐　99-100, 102-105, 112, 133
クリントン（William J. Clinton）　12, 13, 89, 156, 157, 168
グループ会議　71, 73, 76, 94, 103, 106,

107, 108, 109, 124, 141, 142, 143, 176, 192, 193-195, 198, 199
経済財政諮問会議　32, 33, 44, 57
経済部　57, 120, 121, 125, 127, 133, 134, 137, 138, 139, 140, 142, 143, 146, 155
経済部長　51, 117, 125, 126
辜汪会談（シンガポール会談）　12, 67, 68, 68, 88, 89, 93, 95, 97, 99, 121, 201
辜汪会見　3, 36, 60, 88-114, 156, 161, 179, 190, 191, 192, 194, 197, 199
黄昆輝　96, 99, 135, 163, 165, 170, 171, 174
公式的組織　25-27, 30, 31, 32, 34, 35, 191, 193
高清愿　64, 95, 120, 129, 130, 133, 136
高層会議　70, 71, 72, 73, 93, 94, 96, 98, 100, 103, 104, 106, 107, 108, 109, 141, 169, 173, 175, 176, 177, 178, 193, 194, 195, 196, 197, 198, 199
江沢民　7, 12, 61, 74, 79, 88, 95, 102, 105, 130, 131, 157, 168, 201
江沢民八項目提案（江八点）　12, 51, 88, 96, 131, 174
交通部　57, 132, 133
交通部長　79, 126
江丙坤　120, 126, 127, 132, 134, 135, 136, 138
康寧祥　78, 80, 104, 105, 113, 114
国安会モデル　70-75, 76, 88, 91, 106, 108, 109, 119, 141, 144, 145, 160, 178, 179, 190, 191, 192, 193, 194, 195, 196, 197, 199, 202
小泉純一郎（小泉首相、小泉政権期）　21, 22, 23, 32, 33
国是会議　49, 56, 78
国民大会　47, 59-60, 78, 115, 125, 149, 163, 164, 165, 172, 173, 188, 198
胡志強　64, 96, 102, 162, 164, 165, 169, 170, 183
辜振甫　3, 55, 61, 62, 64, 68, 88, 89, 90, 92,

93, 94, 95, 96, 100, 102, 103, 104, 105, 110, 113, 120, 121, 122, 126, 129, 133, 135, 138, 161, 162, 165, 167, 169, 170, 171, 174, 194,
国家安全会議（国安会）　4, 5, 6, 48, 50, 51-53, 57, 59, 63, 64, 65, 66, 70, 71, 72, 73, 74, 75, 76, 86, 87, 90, 91, 94, 96, 98, 102, 103, 104, 105, 106, 108, 109, 114, 124, 125, 141, 142, 144, 161, 164, 169, 174, 175, 176, 177, 178, 186, 190, 192, 193, 194, 195, 196, 197, 202
国家安全会議諮詢委員（国安会諮詢委員）　7, 50, 51, 52, 54, 63, 64, 65, 71, 73, 79, 80, 93, 107, 114, 118, 123, 124, 161,
国家安全会議秘書長（国安会秘書長）　7, 51, 52, 55, 63, 65, 70, 72, 73, 80, 96, 103, 107, 108, 114, 161, 169, 173, 177, 178, 179, 192, 193
国家安全会議副秘書長（国安会副秘書長）　51, 52, 54, 63, 64, 65, 71, 73, 80, 96, 107, 114, 117, 123, 170
国家安全局　48, 53, 56, 65, 80, 174
国家安全局長　7, 51, 53, 57, 72, 73, 96, 107, 114, 160, 174
国家統一委員会　49-50, 53, 55, 57, 59, 65, 67, 78, 96, 104, 105, 114, 123, 136, 165,
「国家統一委員会→陸委会→海基会」モデル　67-70, 76, 194, 195
国家統一綱領　50, 53, 58, 66, 82, 161, 162, 171, 172
国家発展会議　56, 137, 139, 154,

【さ行】
蔡英文　11, 93, 103, 104, 105, 161, 162, 182
在大陸地区従事投資或技術合作審査原則　140-141
蔡兆陽　126, 132
サイモン（Herbert A. Simon）　25-28, 30, 41

索　引　247

暫定協定（interim agreement（s））　13,
　89, 156, 157, 180
参謀総長　51, 54, 65, 73, 80
次官会議　71, 73, 103, 104, 107, 141, 193,
　196,
実用主義外交　　2, 11
自由民主党（自民党）　21, 22, 23, 24, 33
受託処理大陸事務財団法人監督条例　60,
　100,
蔣介石　48, 51, 53, 58, 59, 66, 78, 116
蔣経国　15, 48, 51, 59, 61, 83, 168, 186
章孝厳　7, 15, 58, 96, 163, 165, 173
焦仁和　68, 69, 70, 86, 91, 92, 93, 94, 95, 96,
　99, 100, 109, 112, 136, 195
焦唐会談　69, 94, 95, 99
蕭萬長　60-61, 97, 99, 170, 172, 173
徐立徳　126, 127, 132, 188
シンクタンク　47, 52, 61, 62
政策過程ネットワーク　35-36, 72, 76, 91,
　115, 142, 190, 191, 192, 201
政治交渉　12, 88, 89, 90, 93, 95, 96, 97, 99,
　101, 109, 156, 157, 158, 165, 171, 194
薛琦　62, 123, 135
詹志宏　100, 102, 105
戦略与国際研究所　52, 53
総統府　5, 7, 10, 11, 47, 48-56, 62, 66, 67,
　68, 69, 70, 73, 96, 98, 99, 100, 106, 121,
　122, 125, 128, 134, 137, 164, 170, 172, 173,
　174, 195, 196
総統府国策顧問（国策顧問）　8, 50, 54-55,
　65, 71, 73, 93, 107, 114, 124, 130
総統府資政　54-55, 61, 62, 65, 73, 105, 114,
　165, 170
総統府秘書長　51, 53, 55, 65, 72, 73, 79, 81,
　96, 107, 135, 163,
総統府副秘書長　7, 49, 53-54, 64, 67, 68,
　71, 73, 96, 107, 112, 114, 121, 161
曾永賢　7-8, 50, 55, 71-72, 84, 93, 96,

蘇起　7, 63, 96, 112, 114, 144, 155, 162, 164,
　165, 166, 168, 169, 170, 171, 173, 174, 175,
　176, 177, 179, 183, 186, 189

【た行】
第3次台湾海峡危機　2, 3, 50, 51, 92, 115,
　116, 122, 130, 156, 201
大陸工作策画グループ　56-57, 69, 70
中華民国工商協進会（工商協進会）　64,
　120
中華民国工商建設研究会（工商建研会）　64
　-65, 128, 129, 135
中華民国全国工業総会（工総）　64, 65,
　129, 130, 131, 132, 133, 134, 135, 136
中華民国全国商業総会（商総）　64, 134,
　135, 137
中国国民党（国民党）　2, 5, 9, 47, 48, 56,
　58-59, 60, 62, 65, 66, 68, 73, 82, 83, 102,
　139, 162, 164, 172, 173, 176, 195, 196
中国国民党大陸工作会（陸工会、陸工会主任）
　　　54, 58, 59, 65, 73, 102, 164
中国国民党中央委員会秘書長（国民党秘書
　長）　7, 58, 73, 163
中国国民党中央常務委員会（中常会）　58,
　64, 65, 82
中国国民党中央常務委員（中央常務委員、中
　常委）　55, 58, 61, 62, 64, 95, 105, 120
張栄恭　59, 93, 102, 104, 105, 164, 173, 174
張栄発　62, 63, 65, 120,
張栄豊　50, 55, 64, 72, 93, 96, 123, 124, 154,
　161, 162, 163, 175, 179, 182, 186
張京育　55, 63, 96, 102, 114, 120, 121, 126,
　127, 132, 133, 135, 138
陳水扁　1, 2, 3, 7, 11, 46, 50, 62, 80, 81, 82,
　83, 113, 117, 118, 123, 159
陳博志　11, 62, 81, 117, 123, 124, 139, 140,
　155
丁懋時　55, 81, 96, 114, 165, 170, 174

丁渝洲　　7, 114, 174,
唐樹備　　69, 92, 94, 100, 128, 166, 167
唐飛　　168, 170
特殊な国と国の関係（「特殊な国と国の関係」発言、二国論）　　2, 3, 4, 36, 71, 102, 103, 156-189, 190, 192, 194, 195, 196, 198, 199, 202

【な行】
内閣官房　21, 23
南向政策　　117, 121, 122, 125, 126, 137, 146
ネットワーク　　25, 26, 27, 30, 31, 32, 34, 35, 36, 191, 192, 193, 200

【は行】
馬英九　　1, 2, 3, 63, 117
非公式的組織　　25-27, 30, 34, 35, 191, 193
「一つの中国」　　3, 12, 50, 53, 79, 88, 95, 102, 138, 158, 162, 164, 166, 167, 168, 170, 171, 172, 175, 189, 201,
「一つの中国はそれぞれが解釈する」　　170, 171, 171, 172
ピラミッド型組織　　27, 69, 75, 76
R.ブッシュ（Richard C. Bush）　　6, 158, 159, 168, 170, 171, 173, 174, 177

フラット組織　　31, 32, 74, 75, 106, 192, 193
平和統一政策　　116, 131
奉天プロジェクト　　53, 174, 188

【ま行】
密使　　7, 15, 55, 59, 74, 87, 174, 202
三つのノー　　13, 89, 156, 167
民主進歩党（民進党）　　2, 3, 49, 56, 78, 89, 114, 116, 139, 172, 176
命令一元化　　66, 193

【ら行】
リーダーシップ　　20, 29-30, 32, 34, 35, 42, 57, 108, 141, 144, 179, 191, 197-200, 201
立法院　　4, 10, 47, 52, 56, 57, 59-61, 71, 77, 83, 95, 97, 100, 140, 172, 173
両岸関係グループ　　124, 125, 137, 142, 143
両岸関係策略グループ（策略グループ）　　96, 97, 98, 99, 102, 103, 104, 107, 109,
梁国樹　　55, 79, 122, 123, 124, 149
李六項目提案（李六条）　　50, 78, 201
林碧炤　　52, 54, 64, 71, 96, 112, 114, 161, 162, 163, 164, 166, 170, 171, 174,
連戦　　92, 125, 126, 132, 135, 138, 146, 149, 162, 164, 170, 172, 173, 183, 188

■著者紹介

黄　偉修（こう　いしゅう）

早稲田大学アジア研究機構客員研究員
早稲田大学大学院アジア太平洋研究科博士後期課程修了
学術博士（2010年3月）
主著：
「李登輝の大陸政策決定過程――戒急用忍を事例として」『日本台湾学会報』第10号（2008年）、97-118頁。
「李登輝総統の大陸政策決定モデルに関する一考察――1998年辜汪会見を事例として」『日本台湾学会報』第11号（2009年）、105-127頁（第六回日本台湾学会賞（政治経済分野）受賞論文）。
「日本民主党的政治主導決策模式与鳩山首相的領導能力（邦訳：日本民主党の政治主導政権運営モデルと鳩山首相のリーダーシップ）」『問題與研究』第50巻第2号（2011年6月）、75-106頁（中国語）。

李登輝政権の大陸政策決定過程（1996～2000年）
―組織的決定と独断の相克―

2012年2月20日　初版第1刷発行

■著　　者――黄　偉修
■発 行 者――佐藤　守
■発 行 所――株式会社　大学教育出版
　　　　　　　〒700-0953　岡山市南区西市855-4
　　　　　　　電話（086）244-1268　FAX（086）246-0294
■印刷製本――サンコー印刷㈱

© Wei-Hsiu HUANG 2012, Printed in Japan
検印省略　　落丁・乱丁本はお取り替えいたします。
本書のコピー・スキャン・デジタル化等の無断複製は著作権法上での例外を除き禁じられています。本書を代行業者等の第三者に依頼してスキャンやデジタル化することは、たとえ個人や家庭内での利用でも著作権法違反です。
ISBN978-4-86429-105-7